티켓몬스터가 대한민국을 뒤흔들고 있다

- 아블라컴퍼니 노정석 대표

태평양 건너 미국 대학생들 사이에는 창업 열풍이 불고 있다. 이는 스물한 살에 페이스북을 창업한 마크 저커버그의 영향이 크다. 벤처 산업은 엔터테인먼트 산업과 비슷하다. 대중의 사랑을 한 몸에 받는 아이돌 스타가 탄생하는 것을 보고 뛰어난 재능을 가진 수많은 어린 친구들이 기꺼이 험난한 연습생의 길을 걷듯이 성공한 벤처 기업가가 젊은이들을 벤처 산업으로 끌어들인다는 점에서 그러하다. 벤처 산업에도 스타가 나와야 한다. 그것이 한국의 벤처 산업을 일으킬 수 있는 유일한 그리고 핵심적인 방법이다. 그런 점에서 나는 티켓몬스터 창업자들, 특히 신현성 대표를 주목한다.

2010년 4월, 트레이닝복 차림의 김동현 이사가 카페에 앉아 있는 나를 찾아왔다. 나에게 티켓몬스터에 대해 설명하던 김동현 이사의 얼굴은 들떠 있었다. 가진 것은 없지만 자신의 꿈을 위해 일하는 사람만이 품을 수 있는 얼굴이었다. 신현성 대표 또한 자신이 하고 있는 일의 핵심을 누구보다 정확히 알고 있는 사람이었다. 그 이후로 곁에서 지켜본 창업자들은 회사와 함께 무서운 성장을 거듭했다. 그리고 대한민국 소셜 커머스 업계 1위 회사를 이끄는 이들로서 손색이 없을 만큼 성장했다.

운과 신념. 성공하기 위해서는 이 두 가지가 필요하다고 생각한다. 누구에게나 기회는 찾아온다. 그러나 그 기회를 잡기 위해서는 굳은 신념이 필요하다. 수많은 사람들에게 '안 돼'라는 말을 들어야 하고, 스스로도 '이게 될까'라는 질문을 수백 번도 더하게 된다. 회사라고 부르기에도 민망한 작은 사무실에 옹기종기 모여 일하고 사람들을 붙잡고 침을 튀겨가며 회사와 서비스에 대해 설명해야 한다. 이 과정을 이겨내기 위해서는 스스로를 믿고, 창업자 서로를 믿을 수 있는 신념이 필요하다.

소셜 커머스 시장은 대한민국에서 그리고 전 세계적으로 가장 뜨거운 시장이면서도 가장 논쟁적인 시장이다. 그러나 나는 걱정하지 않는다. 이들은 분명 우리가 생각하고 있는 것 이상을 준비하고 꿈꾸고 있다. 티켓몬스터가 대한민국을 뒤흔들 것이다.

티켓몬스터는 대한민국 벤처의 희망이다

– 스톤브릿지캐피탈 박지웅 수석 심사역

티켓몬스터의 투자 담당자로 신현성 대표와 창업자들을 만나면서 나는 티켓몬스터의 성장 과정을 가장 근거리에서 지켜봐왔다. 티켓몬스터는 성장 과정이 인상적인 벤처 기업이었다. 벤처 경험이 부족한 젊은이 다섯 명이 모여 시작했지만 눈부신 성장 속도를 보이면서 소셜 커머스 업계 1위에 등극했다.

글로벌 벤처캐피털과 한국 벤처캐피털의 공동 투자를 이끌어내 강력한 글로벌 네트워크의 도움과 한국 시장에 대한 조언 모두를 받고자 했던 것도 창업가들의 현명한 판단 덕분에 가능했다. 그들은 매번 고비의 순간마다 과감하고 도전적인 판단을 내려왔다. 또한 M&A가 활발하지 않은 한국 벤처 시장에서 과감한 인수를 통해서 성장의 계기를 마련했다. 이러한 경영 방식은 벤처의 산실인 실리콘밸리에서는 흔히 볼 수 있지만 한국에서는 찾아보기 힘들었던 것이 사실이다. 티켓몬스터가 리빙소셜과 M&A한 것 또한 대한민국 벤처 기업도 글로벌 시장에서 충분히 경쟁력이 있음을 보여준 선례가 될 것이다.

많은 사람들이 실리콘밸리의 벤처 생태계를 부러워한다. 한국에도 그만한 벤처 생태계를 키워야 한다고 말한다. 그러나 생태계는 누군가가 나서서 조성할 수 있는 것이 아니다. 실행력을 갖춘 창업가와 벤처 투자자가 있을 때 자연스럽게 조성되고 그 안에서 새로운 벤처 회사들이 탄생할 수 있다. 세계 최고의 벤처 생태계를 자랑하는 실리콘밸리에서는 벤처 회사에 대한 투자금 회수의 약 80퍼센트가 M&A를 통해 일어난다. 벤처 회사의 M&A가 활발해질수록 창업하려는 사람도, 그 회사에 투자하려는 사람도 늘어난다. 그러한 면에서 티켓몬스터와 같이 자본시장과 호흡하면서 큰 성공을 이루어낸 회사가 많아질수록 대한민국 벤처 생태계는 건강하게 자리잡을 것이다.

이제 티켓몬스터 창업자들의 어깨는 무거워졌다. 자신들의 성공을 보고 수많은 후배 창업가들이 벤처를 꿈꿀 것이기 때문이다. 나는 티켓몬스터가 앞으로 더욱 큰 성공을 만들어갈 것이라 믿는다. 그리고 그 시작을 함께 할 수 있었다는 것에 감사한다.

티몬이 간다

티몬이 간다

ⓒ 유민주 티켓몬스터

초판 인쇄	2011년 11월 1일
초판 발행	2011년 11월 10일

지은이	유민주, 티켓몬스터
펴낸이	김승욱
기획	김소영
편집	김소영 정은아 김승관
디자인	윤종윤 정연화
마케팅	이숙재 김현경

화보 디자인 총괄	신승학
화보 디자인	유경은 박종욱 황혜림 김민지 문승희
화보 기획	김영미 김선화 김회동
화보 사진	황우림

펴낸곳	이콘출판(주)
출판등록	2003년 3월 12일 제406-2003-059호

주소	413-756 경기도 파주시 문발동 파주출판도시 513-8
전자우편	book@econbook.com
전화	031)955-7979
팩스	031-955-8855

ISBN | 978-89-90831-99-6 03320

＊ 이 도서의 국립중앙도서관 출판시도서목록(CIP)은 e-CIP 홈페이지(http://www.nl.go.kr/
cip.php)에서 이용하실 수 있습니다.(CIP제어번호: CIP2011004486)

티몬이 간다

1등 소셜 커머스, 티켓몬스터 이야기

| 유민주 · 티켓몬스터 지음 |

이콘

Prologue 01 • 그들은 행복하다고 했다 ┃유민주┃ _007

Prologue 02 • 가진 게 없으니 잃을 게 없다
그래서 우리는 절대 기죽지 않는다 ┃티켓몬스터 창업자┃ _011

 지구 반대편에서 서로를 꿈꾸다

1장 ┃ 카이스트와 뉴욕을 버리다 _017

2장 ┃ 미국의 저커버그와 한국의 스티브 잡스 _058

3장 ┃ D-20, 대책 없는 웹사이트 _087

 티몬이 시작됐다

1장 ┃ 밤 12시, 세상이 바뀐다 _113

2장 ┃ 새로운 사람들과의 도전 _132

3장 ┃ 1차 투자 유치가 시작되다 _161

4장 ┃ 경쟁자의 출현과 그루폰의 인수 제의 _172

3부

티몬이 도약하다

1장 ㅣ 오픈 후 9개월, 경쟁사를 인수하다 _183
2장 ㅣ 새로운 시도와 조직재정비 _198
3장 ㅣ 조직도 2.0 _212

4부

티몬이 간다

1장 ㅣ 티몬의 가치, Openness _237
2장 ㅣ 이제는 놀라움을 선사할 때다 _257
3장 ㅣ 3차 투자가 필요하다 _266
4장 ㅣ 리빙소셜과의 M&A _281

epilogue · 티몬, 세상을 바꾸다 _307

그들은 행복하다고 했다

2010년 1월 15일, 내 인생에 특별한 날로 기억될 그날.

창업은 생각해본 적도 없는 내가 '창업'이란 두 글자만으로도 가슴이 뛴다는 다섯 명의 친구들을 서로 소개해준 날이었다. 그저 관심사가 비슷한 친구들을 소개해주고 싶었을 뿐이었는데, 얼마 지나지 않아 이들은 한집에 모여 살기 시작했다. 세상을 바꿔보겠다는 꿈을 실현하기 위한 첫걸음이었다.

티켓몬스터의 창업자인 신현성, 신성윤, 이지호, 권기현, 김동현. 이들 다섯 명은 매일 밤을 새며 토론하고, 밤낮을 가리지 않고 발품을 팔아 사람들을 만나러 다녔다. 월급도 없고 끼니는 햄버거로 때우기 일쑤였지만 전화를 할 때마다 '행복하다'고 했다. 학교를 같이 다니는 동안, 이들에게서 한 번도 들어보지 못한 '행복'이라는 단어가 내 머리를 지나 가슴을 울렸다. 무엇이 이들을 행복하게 하는지 궁금해졌다.

다섯 친구들은 날마다 그리고 달마다 성장했다. 마치 매일 번데기에서 나비가 되듯 하루하루 변태를 거듭하는 것 같았다. 불안은 확신으로 바뀌었고 서로를 독려하면서 앞으로 나아갔다. 다른 사람들이 쓸데없는 일이라며 관심을 갖지 않을 때에도 세상을 바꿀 수 있다며 자신감에 차 있었다. 모든 것을 바쳐서 일하는 모습이 부러웠다. 곁에만 있어도 그 뜨거운 기운이 나에게 옮겨오는 듯했다. 그렇게 곁에서 지켜보는 나조차 뜨겁게 만드는 기운이 과연 무엇일까 궁금해졌다.

다섯 명의 젊은이들이 모여 살던 집에서 가내수공업으로 태어난 티켓몬스터가 세상에 선보인 지도 1년 6개월이 지났다. 이제는 700명이 넘는 직원들과 함께 회사를 꾸려가고 있고, 300만 명이 넘는 사용자에게 사랑받는 회사로 성장했다. 같은 꿈을 꾸는 사람들이 마치 우연처럼 하나 둘씩 나타나 힘을 보태고 회사를 키워가는 모습은 놀라움을 넘어 감동적이기조차 했다.

'행복한 일이란 무엇인지' '같은 목표를 갖고 함께 일한다는 것이 무슨 의미인지' 가까이 지켜본 사람으로서 티켓몬스터의 이야기를 들려주고 싶었다. '어떤 일을 하면 좋을지' 고민하고 있을 나와 같은 이들에게 티켓몬스터의 지난 1년 6개월이 다른 길을 보여줄 수 있을 거라 믿었다.

언제나 그렇듯 사람들은 티켓몬스터가 세상을 놀라게 한 다음에야 성공의 원인을 찾는다며 이런저런 추측들을 쏟아냈다. 이들의 성공이 미리 예정되었던 것처럼 그럴듯한 시나리오도 여러 편 쓰이곤 했다. 하지만 이는 사실이 아니었다. 책을 쓰기 위해 창업자들을 비롯한 여러 직원들을 인터뷰하면서 분명한 것 하나를 알게 되었다. '조화로운 팀'이 티켓몬스터의 성공을 이끈 원동력이라는 사실이었다. 초기에는 경험이 부족한 다섯 명의 젊은이가 함께 먹고 자고 일하면서 서로의 장점을 부각시키고 부족한 점을 채웠다. 이후에는 이들보다 열정적인 동료들과 경험이 풍부한 동료들이 함께하면서 실수를 줄이고 다음 단계로 넘어갈 수 있었다. 실리콘밸리 최고의 벤처캐피털리스트 존 도어John Doerr가 성공에 있어서 중요한 것은 좋은 팀을 갖는 것이라고 말했던 것처럼, 티켓몬스터는 확실히 좋은 팀을 갖고 있다. 그리고 이제 티켓몬스터는 더 큰 그림을 그리고 있다.

내가 받았던 티켓몬스터의 '기분 좋은 에너지'를 이 책을 통해 독자 여러분들도 느낄 수 있다면 좋겠다. 창업자들은 컴퓨터에만 빠져 있다가 세상으로 뛰쳐나온 히키코모리형 괴짜들도 아니고, 명문 대학의 울타리 안에서 걱정 없이 지내던 천재적인 두뇌의 소유자들도 아니다. 각자 색깔이 뚜렷한 젊은이들이 하나의 아이디어에 푹 빠졌고 세상을 바꾸고 싶어 맘껏 뛰어다녔을 뿐이다. 이들과 같은 꿈을 꾸는 티켓몬스터 식구들 모두가 스티브 잡스가 말한 '자신의 마음이 이끄는 대로 살아갈 용기'를 가진 사람들이었다.

티켓몬스터의 이야기가 책으로 나오기까지 많은 분들의 도움이 있었다. 이콘 김승욱 대표님과 문학동네 김소영 차장님께 깊은 감사를 드린다. 김승욱 대표님은 침착하고 노련한 판단력으로 책의 방향부터 세밀한 것들까지 모든 일을 관리했고, 김소영 차장님은 책의 구성에 대해 가치를 매길 수 없는 훌륭한 조언과 편집을 해주었다. 글을 쓰고 책을 만드는 과정을 통해 이 두 분을 알게 된 것을 행운이라고 생각한다. 두 분 외에도 애써주신 출판사 분들께 진심으로 감사드린다.

여러 차례의 인터뷰를 통해 솔직한 이야기를 해주고 책을 쓰는 내내 동반자가 되어준 창업자들에게 고맙다. 또한 인터뷰에 응해주고 책에 필요한 사진과 아이디어를 보내준 티켓몬스터 식구들께 모두 감사드린다. 가까이에서 본 티켓몬스터에 대해 자세히 이야기해주신 노정석 아블라컴퍼니 대표님, 박지웅 스톤브릿지캐피탈 수석 심사역님께도 깊은 감사를 드린다. 책을 쓰는 동안 가장 객관적인 비평가가 되어준 바키에게 감사한다. 마지막으로 주말마다 글을 쓴다는 핑계로 함께 시간을 보내지 못한 나를 이해해주고 언제나 응원해준 가족에게 고마운 마음을 전한다.

2011년 10월
유민주

가진 게 없으니 잃을 게 없다
그래서 우리는 절대 기죽지 않는다

티켓몬스터의 이야기를 책으로 만들자는 제안을 받았을 때 많이 망설였다. 아직 성장하고 있는 회사인 티켓몬스터가 자칫 많은 것을 이룬 성공한 사람들의 성공한 회사로 그려질 것이 걱정되었다.

그러나 대한민국에서 벤처의 초창기를 다룬 이야기가 거의 없는데다가 우리의 이야기를 읽고 벤처에 관심을 가지는 사람들이 단 한 명이라도 생겨난다면 그것은 의미 있는 작업이 될 거라고 생각했다. 또한 그 누구도 아닌 창업자 다섯 명을 이어주고, 티켓몬스터의 처음부터 지금까지의 모습을 가장 가까이에서 지켜봐온 유민주가 그 이야기를 써준다면 티켓몬스터의 '진짜' 이야기를 들려줄 수 있을 거라는 믿음이 있었다.

이 책에는 티켓몬스터의 성장사와 앞으로 그려갈 미래에 대한 이야기가 담겨 있다. 어떤 이들은 소셜 커머스 시장이 과대평가되어 있다고 말한다. 그 말 속에는 분명 1위 기업인 티켓몬스터도 포함되어 있을 것이다. 그러나 우리는 이제 시작이라고 생각한다. 1년 6개월밖에 안 된 회사이고, 앞으로도 우리가 가진 비전을 바탕으로 수많은 혁신과 도전을 계속할 것이다. 지금까지 성취한 것보다 앞으로 이루고 싶은 것들이 훨씬 많이 남아 있다. 현재의 모습보다는 1년, 2년 뒤에 티켓몬스터가 또 어떤 모습으로 변해 있을지 기대해주길 바라는 마음이다.

우리의 이야기를 들려주고 싶어서 시작했지만 여러 차례 인터뷰를 하고 우리의 생각을 글로 정리하는 작업을 거치면서 그동안 정신 없이 앞만 보고 달려왔던 시간을 되짚어볼 수 있었다. 다섯 명이 처음 만난 2010년 1월부터 현재까지, 우리는 하루를 일주일처럼 살면서 앞으로 나아가기에 바빴다. 급변하는 시장 환경에 예상치 못한 문제들이 비일비재했고, 그 하나하나를 해결해나가기에도 너무 바빴다. 아니 지금도 바쁘다. 하지만 그때의 기억을 떠올리면서, 당시와는 다른 시각으로 바라볼 수 있는 여유를 가질 수 있었다. 돌이켜보면 이 책을 쓰기로 결정한 것은 우리에게도 행운이었다.

창업자 다섯 명으로 시작해 지금의 티켓몬스터로 성장하기까지 많은 사람들의 도움을 받았다. 회사를 함께 키워온 티모니언(티켓몬스터 식구들), 처음에 모두들 안 된다고 할 때 진심으로 응원해준 가족과 친구들, 우리를 믿어준 지역 상점 사장님들, 우리가 만든 서비스를 사랑해주는 고객들. 그리고 우리에게 끊임없는 자극을 주는 경쟁사들까지. 이 모든 분들이 없었다면 지금의 티켓몬스터는 없었을 것이다.

페이팔paypal의 공동 창업자인 맥스 레브친Max Levchin은 "운은 언제나 중요하다. 그래서 내가 할 수 있는 것은 계속 시도하는 것뿐이다. 페이팔은 나의 여섯 번째 사업 모델이었고, 우리는 그것으로 성공했다"고 했다. 그의 말처럼 사업은 운이다. 그리고 그 운이 만나는 지점에서 사업은 성공한다. 우리에게 가장 큰 행운은 '좋은 팀'으로 시작할 수 있었다는 것이다. 그 운의 시작을 유민주가 이어주었으니 그 또한 우리에게는 행운이었다고 생각한다.

다시 한 번, 티켓몬스터의 솔직한 이야기를 책에 담기 위해 노력한 우리의 친구 유민주와 출판사 분들께 감사를 드린다. 성공 신화가 아니라 '진짜 창업 이야기'를 독자들에게 들려주고 싶다는 마음이 서로 통했기에 책을 만드는 과정을 즐길 수 있었다.

티켓몬스터의 이야기가 단 한 명의 독자의 마음이라도 움직일 수 있다면, 그들이 창업에 대한 꿈을 가질 수 있다면 더 바랄 것이 없겠다. 누구나 성공을 꿈꾸지만 누구에게도 확신은 없다. 실리콘밸리의 벤처캐피털리스트 가이 카와사키Guy Kawasaki는 "그러니 절대 기죽지 말아야 한다"고 했다. 벤처는 가진 게 없으니 잃을 게 없다. 그러니 우리는 절대 기죽지 않는다. 티몬이 간다.

신현성, 신성윤, 김동현, 권기현
티켓몬스터 창업자 일동

1부

지구 반대편에서
서로를 꿈꾸다

카이스트와 뉴욕을 버리다

미국의 저커버그와 한국의 스티브 잡스

D-20, 대책 없는 웹사이트

이미 나 있는 길을 따라가지 마라
미지를 개척해 새로운 길을 남겨라

랄프 왈도 에머슨Ralph Waldo Emerson | 시인 · 사상가

카이스트와 뉴욕을 버리다

2011년 8월 2일 오전 10시.

사무실에서 밤을 샌 신현성은 길 건너 잠실 롯데호텔을 향해 걸어가고 있었다. 같은 시각 호텔 컨퍼런스 룸에는 전국에서 모인 700여 명의 티켓몬스터 직원들이 그를 기다리고 있었다. 직원들은 3일 전 대표로부터 '2011년 8월 2일 화요일 오전 10시까지 잠실 롯데호텔로 모여달라'는 간단한 이메일을 받고 영문도 모른 채 모인 터였다. 평일 아침에 전국의 모든 직원들이 일을 중단하고 모인지라 '대단히 중요한 발표'가 있으리라는 것만 짐작할 뿐이었다.

10시 30분. 행사 시작에 맞추어 도착한 신현성은 연단에 오르기 전 깊은 숨을 들이마셨다. '오늘 발표는 티켓몬스터 창업 이래 가장 중요한 발표가 될 거야.'

신현성은 연단에 올라 마이크를 잡았다. 시끄러웠던 장내가 일순간 조용해졌고, 모든 눈이 그를 향했다.

66 안녕하세요, 신현성입니다. 화요일 아침부터 사무실이 아닌 이곳에 모인 티켓몬스터 여러분을 보니 오늘, 이 자리가 더욱 중요하게 생각됩니다. 여러분도 무슨 일인지 많이 궁금하셨을 거라 생각합니다. 어젯밤 저는 미국 출장에서 돌아왔습니다. 이번 출장에서 저와 이사진은 티켓몬스터의 미래에 대한 중요한 결정을 내렸습니다. 누구보다 먼저 티켓몬스터 직원인 여러분에게 자세히 이야기해주고 싶어서 이렇게 모여달라고 했습니다. 티켓몬스터와 리빙소셜은 한 식구가 되었습니다. **99**

다들 놀란 표정이었지만 동요하지는 않았다. 한 달 전 모 경제신문을 통해 티켓몬스터의 미래에 관한 추측성 기사가 난 뒤 회사가 잠시 술렁였을 때, 신현성은 전 직원에게 이메일을 보내 어떠한 선택이든 회사를 위한 최선의 선택을 할 것이며 모든 것이 결정되면 직원들에게 가장 먼저 알리겠다고 약속했다.

커다란 화면에 리빙소셜과 티켓몬스터가 한 식구가 되었음을 알리는 그림이 나타났다. 그리고 창업자 다섯 명이 숙소에 모여 살며 창업을 준비할 때의 사진이 보였다. 사진 속의 신현성은 지금보다 마른 모습이었고, 사진 속 어지러운 숙소 또한 티몬 캐릭터로 산뜻하게 꾸며진 지금의 사무실과는 사뭇 다른 모습이었다.

66 처음 티켓몬스터는 열정과 꿈으로 뭉친 다섯 명의 친구들로 시작되었습니다. 너무나 다른 사람들이었지만 꽤나 잘 어울리는 한 팀이었다고 생각합니다. 시간이 지나면서 우리 주위에는 좋은 사람들이 모여들었고 그러면서 더욱 건강하고 단단한 회사로 성장하기 시작했습니다. 하루하루 인원이 늘어나고 회사가 성장

하는 가운데서도 창업자와 이사진이 잃지 않으려고 했던 한 가지는 우리가 하는 일에서 '재미'와 '의미'를 찾자는 것이었습니다. 그리고 1년 3개월이 지난 지금, 우리는 새로운 단계로 도약하려고 합니다.

올봄부터 저를 비롯한 경영진은 티켓몬스터의 미래를 위해 적극적인 투자가 필요하다는 생각을 했습니다. 숫자로 표현되는 실적이 아닌 시장의 흐름을 바꿀 만한 발걸음을 떼고 싶었습니다. '월 매출 몇 백억 원 달성'이라는 눈앞의 숫자놀음에 급급하지 않고 회사의 비전과 미래를 보며 일하고 싶었습니다. 그리고 지금 저는 리빙소셜과의 M&A를 통해 우리가 꿈꾸는 가치가 현실화될 수 있음을 그 어느 때보다 강하게 믿고 있습니다. 그 꿈과 비전을 여러분과 함께 나누고자 합니다."

티켓몬스터는 기존의 회사와 달랐다. 잠깐만 도와달라는 꾐에 넘어간 친구들이 숙소로 출근을 했고, 신문기사를 보고 함께 일하고 싶다며 사람들이 찾아왔다. 고객센터 상담원과 전화로 이야기를 나누다가 면접을 보러 와 직원이 된 경우도 있었다. 티켓몬스터는 사람들이 늘어날수록 더 강한 팀이 되었다. 배경도 다르고, 학벌도 다르고, 살아온 모습도 다른 이들이었지만 '재미'와 '의미'를 찾아서 모인 사람들의 힘은 실로 대단했다. 대한민국의 소셜 커머스 시장을 열었고, 시장의 선두주자로서 끊임없는 시도를 해나갔다. 때로는 시행착오를 겪기도 했고, 미숙한 실수 때문에 언론의 질타를 받기도 했지만 그 모두를 자양분 삼아 이제 소셜 커머스 업계 1위로 성장했다.

신현성은 올해 봄부터 티켓몬스터의 미래를 위한 적극적인 투자가 필요하다는 생각을 했다. 숫자로 표현되는 실적만이 아닌, 제살 깎아먹기식 경쟁이 아닌 시장의 흐름을 바꿀 만한 발걸음을 떼고 싶었다. 그런 생각을 가지고 있을 때쯤 리빙소셜과의 첫 만남이 이루어졌다. 리빙소셜은 그루폰에 이은 세계

2위 소셜 커머스 업체로 전 세계 22개국에 진출해 있었다. 티켓몬스터의 놀라운 성장에 관심을 보이던 리빙소셜은 처음에 투자를 하고 싶다는 의사를 밝혔다. 대화를 이어가면서 리빙소셜이 M&A^{Mergers and Acquisitions : 경영 합리화, 사업의 확장 등을 이유로 기업을 인수하거나 두 회사가 합병하는 것} 가능성에 대해 이야기를 꺼냈을 때 신현성은 이를 마음에 두지 않았다. 티켓몬스터 혼자서도 충분히 잘 해낼 수 있다는 믿음이 있었기 때문이다. 그러나 리빙소셜과 만남을 가질수록 티켓몬스터와 닮은 점이 많은 회사라는 생각이 들었다. 장기적인 관점으로 사업을 하겠다는 강한 의지가 있었고, 직원들이 즐겁게 일할 수 있는 일터를 만들어야겠다는 신념도 가지고 있었다.

4월, 신현성은 워싱턴DC로 날아가 리빙소셜 대표와 직원들을 만나 대화를 나누면서 티켓몬스터가 원하는 모습에 한 발짝 먼저 다가가 있는 그들을 확인할 수 있었다. 리빙소셜이 티켓몬스터의 멘토가 되어줄 수 있을 거라는 믿음이 생겼다. 인수과정 내내 티켓몬스터를 존중하는 그들의 모습은 M&A가 티켓몬스터를 위한 최선의 결정이었다는 데 확신을 갖게 했다. 특히, 리빙소셜은 매력적인 사람들로 이루어진 티켓몬스터의 팀 구성과 비전을 마음에 들어했다. 리빙소셜과 티켓몬스터의 M&A는 주식 교환으로 이루어졌다. 언론에서 말하는 '먹튀'가 불가능한 방식이었다. 이것은 두 회사의 피를 섞는 작업이었고 두 회사의 비전과 문화가 잘 어우러진다는 믿음이 있어야 비로소 선택할 수 있는 방법이었다.

이틀 전, 워싱턴DC에서 리빙소셜과의 계약서에 서명을 하고 돌아온 신현성은 지금 직원들 앞에 서서 확신에 찬 목소리로 말하고 있었다.

❝ 사람들이 흔히들 M&A를 말할 때 구조조정, 경영진 교체를 이야기합니다. 그

러나 우리는 아무것도 바뀌지 않습니다. 단지 믿을 만한 멘토, 우리와 함께 고민을 나눌 수 있는 동료들이 생겼을 뿐입니다.**"**

앞줄에 앉아 신현성의 발표를 보고 있던 창업자들은 각자 회상에 잠겼다. 서로를 처음 만났던 순간, 숨 가쁘게 달려온 시간들이 떠올랐다. 티켓몬스터 서비스를 시작한지 1년 3개월 만에 본받고 싶은 문화를 가진 글로벌 기업에게 큰 가치를 인정받았다는 것이 뿌듯했다. 이들과 함께할 티켓몬스터의 미래가 더욱 기대되었다.

"저를 포함한 이사진은 리빙소셜과의 M&A가 티켓몬스터의 미래를 위한 가장 좋은 선택이라 믿고 결정을 내렸습니다. 왜 투자가 아닌 M&A를 선택했는지 궁금하신 분들도 있을 겁니다. 투자를 받는 것은 현재 경쟁이 과열된 소셜 커머스 시장에서 선두를 유지하기 위해 자금을 확보할 수 있는 가장 쉬운 방법입니다. 하지만 리빙소셜과의 M&A는 단기적인 자금 확보뿐 아니라 아시아의 허브로 발돋움해서 장기적으로 세계 소셜 커머스 시장에 중요한 역할을 할 수 있는 기회라고 판단했습니다. 이 결정이 왜 회사를 위해 최선이었는지, 앞으로 우리에게 미칠 영향은 무엇인지, 이 자리를 통해 자세한 이야기를 여러분께 들려드리고자 합니다. 물론 여러분의 질문에도 최선을 다해 응할 것입니다.**"**

창업자들은 오래전부터 사람들에게 사랑받는 서비스, 직원들이 즐겁게 일할 수 있는 회사를 만들기를 꿈꿔왔다. '티켓몬스터'라는 같은 꿈을 꾸기 전까지 이들은 지구 반대편에서 서로 다른 길을 걸어왔다. 모습은 달랐지만 스스로 가슴 뛰는 일을 하기 위해 남들의 시선과 상관없이 좌충우돌했던 경험들을 갖고 있었다. 그 꿈은 대전과 펜실베이니아의 조그만 기숙사 방에서 시작되었다.

예, 현스 오디오HYUN'S AUDIO입니다

—

2006년 1월 카이스트KAIST 기숙사.

전자과 2학년 권기현의 방에서는 아침부터 클래식 음악이 큰 소리로 흘러 나오고 있었다. 김동현이 방문을 열면서 소리쳤다.

"야, 너무 시끄럽잖아! 볼륨 좀 줄여!"

"안 돼 인마. 내가 이번에 새로 산 스피커인데 길들이려면 3일은 이렇게 틀어야 돼. 이 스피커 소리 죽이지?"

"소리가 죽여주긴 하네."

두 사람은 밴드동아리 '창작동화'에서 기타와 드럼을 연주하면서 친해진 사이였다. 권기현은 밴드 내에서도 유난히 음악을 까다롭게 듣는 사람이었고 유독 스피커에 관심이 많았다.

"이 스피커를 팔면 잘 팔릴까?"

"뭐? 스피커를 팔겠다고?"

"내가 얘기했잖아. 한국에 수입되는 오디오 브랜드가 너무 적어서 음질도 좋고 가격도 저렴한데 수입되지 않는 것들이 많다고."

한국에 수입되는 오디오 브랜드는 한정되어 있기 때문에 수입되지 않는 브랜드 중에 좋은 음질과 저렴한 가격을 가진 것들이 많았다. 그 중에서도 마크 레빈슨^{Mark Levinson}(미국의 유명한 오디오 브랜드 마크 레빈슨의 창업자)이 새로 선보인 레드 로즈 뮤직^{Red Rose Music}의 스피커는 중국에서 OEM방식으로 생산되는 제품으로 좋은 음질로 시장에서 호평을 받고 있었다. 레드 로즈 뮤직의 스피커는 보통 천만 원이 넘는 고가의 제품이지만 이 제품을 생산하는 중국 공장의 자체 브랜드로 판매하는 경우에는 동일한 제품이 백만 원이 채 안 되는 가격표가 붙었다. 물론 제품의 재질, 설계, 소리는 모두 레드 로즈 뮤직 브랜드의 스피커와 똑같았다. 권기현의 방에 놓여 있던 스피커가 바로 그 중국 제품이었다.

"이름값이 아닌 소리를 중요하게 여기는 사람들이라면 중국 공장 브랜드 제품을 구입하는 게 훨씬 합리적인 선택 같지 않아?"
"네 말 들어보니까 꽤 매력적인 스피커네. 사람들이 좋아할 수도 있겠는데?"
"그렇지? 스피커가 소리만 좋으면 되지 브랜드가 무슨 소용이야."

권기현은 일단 누구라도 살 거라 생각하고 한 개의 스피커를 더 주문했다. 그리고 오디오 중고거래 게시판에 글을 올렸다.
'레드 로즈 뮤직 스피커. 같은 공장에서 만든 제품이지만 브랜드만 다름. 가격 120만 원.'

하루가 지나자 반응이 왔다. '가짜 아닌가요?' '정말 레드 로즈 뮤직 스피커랑 소리 같나요?' '소리 먼저 들어보고 구매 결정할 수 있을까요?' 이후로도 여러 개의 댓글이 달렸다. 권기현은 가능한 사람들은 카이스트 기숙사에 와서 소리를 들어보고 결정하라는 답장을 보냈다. 설마 했던 사람들이 실제로 카이스트에 찾아와서 가지고 온 CD를 틀고 꼼꼼하게 소리를 듣고 시험해봤다. 천만 원이 넘는 스피커를 10분의 1 가까운 가격에 살 수 있다면 이 정도 발품은 감수할 수 있다는 표정이었다.

첫 스피커가 팔린 후 스피커를 사고 싶다는 연락이 계속 오자 권기현은 추가로 다섯 대를 더 판매했다.

"동현아, 사람들이 스피커 소리를 들어보면 다들 좋아해. 이거 한번 제대로 팔아보자."
"뭐?"
"그냥 앉아서 남는 장사라니까. 우리 이 참에 생활비 좀 벌어보자."

먼저 판매 시스템을 구축해야 했다. 우선 게시판 기능만 있는 웹사이트를 만들었다. 이름은 기'현'과 동'현'을 딴 현스 오디오 HYUN'S AUDIO였다. 그리고 나서 중국공장 측에 이메일을 보냈다.

Dear Yu Jianbing

Thank you for prompt reply.

Our business range only covers Chinese Hi−fi products, which are not introduced in Korea yet.

In my opinion Chinese Hi−fi products have very good design and very good quality in low price.

If you can give us a reasonable price, I think we can dominate the tube amp market in Korea with no doubt.

Korean tube amps set much higher price, but still lower quality.

Our temporary website is proac.wo.to, but we're building a new one. We're selling Dussun amplifiers and Original CD−players also. You'll find them in our new homepage.

Our office is also located at Shanghai, so it will be very easy for us to co−operate, since we can take care of shipping by ourselves.

Thank you.

sincerely,

Kee−hyun Kwon(Representitive of Hyun's Audio)

'우리는 중국제 스피커를 전문으로 파는 업체이다. 독점유통권을 보장해준다면 한국 시장을 개척해 훨씬 더 많이 팔겠다'는 내용이었다. 일종의 협상을 시작한 것이다. 다행히 공장 측은 한국 시장 진출을 생각하지 않고 있어서 현스 오디오에 독점유통권을 주었다. 물론 스피커 공장 측에서는 현스 오디오가 기숙사에 스피커를 설치해놓고 판매하는 두 명의 대학생인 줄은 몰랐다.

독점유통권을 확보한 후에는 배송과 애프터서비스가 문제였다. 중국에서 한국까지 운반에 필요한 선박 배송업체, 항구에 도착한 스피커를 목적지까지 안전하게 배송할 국내 배송업체, 그리고 현스 오디오의 애프터서비스를 맡아 줄 용산의 오디오 판매 수리점을 찾았다. 그리고 차례차례 이들과 계약을 맺었다. 시스템을 갖춰놓으니 발로 뛰어야 할 일이 훨씬 줄어들었다.

처음에는 하루에 전화 한두 통, 홈페이지에 두 자릿수 안팎의 사람들이 방문할 뿐이었다. 그러나 포털 사이트의 하이엔드 스피커 동호회에 글을 올리고, 계약을 맺은 용산의 수리점에서 청음회를 열자 스피커 소리를 들어본 사람들을 중심으로 입소문이 나기 시작했다. 점점 주문이 늘어나더니 하루에 열 통 이상 주문전화를 받을 때도 있었다. 문제는 현스 오디오의 그 누구도 고객상담을 해본 적이 없었다는 거였다. 고객들은 전화상으로 다양한 요구를 했지만 두 사람은 어떤 요구를 수긍해야 하고, 어떤 요구가 무리한 요구인지를 구분해낼 능력이 없었다. 게다가 고객서비스라는 개념조차 없었기 때문에 주문이 아닌 다른 용건의 고객 전화를 받는 것은 귀찮게 느껴졌다.

결국 스피커 사업을 위해 한 학기를 휴학했던 권기현이 학교에 돌아오면서 현스 오디오는 자체 폐업했다. 하지만 현스 오디오가 이들에게 남긴 것이 있었다. 공부가 아닌 다른 길에 대한 가능성이었다. 청음회를 하거나 직접 오디오를 설치해주러 갈 때면 자영업자, 변호사, 프리랜서, 컨설턴트 등 카이스트에서는 볼 수 없는 다양한 직업과 사연을 가진 사람들을 만나 이야기할 수 있었다. 유학을 다녀와 교수나 연구원이 되는, 카이스트 학생 대다수가 원하는 길만이 전부는 아니라는 생각이 들었다. 새로운 일에 대한 열정과 호기심이 서서히 생겨났다.

마크 저커버그가 부럽지 않아!
—

2006년 가을 펜실베이니아 대학. Upenn, University of Pennsylvania

경영학과(와튼 스쿨 : 미국 최고 경영대학 중 하나) 3학년 첫 학기를 앞둔 신현성은 룸메이트 루 첸Lu Chen과 함께 1년 동안 지낼 방을 구하기 위해 학교 기숙사를 헤매고 있었다. 새 학년을 시작할 때마다 치르는 일이지만 방을 구하는 것은 언제나 쉽지 않았다. 벌써 방을 구하러 다닌 지 일주일이 지났지만, 오늘도 허탕이었다. 학교 카페테리아에서 음료를 주문하고 잠깐 쉬는 사이 루 첸이 화풀이하듯 내뱉었다.

"새 학년 시작할 때마다 방 구하는 거 지긋지긋해. 왜 이렇게 멍청한 짓을 매번 반복해야 하는 거지?"
"그러니까 말이야. 방을 내놓는 사람들과 방을 구하는 사람들이 있는 건 확실한데 말이야. 눈먼 사람들끼리 서로를 찾아가는 것도 아니고."

"지금처럼 발품 팔지 않고 좀 더 쉽게 방을 구할 수 없을까?"

신현성이 골똘히 생각하다가 답을 했다.

"음…… 그냥 온라인에서 두 그룹을 연결해주면 어떨까? 방을 찾습니다. 방을 내놓습니다. 아주 단순하게 말이야."

"괜찮은 아이디어인데? 방 구하는 게 힘든 건 우리만은 아니잖아. 학년 시작마다 죄다 이러고 있잖아."

"그렇지? 우리 학교 학생들은 다들 비슷한 처지겠지?"

"응. 내가 듣기론 우리 학교뿐이 아니야. 다른 학교 학생들도 마찬가지라고 들었어."

"이거 잘하면 사람들이 좋아하는 서비스가 될 수도 있겠다."

신현성은 그날 저녁 낮에 이야기했던 아이디어를 다시 생각했다. 사람들이 지금 느끼고 있는 불편을 해결해줄 서비스를 만든다면 더이상 방을 구하러 다니다가 녹초가 될 일은 없었다. 당연히 이용자도 빠르게 늘 것이었다. 미국 대학생들의 90퍼센트 이상은 기숙사를 이용하거나 학교 근처에 방을 얻어 룸메이트와 거주한다. 이들에게 방을 구하는 것은 학기 초마다 겪는 가장 어려운 일 중 하나였다. 선배에게 물려받는 것이 가장 운이 좋은 경우였고, 그렇지 않으면 매년 기숙사 사용여부를 일일이 확인하러 다녀야 했다.

신현성은 며칠간 서비스에 대한 고민을 끝낸 후, 루 첸에게 함께 서비스를 만들어보지 않겠냐고 물었다. 그 또한 방을 구하는 것에 이미 지칠대로 지친 상태라 신현성의 아이디어를 반겼다. 이야기를 할수록 둘의 꿈은 커져갔다.

미국 내 대학생들은 모두 비슷한 처지일 터이니 펜실베이니아 대학에서 시작해서 5년 뒤에는 미국의 모든 대학에 서비스를 제공하는 것으로 계획을 세웠다. 페이스북^{Facebook}을 만든 마크 저커버그^{Mark Zuckerberg}가 부럽지 않았다. 원대한 계획까지 세우고 나니 둘은 신나는 마음을 주체할 수 없었다.

우선 서비스를 위해 웹사이트를 만들어야 했다. 이름은 '좋은'^{Fine}과 '기숙사'^{dormitory}를 합친 파인돔즈^{Finedorms}라는 단순하지만 꽤 마음에 드는 이름을 생각해냈다. 그리고 가지고 있던 500달러로 자본금으로 삼았다. 웹 개발 경험이 없으니 외부 개발자에게 사이트 제작을 의뢰해야 했다. 하지만 500달러가 채 되지 않는 비용을 받고 웹사이트를 구축해줄 개발자를 주변에서 찾기 힘들었다. 결국 인건비가 싼 인도의 개발자에게 일을 맡겼지만 개발자가 사이트 개발에 투입한 시간은 겨우 며칠이었다. 이메일과 전화를 통해서만 일을 의뢰하고 진행해야 했던 탓에 투박하고 매력 없는 웹사이트가 만들어졌지만 원하던 기능들은 모두 구현되었다. 이제 사람들이 웹사이트를 방문해서 방을 내놓거나 구한다는 글을 올린 다음 이 둘이 매칭되는 것만 지켜보면 될 일이었다. 그러나 몇 달이 지나도 회원은 늘지 않았고, 그나마 있던 회원들도 몇 번 클릭해보다가 사이트를 탈퇴하기 일쑤였다. 입소문을 통해 회원 수가 폭발적으로 늘 것이라 기대했지만 현실은 만만치 않았다. 뭔가 잘못되고 있었다.

"루, 아무래도 이상하지 않아? 사람들이 왜 안 오지?"

"그러게. 기숙사 구하는 게 하늘에 별 따기라면서 모두들 이 서비스에 호의적이었잖아?"

"만나는 친구들한테 우리 서비스에 대해서 그렇게 이야기했는데, 입소문이 왜 안 나는 거야?"

사용자가 없는 서비스를 활성화하기 위해서는 홍보가 필수였다. 방을 내놓는 사람들과 방을 찾는 사람들에게 서비스를 알려서 이 서비스를 사용하도록 만들어야 했다. 이미 얼마 되지 않은 자본금은 바닥나고 있었다. 두 사람 모두 아르바이트로 번 돈까지 부어가며 파인돔즈에 심혈을 기울였지만, 서비스를 유지해나가기에는 턱없이 부족한 형편이었다. 수익을 내기 위해 웹사이트에 배너 공간을 만들고 광고주들을 유치하려고 했지만, 아무도 찾아오지 않는 사이트에 선뜻 나서서 광고를 하겠다는 사람은 없었다. 사용자를 하루라도 빠르게 늘리고 지속적인 재방문을 유도하는 것이 중요했다. 문제는 목표를 위한 방법을 모른다는 것이었다.

게다가 그들은 혈기 왕성한 스물두 살의 대학생이었다. 휴학을 하고 사업에 매달릴 생각도, 매주 열리는 파티와 자신들이 열정을 쏟는 동아리 활동을 포기할 생각도 없었다. 치기 어린 열정으로 시작했던 파인돔즈에 할애하는 시간은 점점 줄어갔고, 하루에 방문하는 이용자수 또한 이에 정비례해 줄어갔다. 5년 안에 미국 전역의 대학생들이 파인돔즈를 이용하도록 만들겠다는 초기의 원대한 포부는 점점 힘을 잃어갔다. 어느새 학생들이 방을 구하는 시기도 지나가버렸다. 시작한 지 5개월 만에 파인돔즈는 그 어떤 성과도 내지 못한 채 문을 닫게 되었다.

신현성은 5개월이라는 짧은 경험을 통해 한 가지는 분명하게 배울 수 있었다. 사업은 '아이디어'만으로는 절대 성공할 수 없다는 점. 그 아이디어를 세상에 내놓고 실현시키기 위해 많은 시행착오와 발전을 거듭해야 한다는 것이었다. 하나하나 잘 두드려가며 큰 그림을 그려나가는 것이 중요했다.

굳었던 머리가 말랑말랑해지다
—

2007년 봄, 김동현은 병역특례를 하던 회사의 대표를 통해 박성연 크리베이트CREVATE 대표를 소개받았다. 박성연 대표는 당시 일하던 직장을 그만두고 사업을 준비하는 중이었다. 아직 정해진 것은 없었지만 비즈니스에 대한 많은 아이디어를 가지고 있는 박성연 대표를 만나 이야기를 들으면서 김동현은 박성연 대표와 그녀가 앞으로 만들어갈 비즈니스에 대해 호기심을 갖게 되었다. 박성연 대표 또한 아직 다듬어지지는 않았지만 긍정적이고 힘찬 기운이 느껴지는 김동현에게 호감을 갖게 되었다.

2007년 여름, 김동현은 병역특례를 마치고 권기현과 함께 제주도 자전거 여행을 떠났다. 뜨거운 햇볕 아래서 하루 종일 자전거를 타고 지칠대로 지쳐 민박집에 누워 있을 때 박성연 대표로부터 전화가 걸려왔다.

"동현 씨, 지금 서울이에요?"
"아니요, 지금 기현이랑 제주도에 자전거 여행 왔어요."
"그래요? 지금 우리 회사 첫 프로젝트를 계약했는데 사람이 부족해요. 동현 씨랑 꼭 같이 하고 싶은데 가능해요?"

"프로젝트 성격이 어떤 거죠?"

"이동통신회사의 신사업 개발을 컨설팅하는 거예요."

"재밌겠네요. 프로젝트 시작이 언제예요?"

"내일이요."

"내일이요? 음…… 제가 조금 뒤에 다시 연락드릴게요."

"저번에 박성연 대표 같이 만난 적 있지? 그분이 첫 프로젝트를 계약했는데 내가 팀에 합류했으면 좋겠대. 프로젝트 시작이 당장 내일이라는데?"

"내일?"

"응. 재미있는 일들을 많이 할 수 있을 것 같아. 내일 나 먼저 서울로 올라갈 테니까 너는 여행 마치고 서울 와서 연락해."

다음날 아침 일찍 김동현은 제주공항으로 향했다. 서울에 도착하자마자 그는 신촌에 작은 원룸을 얻고 크리베이트가 맡은 이동통신회사의 프로젝트에 참여하기 위해 을지로로 향했다. 당시 이동통신회사는 새로운 동력을 찾기 위해 기존의 통신사업이 아닌 다른 분야의 사업들에 관심을 돌리고 있었다. 다양한 신사업 개발 프로젝트가 이동통신회사 직원들과 여러 컨설팅 업체들의 협력 아래 동시다발적으로 진행되고 있었다. 크리베이트가 프로젝트를 시작하던 때에도 이미 해외 유명 컨설팅 업체인 아이디오IDEO와 왓이프WHATIF의 프로젝트가 진행되고 있었다.

이전까지 병역특례 업체에서 개발자로서 소프트웨어 개발만을 했던 김동현에게 크리베이트의 일은 새로움 그 자체였다. 카이스트에서 공대생들에 둘러싸여 생활하던 그에게 쉴 새 없이 창의적인 아이디어를 쏟아내야 하는 업무는 생소하지만 매력적이었다. 다양한 그룹을 대상으로 한 인터뷰, 인터뷰에서 뽑아낸 핵심단어를 토대로 한 아이디어 떠올리기, 해외 사례를 참고하기 위한 트렌드 조사는 이전에는 한 번도 해보지 않았던 일들이었다. 일이라기보다는 놀이에 가까웠다. 전공인 전자공학 공부와 병역특례 내내 프로그래밍을 하면서 굳었던 머리가 다시 말랑말랑해지는 듯했다. 두 달 동안 크리베이트의 성공적인 첫 프로젝트를 함께한 김동현은 가을 학기가 시작되는 9월에 맞춰 학교로 돌아왔다.

2007년 여름, 권기현은 한국 IBM의 글로벌 컨설팅 부문에서 인턴으로 일하고 있었다. 부모님의 권유로 시작했지만 자신의 성향과는 맞지 않는 일이었다. 많은 양의 문서작업과 경직된 분위기에 답답함을 느꼈다. 업무가 끝나는 저녁 시간이면 어김없이 크리베이트 사무실에 들러 김동현과 박성연 대표와 함께 이야기를 나누었다. 그 무렵 박성연 대표가 이끄는 크리베이트는 항상 새로운 사업에 대한 아이디어를 떠올리고, 가까운 미래를 이끌어갈 시장의 흐름에 대해 조사하고 연구하면서 아이디어 중심의 혁신 컨설팅 회사로 정체성을 확립해가고 있었다. 권기현은 이들과 함께 새로운 아이디어에 관한 이야기를 나눌 때면 가슴이 뚫리는 느낌이었다.

두 달간의 인턴을 끝낼 즈음, 그는 학교로 돌아간다는 생각만으로도 가슴이 답답해졌다. 학교 실험실에서 전자회로를 만드는 것보다 크리베이트에서 일하는 것이 훨씬 재미있을 것 같았다. 박성연 대표 또한 권기현의 범상치 않은 감각을 눈여겨보고 있었다. 권기현은 자신과 비슷한 생각을 가지고 있던 룸메이트 김진환과 함께 가을학기를 휴학하고 크리베이트에서 일을 시작했다.

크리베이트에서 일하면서 그는 카이스트에서는 느낄 수 없었던 편안함을 느꼈다. 비슷한 생각과 관심사를 가지고 있는 사람들과 일하는 것이 얼마나 즐거운 일인지, 매순간마다 행복했다. 열 명 남짓한 직원들은 국내뿐만 아니라 전 세계를 휩쓸고 있는 트렌드에 대해 관심이 많았고 이러한 성향은 프로젝트를 진행하면서 다양한 아이디어를 떠올리는 데도 큰 도움이 되었다. IBM에서 일할 때는 항상 정장을 입고, 모든 사람이 직위에 따라 역할과 위계가 나뉘었지만 크리베이트는 회사라기보다는 동아리에 가까운 분위기였다. 이름보다는 서로의 별명을 부르는 것이 일반적이었다. 수평적이고 자유로운 분위기에서 실없이 나누었던 이야기가 프로젝트에 쓰일 만한 아이디어로 발전하기도 했다. 권기현은 크리베이트의 분위기가 마음에 들었다.

당시 크리베이트 동료들의 가장 큰 관심사는 2007년 6월 미국에서 첫 출시된 아이폰이었다. 스티브 잡스의 아이폰 발표 영상을 보면서 이 물건이 미래의 트렌드를 이끌어갈 것이라는 데 모두들 확신을 가졌다. 아이폰으로 시작될 스마트폰 열풍으로 인해 결국 인터넷 트래픽의 점유율이 줄어들고 모바일 트래픽이 늘어날 것이며, PC 환경과는 다른 니즈needs가 존재하리라는 것이었다.

'PC 기반 인터넷에서는 검색시장이 가장 크지만 모바일에서는 사람들의 어떤 니즈가 가장 클까?' '이동 중에 즉각적인 욕구를 해결하기 위한 서비스들이 인기를 끌지 않을까?' 머릿속에 많은 물음들이 꼬리에 꼬리를 물면서 모바일에서 유용한 서비스에 대해 고민하는 시간도 많아졌다. 당시 한국에서는 아이폰을 개통할 수 없었기 때문에 권기현은 크리베이트에서 직원용으로 구매한 아이팟 터치를 사용해 iOS의 사용자 인터페이스User Interface를 경험하고 모바일 인터넷에 관한 감을 잡아가고 있었다.

권기현은 크리베이트에서 하는 일이 마음에 들었지만 언젠가는 학교로 돌아가야 한다는 점과 컨설팅 업무가 내가 아닌 남을 위한 일이라는 점 때문에 고민이 많았다. 결국 권기현은 2008년 봄, 학교로 돌아갔다.

4주가 아니라 1년이라고요?
—

권기현이 학교로 돌아온 후, 김동현은 또 다른 자극에 목말라하고 있었다. 병역특례를 마치고 복학한 후 마음을 다잡았지만, 공부는 하면 할수록 흥미만 떨어질 뿐이었다. 그러던 3월, 학교 인터넷 게시판에서 해외 인턴을 모집한다는 공고를 확인하고는 '이거다!'라는 생각에 앞뒤 잴 것 없이 신청했다. 여름 방학 동안 전혀 새로운 곳에서 스스로를 비워내고 싶다는 생각에 콜롬비아에서 현지 청소년들의 학습을 돕는 일을 지원한 것이다.

며칠 후, 해외 인턴 모집 단체에서 연락이 왔다.

"김동현 씨죠?"

"네."

"지원하신 해외 인턴직을 뽑지 않기로 했어요. 콜롬비아의 치안 상태가 좋지 않아서 안전을 보장할 수가 없다고 하네요. 죄송합니다."

"모집 기간 동안 상황이 바뀌어도 갈 수 없는 건가요?"

"네. 그래서 동현 씨가 원하시다면 인턴직을 재배치해드리려고 합니다. 장소는 미국인데, 4주가 아닌 1년 장기 인턴직입니다. 가능하시겠어요?"

"4주가 아니고 1년이라고요?"

처음 신청했던 콜롬비아는 방학을 이용해 다녀올 수 있는 4주 단기 인턴이었지만 재배치된 미국은 1년간의 장기 인턴이었다. 4주에서 1년으로 기간이 열 배 넘게 늘어났지만 걱정은 없었다. 미국에 한 번쯤 가보고 싶었고, 이왕 갈 거라면 그곳의 생활을 제대로 경험해보고 싶었기 때문이다. 무슨 일을 하게 되든 상관없었다. 새로운 곳에서 새로운 사람들과 지낸다는 것만으로도 충분히 기대되고 흥분되었다.

"네, 가겠습니다!"

배정받은 지역은 미시간^{Michigan} 주의 앤아버^{Ann Arbor}라는 작은 도시였고, 김동현은 소프트웨어 개발 회사인 멘로이노베이션^{Menlo Innovation}에 프로그래머로 채용되었다. 병역특례 업체에서 개발자로 일한 경험 덕분이었다.

7월에 도착한 앤아버는 작지만 재미난 도시였다. 미시간 대학교^{University of Michigan}가 있어 도시 곳곳에 대학생들의 활기가 넘쳤다. 멘로이노베이션의 사무실은 시내를 조금 벗어난 작은 건물에 위치하고 있었다. 인사를 하기 위해 처음 방문한 회사는 예상과는 달리 시끌벅적했다. 인턴을 관리하는 책임자로부터 이야기를 들어보니 멘로이노베이션은 소프트웨어를 개발하는 과정에 페어프로그래밍^{Pair Programming}을 적용하고 있었다. 시니어와 주니어가 한 조를 이루어 프로그램에 대한 서로 다른 관점을 가지고 토론하면서 개발을 진행하고 이러한 조가 4~5개 모여 하나의 프로젝트 팀을 이루는 형태였다. 이 때문에 사무실 이곳저곳에서 항상 대화와 토론이 이어졌다. 김동현은 인턴 시작과 함께 시니어와 토론을 통해 프로그램을 개발해야 했지만 영어 실력이 많이 부족해 커뮤니케이션이 원활하지 못했다. 그래도 새로운 사람들과 문화를 알아간다는 것 자체에서 즐거움을 찾고 있었다.

　잘 늘지 않는 영어 회화 실력 때문에 고생하던 김동현은 회사가 아닌 다른 곳에서 영어 실력을 늘리기로 결심했다. 시간이 많고 쉽게 이야기를 들어줄 사람이 필요했다. 평소 봐둔 곳이 있었다. 집 앞 공원에서는 주말 점심시간마다 봉사단체가 부랑자들에게 피자를 나누어 주었다. 벤치에 앉아 피자를 먹는 이들이 김동현의 타깃이었다. 우선 피자를 받기 위해 서 있는 줄의 맨 끝에 선 다음 피자를 받고 나서 빈 자리를 찾아 앉았다. 옆자리에 인상이 험악한 아저씨가 있었는데 이야기를 몇 마디 나누어보니 주한미군 출신이었다. 아저씨와 함께 서울의 풍경과 소주, 삼겹살 등 우리말을 섞어가며 즐겁게 이야기를 이어갔다. 다음 주말에도 같은 장소에서 만나기로 약속했다. 아저씨는 '동현'이라는 이름이 발음하기 어렵다며 쉬운 영어이름으로 토미Tommy를 추천했다. 그 이름이 마음에 들었던 김동현은 다음 날 회사에서 만나는 사람마다 붙잡고 앞으로 자신을 토미로 불러달라고 했다. 그러나 그때까지도 토미라는 이름에 스펠링 m이 두 개 들어가는지는 몰랐다.

　멘로이노베이션에는 일주일에 한 번씩 점심시간을 이용한 런치앤런 Lunch & Learn이라는 시간이 있었다. 인턴들이 일주일 동안 배운 것들을 발표하는 시간이었다. 처음에는 여러 사람들 앞에서 영어로 발표하는 것이 낯설었는데, 한두 번 발표를 해보니 표현과 발음이 엉망이어서 동료들이 자신의 발표를 이해하지 못한다는 느낌이 들었다. 룸메이트들에게 도움을 요청했다. 매주 발표를 준비하면서 대본을 만들고 룸메이트들에게 교정과 첨삭을 부탁하는 것은 물론 그들이 대본 읽는 것을 비디오로 찍어서 입 모양과 발음을 반복해가며 보고 따라 읽었다. 이 과정을 통해 문장이 다듬어진 것은 물론이고 의사소통에 있어 가장 중요한 억양과 발음이 눈에 띄게 향상되었다. 동료들과 의사소통이 수월해지면서 회사 생활은 더욱 재미있어졌다.

김동현은 룸메이트들의 도움을 통해 영어 실력이 향상되는 것을 확인하면서 효과적인 실전 영어학습법에 관심을 가지게 되었다. 자신도 수년간 한국에서 시험점수를 얻기 위한 공부를 했지만 그때 배운 영어와 미국에서 실제로 생활하면서 사용하는 영어는 차이가 있었다. 인터넷으로 조사해보니 자신과 비슷한 어려움을 토로하는 사람들이 많았다.

'바로 이거야! 내가 룸메이트들에게 받은 도움을 체계화하면 다른 사람들에게도 분명 도움이 될 거야.'

김동현은 한 장짜리 사업계획서를 작성해 다음 날 출근하자마자 대표 방문을 두드렸다.

"리처드, 제가 재미있는 사업 계획을 가지고 있어요. 앞으로 남은 인턴 기간 동안은 제가 이 프로젝트에 집중할 수 있도록 도와주실 수 있어요?"

"어떤 사업인데요?"

"제가 멘로이노베이션에서 처음 일을 시작했을 때 영어 때문에 고생 많이 한 것 아시죠? 특히 런치앤런 발표 때마다 스트레스가 심했어요. 그래서 룸메이트들에게 제가 쓴 대본을 수정해달라고 요청하고, 그 친구들이 읽는 것을 비디오로 녹화해서 입 모양과 발음을 여러차례 따라했어요. 덕분에 발표 실력이 많이 나아졌고요. 한국에서는 많은 사람들이 아직도 시험 준비용 영어공부를 하고 있어요. 그런데 실제로 영어 실력을 키우는 데는 제 학습방법이 더 효과적인 것 같아요. 이 학습방법을 다듬으면 충분히 사업화 할 수 있을 것 같은데 어떻게 생각하세요?"

"흥미로운 사업 계획이네요. 내가 다른 경영진들을 모아서 미팅을 주선해볼게요. ARI Accent Reduction Institute도 도움을 줄 수 있을 것 같으니 그 자리에 불러야겠어요."

리처드는 멘로이노베이션의 자회사인 ARI가 발음 교정 분야 사업을 하고 있었기 때문에 김동현과 협업할 수 있을 거라 생각했다. 일주일 뒤 멘로이노베이션의 대표와 재무이사, 전략이사, ARI의 대표가 참석한 미팅에서 김동현은 자신이 구상한 사업과 한국의 영어 교육시장에 대해 발표했다. 참석한 사람들은 김동현의 프로젝트에 긍정적인 반응을 보였고 ARI의 자원을 활용할 수 있도록 도움을 주겠다고 약속했다.

그날부터 김동현은 회사에서 일하는 모든 시간을 개인 프로젝트에 할애할 수 있었다. '사내 벤처'의 시작이었다. 우선 비즈니스 모델을 구체화했다. 사업의 핵심은 실제 영어 실력을 쌓고자 하는 한국인들의 수요와 문법과 발음 교정을 맡을 미국 내 강사의 공급을 맞추는 데 있었다. 강사를 원어민 대학생들에 한정함으로써 양질의 서비스를 적정 가격에 이용할 수 있도록 하는 것이 중요했다. 비즈니스 모델을 구체화하고 나서 서비스 구현에 나섰다. 김동현은 웹사이트를 제작하고 한국에 있는 지인들로부터 에세이를 받았다. ARI가 운영하는 발음 교정 프로그램에 소속된 강사들이 샘플 에세이 수정을 맡았다. 하지만 영어 교육 전문가가 아닌 김동현이 혼자서 프로젝트를 진행하다 보니 여러 난관에 부딪혔다. 때로는 '이 서비스를 정말 사람들이 좋아할까' 하는 의구심도 들었다. 힘들 때마다 유튜브에서 실리콘밸리의 유명 벤처투자자인 가이 카와사키Guy Kawasaki의 강연을 찾아보거나, 벤처 기업들의 초기 시절을 생생하게 그린『Founders at work』를 읽으며 용기를 얻었다.

정신 없이 프로젝트에 빠져 있는 동안 세 달이 지나갔다. 1년간의 인턴 기간이 끝나가고 있었다. 김동현은 리처드에게 한국에서도 꾸준히 연락하면서 이 서비스를 성공적으로 런칭하고 싶다고 이야기했다. 이때 리처드는 김동현에게 깜짝 놀랄 만한 제안을 했다.

"토미, 그동안 혼자서 서비스 준비하는 모습을 보니 열정이 넘쳐 보여요. 한국에 가서도 나에게 꾸준히 진행 상황 알려줘요. 내가 적절한 시기가 되면 투자를 할게요."

김동현은 뛸 듯이 기뻤다. 자신이 준비하고 있는 서비스의 가능성을 믿고 투자까지 고려한다는 말이 너무나 고마웠다.

김동현은 미국에서의 경험을 통해 창업을 향한 열정을 확인할 수 있었다. 혼자 일을 하기 때문에 외로웠고 끊임없는 자기 의심도 들었지만, 시간 가는 줄 모르고 집중할 수 있다는 것이 좋았다. 자신의 아이디어를 믿어주고 응원해주는 사람이라도 만나면 신이 나서 주체할 수 없었다. 스스로를 위해 일을 해야 즐겁다는 사실을 깨달은 시간이었다.

펜소리, 살아 있는 경영을 배우다

—

    신현성은 2학년에 가입한 한인 아카펠라 동아리인 펜소리^{Pennsori} 활동에 푹 빠져 있었다. 그러나 펜소리는 펜실베이니아 대학 내 아카펠라 동아리 중에서 가장 규모가 작고 활동이 부진한 곳 중 하나였다. 한인 학생을 대상으로 한 동아리이다 보니 노래 실력이 뛰어난 회원을 찾는 것도 어려웠고, 낮은 인지도 때문에 들어오고 싶어하는 사람들도 적었다. 동아리 자금도 넉넉지 않아 공연 때마다 낡은 장비들을 사용하고 있었다. 신현성은 펜소리 회원으로서 한 학기를 지내면서 애정을 가지고 있는 동아리의 위태로운 상황이 안타까웠다. 자신이 회장을 맡아 펜소리를 활성화시켜야겠다고 결심했다.

    첫 단계는 '조직에 대한 애착과 유대감'을 끌어올리는 작업이었다. 아카펠라는 모두가 한마음으로 화음을 맞춰야 하기 때문에 많은 시간을 함께 보내고 친한 사이가 되어야만 실력이 늘 수 있었다. 당시 회원들은 노래를 부르는 것 자체는 좋아했지만 동아리에 대한 애착이 부족해 조금만 바쁜 일이 생겨도 연습에 빠지기 일쑤였다. 연습에 빠지면 페널티를 주는 것이 해결책은 아니었다. 회원 각자의 우선순위에서 펜소리 활동이 우위를 점하려면 무엇보다 동아리에 대한 애착이 생겨야 했다. 화기애애한 분위기를 만들고 친한 그룹을 형성해 함께 시간을 보내는 것이 중요했다. 점차 동아리 구성원들의 유대감이 강해지면서 연습 프로그램을 체계적으로 진행할 수 있게 되었다. 펜소리 회원들끼리 친하게 지내고 동아리의 분위기가 화기애애하다는 소문이 한인 학생들 사이에 돌면서 펜소리에 들어가고 싶다는 사람들이 점점 늘어났다. 동아리의 인지도가 낮아 어렵기만 했던 신입 회원 모집도 서서히 사정이 나아졌다. 회원들의 유대감과 조직력이 단단해지고 실력이 늘어갔지만 펜소리에 대한 인지도가 낮아 공연을 관람하러 오는 사람들은 여전히 적었다. 회원들은 공연을 할 때마다 적극적으로 펜소리를 알리기 위해 캠퍼스 한가운데에서 사람들에게 공연 전단지를 돌리며 펜소리의 공연 날짜와 장소를 홍보했다. 공연을 마음에 들어한 사람들이 늘어나면서 때문에 나중에는 유료공연을 통해 동아리의 재정 상황도 개선할 수 있었다. 또한 펜소리가 분위기 좋고 실력 있는 아카펠라 동아리로 평가되면서 동아리의 인기는 더욱 높아져갔다. 선순환이 시작된 것이었다. 그렇게 2년 가까이 노력한 끝에 펜소리는 대학에서 지정하는 '공식 아카펠라 동아리Official Acappella'로 인정받았다. 신현성이 졸업한 후에는 콜라보레이션Collaboration이라는 미국 내 아시아인을 대상으로 한 경연대회에서 우승하면서 노래에 관심 있는 한인 학생이라면 누구든 들어오고 싶어하는 동아리가 되었다.

신현성은 2년 가까이 회장을 맡아 펜소리를 이끌면서 조직을 운영하는 방법을 배울 수 있었다. 구성원들의 유대감을 높여 조직에 헌신하게 만드는 동시에 열정이 부족한 회원들에게 동기를 부여하는 것, 인지도가 낮은 동아리에 실력 있는 회원을 모집하기 위해 홍보하는 것, 회원들의 실력 차를 줄이기 위해 체계적인 연습 과정을 만들고, 유료 공연을 통해 동아리의 재정상태를 개선하는 일은 그야말로 강의실에서 배우던 마케팅, 조직관리, 재무, 인재 채용 등 경영 전 분야에 걸친 실습 과정이었다. 신현성은 와튼 스쿨 강의실에서 배우는 '책 속의 경영'이 아니라 펜소리를 이끌면서 배운 '살아있는 경영'을 더욱 소중한 자산으로 여겼다. 다시 창업을 한다면 훨씬 잘 해낼 수 있을 것 같았다. 번뜩이는 아이디어만 있으면 성공할 거라 믿었던 파인돔즈 시절의 실패를 통해 아이디어는 창업의 극히 일부분일 뿐이라는 것을 깨달았다. 성공적인 창업을 이루기 위해서는 두 명이든 열 명이든 조직의 모든 구성원들이 하나의 목표를 향해 나아갈 수 있도록 이끄는 리더십이 가장 중요했다. 신현성은 펜소리를 통해 리더십과 조직 운영의 기초를 배울 수 있었다.

두 번째 창업, 맥킨지로 가다

—

정신 없이 4학년 첫 학기를 보내고 있을 때 신현성은 알고 지내던 친구 넷 터너_{Net Turner}로부터 제안을 받았다.

"얼마 전에 인바이트미디어_{Invitemedia} 창업한 거 알고 있지? 실력 있는 개발자는 충분한데 경영을 맡을 사람이 많이 부족해. 너도 창업에 관심 많잖아. 들어와서 같이 일하자."

신현성은 마다할 이유가 없었다. 파인돔즈는 창업에 대해 아무것도 모르던 때의 일이었고, 지난 2년 동안 펜소리 회장을 하면서 리더십과 조직 운영에 대해서 자신감이 붙었다. 창업이라는 단어를 들으니 가슴이 뛰었다. 결국 4학년 마지막 학기의 시작과 함께 신현성은 인바이트미디어의 창업 멤버 중 한 사람으로 일을 시작했다. 당시 개발자가 아닌 경영자로 합류한 사람은 신현성을 포함해 네 명뿐이었다.

인바이트미디어는 온라인 배너 광고를 위한 오픈 마켓이었다. 웹사이트 소유자는 웹사이트의 배너 공간을 등록하고, 배너 광고를 원하는 사람들은 다양한 웹사이트 목록과 광고의 가격, 효과를 한눈에 알 수 있게 하는 서비스였다. 또한 온라인 광고의 수요와 공급을 단순히 연결해주는 것을 넘어서 '웹사이트 방문자 통계분석'을 통해 적정 가격과 적정 상대를 매칭해주는 시스템을 도입했다.

신현성은 인바이트미디어의 경영을 맡아 필요한 일이라면 무엇이든지 소화했다. 앞으로의 전략을 수립하는 것은 물론이고 투자자를 유치하기 위한 자료와 배너를 가진 웹사이트들에게 배포할 서비스 소개 자료, 사용자들을 위한 서비스 매뉴얼을 만드는 일도 가리지 않았다. 하지만 학교를 다니는 동시에 일을 하기란 쉽지 않았다. 수업이 끝나고 기숙사로 돌아와 친구들과 밤새 토론하고 일하는 날들이 이어졌다. 잠잘 시간이 부족했지만 뜻이 맞는 친구들과 함께하니 힘들지 않았다. 학생들이 시작한 회사에 교수님들이 고문으로 참여하면서 제공하고 있던 방문자 통계분석의 정확도와 신뢰도가 향상되었다. 직원들이 10명에서, 20명, 30명으로 늘어갔다. 서비스의 효과를 본 사람들의 입소문으로 점점 더 많은 판매자가 등록했고, 자연스레 더 많은 거래가 일어났다.

마지막 학기 동안 인바이트미디어에서 일한 신현성은 성장하는 회사에서 일하는 것에 재미를 느꼈다. 졸업 후에도 회사를 함께 키워가고 싶었다. 그러나 이미 지난 여름 인턴으로 일했던 맥킨지 앤 컴퍼니Mckinsey & Company 뉴욕 사무실에 입사가 결정되어 있었다.

파인돔즈와 펜소리를 겪으면서 신현성은 창업이 열정만으로는 성공할 수 없다는 것을 알게 되었다. 경영과 조직 운영에 대해 체계적으로 배울 필요가 있다고 판단했다. 단기간 내에 다양한 경험과 체계적인 교육을 경험하기에는 맥킨지가 가장 적합했다. 네 달간의 인턴 과정도 만족스러웠고, 졸업 후에 맥킨지에 입사하면 좋겠다고 생각했다. 그러나 인바이트미디어에서 친구들과 함께 일하면서 신현성의 가슴엔 다시 뜨거운 창업의 열기가 끓어올랐다. 남들이 보면 번듯한 맥킨지를 내버려두고 무슨 멍청한 선택이냐고 하겠지만 창업의 즐거움은 사람들의 잣대로 평가할 수 없을 만큼 강렬했다. 졸업을 앞둔 시점에서 부모님께 이런 생각을 말씀드렸다.

그러나 아버지는 일반 직장에서 많은 경험을 쌓기를 원했다. 젊은 시절부터 사업을 해왔던 터라 큰 조직에서 일해보지 못한 것이 두고두고 아쉽다고 하셨다. 창업을 하더라도 우선은 큰 조직에서 일해보는 것이 중요하다는 것도 강조하셨다. 신현성은 고민이 되었다. 친구들과 함께 일했던 시간들이 즐거웠고 이들과 함께하고 싶었지만 20년이 넘도록 회사를 운영하신 아버지의 말씀도 일리가 있다고 생각했다. 결국 고민 끝에 맥킨지에 입사하기로 결심하고 인바이트미디어에서는 손을 떼었다.

의사가 아니라 비즈니스를 하고 싶어요
—

2007년 봄, 3학년 마무리를 앞두고 집에 간 신성윤은 오랜만에 만난 부모님께 여름 방학 계획에 대해 이야기했다.

"이번 여름에 서울에서 인턴을 할 계획이에요. IT컨설팅 회사인데 재밌는 경험이 될 것 같아요."

신현성과 펜소리에서 처음 만난 신성윤은 동아리에서 가장 열심히 활동하는 회원이었고 회장이었던 신현성과 펜소리를 위한 고민을 함께 하면서 가까워졌다. 둘은 펜소리 활동 외에도 농구를 좋아하고, 시원한 성격도 잘 맞아 수업 외에도 항상 같이 어울려 다녔다. 1년 동안 가깝게 지내면서 마음이 맞았던 이들은 4학년이 되자 룸메이트로 함께 살았다.

신성윤은 대학에 입학할 때 의사가 되고 싶단 생각에 화학을 전공하기로 마음먹었다. 화학은 의학대학원 진학을 생각하는 학생들이 흔히 선택하는 전공이었다. 하지만 학년이 올라갈수록 자신이 원하는 직업은 의사가 아니라는 생각이 고개를 들었다. 특별히 의학에 관심이 있다기보다는 보람 있는 직업이면서도 사회적인 지위가 보장된다는 생각에 의사가 되고자 했던 것이다. 하지만 다른 사람들과의 협업을 즐기는 신성윤에게 계속되는 화학시험과 실험 과목은 매력이 없었다. 신현성을 비롯해 와튼에서 경영학을 공부하는 친구들이 많았던 탓에 자연스럽게 경영 쪽으로도 관심이 커졌다. 신성윤은 신현성과 진로에 대한 고민을 나눈 끝에 비즈니스가 무엇인지 직접 체험해봐야겠다고 결심했다. 이전에 경영학을 한 번도 배운 적이 없었기 때문에 닥치는 대로 인턴 면접을 봤다. 결국 IT컨설팅 회사인 액센츄어^{Accenture} 서울사무실에서 인턴 합격 통지서가 날아왔다. 신성윤은 이로써 비즈니스에 첫발을 내딛을 기회를 얻었다.

2007년 여름, 신성윤은 서울에서 액센츄어 인턴을 시작했다. 첫 프로젝트는 대형 은행의 ERP^{Enterprise Resource Planning}, CRM^{Customer Relationship Management} 프로

젝트였다. 경영학을 전공했거나 여러 번의 인턴 경험을 가진 다른 이들과 달리 IT컨설팅에 대한 배경지식이 부족했던 신성윤은 컨설턴트들이 사용하는 대부분의 전문용어를 이해할 수 없었다. 처음부터 하나씩 물어가며 일을 배웠다. 그러나 신성윤은 답답하기보다는 새로운 것을 배워간다는 데 재미를 느꼈다.

화학은 이론을 공부하거나 실험실에서 혼자 해내야 했던 일이 대부분이었지만, 회사는 다른 사람들과 협업하여 하나의 목표를 향해 달려가는 과정이 필요했다. 신성윤은 그 자체가 즐거웠다. 또 자신이 참여한 프로젝트를 통해 구축된 시스템이 고객 회사를 도울 수 있다는 것에서 보람을 느꼈다. 인턴을 마치고 학교로 돌아온 신성윤은 진로를 바꾸어 졸업 후 IT컨설턴트가 되기로 결심했다. 혼자 일하는 것보다는 동료들과 함께 명확한 결과물을 얻어내는 일이 자신의 성향에 맞다는 것도 깨달았다.

IT컨설턴트는 대학 입학 때 꿈꾸던 의사와는 전혀 다른 일이었지만 망설임이나 두려움은 없었다. 새로운 길에 대한 기대감만이 가득했다. 그러나 IT컨설턴트가 되려면 당장 IT컨설팅 회사 면접을 통과해야 했다. 여름 두 달간의 인턴 경험이 신성윤에게 업계에 대한 힌트는 줄 수 있었지만 모르는 것이 더 많았다.

신성윤은 룸메이트인 신현성을 비롯하여 와튼에서 공부하는 친구들의 도움을 받아 IT컨설팅 회사와의 면접을 준비했다. 마지막 학기동안 여러 회사와의 인터뷰 끝에 뉴욕에 위치한 CGI에 합격했다. 졸업 후 인바이트미디어에서 손을 떼고 맥킨지 앤 컴퍼니에 입사하기로 결정한 신현성과 함께 뉴욕으로 향했다. 대학에서의 마지막 1년간 룸메이트로 붙어 다녔던 신현성과 신성윤은 뉴욕에서 첫 직장생활을 함께하며 서로의 고민과 즐거움을 나누는 사이로 발전해가고 있었다.

똑똑한 사람들이 왜 컨설팅을 하지?

맥킨지 면접 당시 신현성은 공부가 아닌 자신이 해왔던 활동들을 강조했다.

'학교 내 존재감조차 없던 아카펠라 그룹에 뛰어들어 교내 최고의 동아리로 키웠고 그 과정을 통해 사람들을 이끄는 방법을 배웠다. 그리고 맥킨지는 회사의 CEO를 상대로 비즈니스 컨설팅을 하는 곳인데 나는 두 번의 창업을 해본 경험이 있다. 비록 서비스가 성공적으로 운영되지는 않았지만 창업 과정을 통해 사업을 성공시키기 위해 필요한 것들이 무엇인지, 회사를 경영하는 사람들에게 어떤 고민이 필요한지 알 수 있었다.'

신현성은 다른 지원자들이 강조하기 힘든 창업 경험과 아카펠라 동아리 회장을 통해 기른 리더십, 추진력 등을 강조했고 결국 이것이 맥킨지에 합격하는 데 큰 도움이 되었다.

그 후 1년, 신현성에게 회사는 일터라기보다는 배움의 장이었다. 대학교에서 4년간 경영학을 전공하고, 두 번의 창업을 하면서 많이 배웠다고 생각했지만 사회에 나와 보니 모르는 것이 더 많은 풋내기일 뿐이었다. 컨설턴트로서 제 역할을 해내기 위해서는 하나부터 열까지 다시 배워야 했다.

맥킨지는 다양한 분야의 회사와 다양한 리더십 스타일을 가진 CEO를 상대로 컨설팅을 제공하는 회사였다. 컨설턴트는 회사가 직면한 문제를 해결하기 위해 컨설팅을 의뢰한 고객 회사와 그 회사가 속한 산업의 모든 정보를 분석한 후 문제를 해결하고 나아갈 방향을 조언하는 일을 했다. CEO를 비롯한 고객 회사의 결정권자가 맥킨지가 내놓은 의뢰 결과를 신뢰하려면 컨설턴트 한 명, 한 명이 실력을 갖추어야 하는 것이 기본이었다.

맥킨지는 신입 직원을 단기간에 신뢰할 만한 컨설턴트로 길러내기 위해 교육을 굉장히 중요하게 여겼다. 때문에 컨설턴트 한 명을 교육시키는 데 많은 자원과 역량을 할애했다. 신현성은 상사로부터 일을 배우고 동료들과 프로젝트를 진행하면서 한 조직에 이토록 똑똑한 사람들이 많을 수 있다는 사실에 감탄했다. 직원 한 사람 한 사람의 능력과 자부심이 대단했다. 게다가 큰 안목으로 회사를 분석하는 것부터 작고 디테일한 일을 어떻게 처리해야 하는지까지, 모든 것들을 배울 수 있는 곳이었다. 물론 선임자의 역할 중 하나가 이 모든 노하우를 아래 직원들에게 가르치는 것이었다.

그러나 입사 첫 해 신현성을 끊임없이 자극하고 교육했던 회사도 1년이 지나면서 조금씩 다르게 보이기 시작했다. 신현성은 아무것도 없는 상태에서 아이디어를 구체화하고 하나씩 만들어나가는 과정을 즐겼지만 맥킨지는 이미 컨설팅을 위한 정교한 프로세스를 갖추고 있었다. 아무리 밤을 새며 열심히 일을 해도 자신으로 인해 맥킨지의 성장과 변화가 느껴지지 않는다는 사실을 받아들이기가 힘들었다. 또한 맥킨지가 컨설팅을 맡는 대부분의 기업들도 이미 자신들의 시스템과 업무 프로세스를 구축해놓은 세계 유수의 글로벌 기업이었기 때문에 그 회사에 큰 변화를 일으킬 만한 답안을 내놓는다는 것은 힘든 일이었다. 자신의 분석을 받아들이느냐 받아들이지 않느냐는 결국 고객 회사의 몫이었고, 작은 변화를 촉발한다면 그것만으로도 성공적인 것으로 평가되었다.

신현성은 점점 궁금해졌다. 함께 일하는 동료들은 자신의 사업을 시작하고 키워나갈 능력도 충분해 보이는데 왜 다른 회사를 도와주고만 있을까. 친구들과 인바이트미디어를 창업했던 시절이 떠올랐다. 비록 부족하지만 그때는 온전히 스스로를 위해서만 일을 하던 시절이었다. 돈도 받지 않았고 성공할지 실패할지 아무도 몰랐지만 밤을 새워가며 일했고, 다음날 아침에는 힘든 줄 모르고 수업에 들어갔다. 일이 아니라 재밌는 놀이였다. 마침 인바이트미디어가 그해 뉴욕으로 사무실을 옮겨왔고, 신현성은 그곳에 자주 들러서 이야기를 나누었다. 친구들은 지금도 예전의 그 열정 가득한 모습 그대로였다. 정리되지 않은 사무실에서 자유롭게 이야기를 나누면서 자신들의 미래를 개척하고 있었다. 신현성도 다시 그런 기분을 느끼고 싶었다. 남을 위해 일하기보다는 스스로를 위해 일하고 싶었다.

2009년 10월, 신현성은 주말에 열리는 펜소리 공연을 보기 위해 신성윤과 함께 필라델피아 행 기차에 몸을 실었다. 신현성은 최근 느껴온 답답함을 신성윤에게 이야기했다. 마침 신성윤도 비슷한 생각을 가지고 있었다. 새로운 경험을 하고 싶어 IT컨설팅 업체에 입사한 후 뉴욕 시의 사회복지, 아동복지, 부랑자 복지사업을 위한 예산을 효율적으로 운영할 수 있도록 ERP 시스템을 구축하는 프로젝트에 참여했고, 몇 달 동안은 재미를 느꼈다. 문제는 IT컨설팅 업종의 특성상 한 프로젝트가 수년간 지속된다는 점이었다. 처음에 새로운 업무를 배워가면서 느꼈던 자극들도 같은 업무가 반복되면서 점점 흥미가 줄어갔다. 끊임없이 새로운 경험을 할 수 있을 거라 기대했던 신성윤은 IT컨설팅이 자신에게 적절하지 않은 선택이라고 생각하고 있던 터였다.

신현성과 신성윤이 다니던 회사는 입사 후 1년 6개월이 지나면 6개월간 휴직할 수 있는 제도가 있었다. 둘은 그 시간을 의미 있게 보내고 싶었다.

"우리 창업할까?"

"창업?"

신성윤은 한 번도 창업을 생각해보지 않았던 터라 신현성의 제안에 조금 고민이 되었다. 진로를 바꾸는 것이 문제가 아니라 창업이라는 것에 대한 고민이었다. 그러나 대학 졸업을 앞두고 의대에서 컨설팅으로 진로를 바꾸었을 때도 새로운 길에 대한 두려움 대신 설레임이 더 컸듯이 이번에도 새로운 가능성을 열 수 있을 거란 생각에 가슴이 먼저 뛰기 시작했다. 게다가 믿을 수 있는 친구, 신현성과 함께라는 점이 더욱 기대를 높였다.

"지금보다는 재미있겠지? 그래, 하자!"

다음 주부터 두 사람은 주말마다 만나 떠오르는 대로 창업 아이디어를 적어나가기 시작했다. 물론 시장조사도 함께 했다. 하지만 회사 일과 창업을 동시에 진행하는 것은 생각보다 어려운 일이었다. 한 달 후에 결국 신현성이 말을 꺼냈다.

"우리가 주말에 만나 아무리 아이디어를 떠올려보고 시장조사를 한다고 해도 하루 24시간 동안 창업에 대해서만 고민하는 사람들에 비하면 보잘것없는 시간인 게 사실이잖아. 우리가 창업을 할 거라면 회사를 그만두고 본격적으로 조사해보는 게 어때? 이렇게 해서는 잘될 것 같지 않아. 난 12월쯤 휴직할 수 있을 것 같아."

"네 말이 맞아. 나도 그때쯤으로 맞춰볼게. 회사 휴직하고 제대로 해보자."

"그런데 어디서 시작해야 할까?"

"뉴욕에서 할 수도 있고, 실리콘밸리로 가도 좋을 것 같은데……"

"우리 서울에서 할까?"

"서울? 한국?"

"응. 새로운 경험이라면 낯선 곳에서 하는 것도 의미 있지 않을까? 어차피 창업하려면 방해 받지 말아야 하는데 이곳에는 아는 사람들도 많고, 유혹도 많잖아. 한국에는 아는 사람들도 없으니까 일만 열심히 할 수 있을 것 같기도 하고."

"그래, 서울에서 창업하는 것도 재미있겠다. 서울 가자!"

순식간이었다. 서울에서 창업을 하기로 했지만 아직 무엇을 할지도 정하지 않은 상태였다. 일단 저질러보자는 생각이었다. 이제 정말 뉴욕 생활을 정리하고 서울로 날아갈 준비를 해야 했다.

신성윤은 그 다음 날, 부모님께 전화를 걸어 신현성과 창업을 하겠다고 말씀드렸다. 걱정을 내비치긴 하셨지만 사회생활을 시작한 이상 앞길에 대한 책임은 스스로에게 있다며 부모님은 신성윤의 의사를 존중해주었다. 신현성은 부모님의 반대를 예상했기 때문에 직접 말씀드리기 위해 워싱턴DC에 있는 집으로 찾아갔다.

"아버지, 어머니. 저 창업하려고요. 그동안 맥킨지에서 일하면서 많이 배웠지만 창업에 대한 생각을 버릴 수가 없어요. 그리고 지금이 아니면 창업하기 어려울 것 같다는 생각이 들어요."

"기어코 또 창업을 하겠다고 하는구나. 누구랑 어디서 뭐할지는 정했니?"

"아이디어는 계속 떠올리고 있고, 성윤이랑 서울에 가려고요."

"서울? 미국으로 이민 온 뒤로 자주 가보지도 않았잖아."

"새로운 곳에서 새로운 경험을 하고 싶어요. 성윤이도 그러고 싶대요."

"정말 못 말리겠다. 창업을 하는 것까지는 허락하겠지만 도움은 기대하지 말아라. 너 혼자 알아서 하는 거다."

"부탁 하나만 드릴게요. 예전에 할머니께서 계시던 집에서 성윤이랑 같이 지낼수 있도록 허락해주세요. 저희가 그동안 모아놓은 돈이 얼마 없어서 집세를 내기힘들어요. 그것만 허락해주세요."

"그래. 대신 별다른 성과가 없으면 정확히 6개월 뒤에 회사로 돌아가야 한다."

"네, 알겠습니다."

그날 신현성에게는 서울에서 지낼 숙소와 '6개월 안에 가능성을 보여야겠다'는 목표가 생겼다. 6개월 안에 기필코 가능성을 보여드려서 회사로 돌아가지 않겠다고 다짐했다. 각자 부모님께 이야기는 했지만 또 다른 걱정이 있었다.

"아무래도 우리 두 사람만으로는 창업하기에 부족하지 않을까? 한 사람이 해야할 일도 많을 것 같고, 우리 둘 다 한국말이 어눌하잖아."

"맞아. 그럼 지호랑 같이 하는 건 어때? 지호는 우리 둘 다 친하고 한국말도 유창하잖아."

"지호랑 같이 가면 좋겠다. 그런데 지호는 지금 LA에서 일하고 있지 않나?"

"알았어. 내가 직접 가서 설득해볼게."

신현성은 그 길로 회사에 6개월 휴직서를 제출한 후 LA에서 금융 애널리스트로 일하고 있는 이지호를 만나기 위해 비행기를 타고 LA로 날아갔다.

　신현성이 LA에서 와튼 스쿨 후배인 이지호를 설득하는 동안 신성윤은 뉴욕에서 또 다른 이지호를 만났다. 신성윤의 이웃에 사는데다 농구 동호회에서 알게 돼 친해진 이지호는 고등학교까지 한국에서 다닌 친구였다. 신현성과 자신보다 한국에 대해 더 많이 알고 있는 그에게 한국에서의 창업에 대해서 묻고 싶은 것이 있었다.

　"너랑 현성이랑 서울에서 창업을 한다고? 너희는 미국이 더 익숙하지 않아?"
　"응. 그런데 서울에서 창업하면 재밌을 것 같아."
　"아는 사람도 없고, 한국 시장이나 트렌드에 대해서도 잘 모르잖아. 미국과 한국은 소비자도 다르고 분위기도 달라서 힘들 것 같은데……"
　"고생은 많이 할 것 같은데 현성이랑 나는 이미 결정했어."
　"마침 이번에 유학 마치고 한국으로 돌아간 친구가 있는데 소개해줄게. 그 친구한테 이야기를 들어보는 것도 좋고 다른 사람들을 소개받을 수도 있을 거야."
　"고마워!"

　그날 밤 유민주는 뉴욕의 이지호가 보낸 이메일을 확인했다. 미국에서 자란 친구들이 서울에서 창업을 하고 싶은데 한국 시장에 대해 잘 모르니 만나서 대략의 이야기를 해주고 가능하면 도움될 만한 사람들도 소개해줬으면 좋겠다는 내용이었다. 유민주는 소비자 관점에서 한국의 인터넷 서비스나 대략적인 트렌드에 대해서는 이야기해줄 수 있었지만 얼마나 도움이 될지는 모르는 일이었다.

"누구 소개해줄 만한 사람 없나……"

그때 유민주의 머릿속에 두 사람의 얼굴이 떠올랐다. 김동현과 권기현, 이들이라면 그들이 원하는 이야기를 해줄 수 있을 것 같았다.

콩글리와 택시풀

2008년 여름, 한국에 돌아온 김동현은 사무실을 지원해준다는 말을 듣고 서울시 주최 2030 벤처아이디어 대회에 콩글리라는 이름으로 참가했다. 몇 주 뒤 입상했다는 연락을 받고 신이 나서 주최 측 사무실로 찾아갔지만 담당 직원의 말은 실망스러웠다.

"원래 이 대회는 주민등록상 서울에 거주하는 사람들만 참가 대상입니다. 김동현 씨는 주민등록상 거주지가 부산이라 처음부터 참가 대상이 아니었고, 입상했어도 지원 대상에 포함되지 않습니다."

서울시에서 사무실을 지원받으면 가을학기 휴학을 하고 본격적으로 창업을 시작하려는 기대로 가득 찼던 김동현은 크게 실망했다. 일단 학교로 돌아가서 다음 기회를 찾아야겠다고 판단했다. 미국에 있는 리처드에게도 일단 학교로 돌아가겠다는 이메일을 보냈다.

권기현과 김동현이 같은 방에 짐을 풀어놓으면서 가을학기가 시작되었다.

학교 안에서의 무료한 날들이 이어졌다. 몸은 학교에 있었지만 둘의 관심사는 온통 창업이었다. 둘은 끊임없이 또 다른 기회를 찾고 있었다. 11월에는 권기현이 크리베이트에서 일하던 시절 떠올렸던 'Park Now: 시내 주차 문제를 해결할 수 있는 모바일 서비스'에 관한 아이디어를 출품해서 서울대학교 산학협력단에서 주최한 창업경진대회에서 최우수상을 수상하기도 했다. 가을학기를 마무리해야 하는 12월, 그날도 두 사람은 학교 근처 카페에서 이런저런 아이디어를 떠올리면서 시간을 보내고 있었다

"내가 크리베이트 다닐 때 생각했던 모바일 서비스가 하나 있는데 우리 겨울방학 때 그거나 아이폰 앱으로 만들어볼까?"

"진짜? 어서 말해봐."

"택시풀TAXIPOOL이라는 건데, 택시 합승을 도와주는 모바일 서비스야. 강남역에서 술 마시다가 밤 열두 시 넘어서 버스, 지하철 끊기고 택시 타려고 하면 택시 잡기 정말 힘들잖아. 택시 잡으려는 사람들은 많고, 택시 기사들은 가까운 곳은 안 가려고 하고. 이럴 때 근처에 있는 사람들 중에서 비슷한 방향으로 갈 사람들을 이 서비스를 통해 연락한 다음 모여서 합승을 하는 거지. 돈도 절약하고 각자 택시 잡는 수고를 덜 수도 있고."

"아이디어 단순하고 괜찮은데? 한번 만들어볼까?"

"그래. 너 인턴 할 때 아이폰 앱 만들어봤다며. 나도 배우면서 같이 만들면 둘이 겨울방학 동안 만들 수 있지 않을까?"

"응, 둘에서 충분히 만들 수 있을 거 같아. 해보자."

2009년의 마지막, 사람들이 거의 남아 있지 않은 겨울방학의 조용한 카이

스트 기숙사에서 권기현이 제안한 프로젝트, 택시풀이 시작되었다. 김동현은 인턴 시절 프로그래밍을 했던 기억을 되살려가며 더디게 만들어갔고, 권기현도 책을 보면서 기능을 하나씩 익혀가고 있었다. 처음엔 택시풀이 단순한 앱일 거라 생각했지만, 원하는 기능을 모두 구현하려면 배워야 할 것들이 꽤 많았다. 그렇게 2주일 정도 고생을 하고 있을 즈음 김동현에게 전화가 걸려왔다. 얼마 전 미국에서 대학원을 마치고 한국에 돌아온 유민주였다.

"요새 기현이랑 앱 만드는 거 잘 돼가?"

"이거 생각보다 속도가 안 나네. 둘이서 한창 고생하고 있지 뭐."

"너랑 기현이랑 다음 주말쯤 서울 안 올래? 뉴욕에서 만난 내 친구 이지호 기억나지? 지호가 뉴욕에서 알던 친구 세 명이 서울에 왔다고 나보고 한번 만나보라는데 너랑 기현이도 같이 만나면 재미있을 거 같아. 세 명이 원래 미국에서 회사 다니다가 창업하려고 회사까지 그만두고 한국에 왔대."

"그래? 뭐 할 거라는데?"

"아직 안 정했나봐."

"대책 없는 친구들이네. 그래, 다음 주말에 같이 보자."

유민주는 대학 시절 권기현과 룸메이트를 한 사이였고, 김동현이 멘로이노베이션에서 인턴을 했던 시기에는 앤아버에서 대학원을 다니면서 함께 살다시피 했다. 둘이 오래 전부터 창업에 목말라하고 있다는 것을 누구보다 잘 알고 있었다. 미국에서 온 대책 없는 친구들과 이 두 사람이 만나면 예상하지 못한 시너지 효과가 나올 수 있을 거라는 막연한 기대감을 가지고 있었다.

미국의 저커버그와 한국의 스티브 잡스

2010년 1월 3일, 신현성은 뉴욕에서 출발해 눈보라를 뚫고 인천공항에 착륙한 비행기 안에 앉아 있었다. 신성윤과 이지호도 같은 날 한국에 도착하기로 되어 있었지만 갑자기 내린 폭설 탓에 비행 일정이 바뀌어 다음 날로 미뤄졌다. 신현성은 2년 전 여름에도 한국에 잠깐 온 적이 있었기 때문에 인천공항의 풍경이 그리 낯설지 않았지만, 이곳에서 새로운 인생의 첫 발을 내디딜거라 생각하니 약간의 긴장감마저 들었다. 기다리는 사람 없는 출국장을 빠져 나와 리무진 버스를 타고 서울에 있는 동안 머물 숙소로 향했다.

서울은 미국의 여느 도시보다 유행의 속도가 빨랐다. 심지어 뉴욕보다도 빠르다는 느낌이 들었다. 2년 만에 찾은 서울은 또 다른 모습으로 변해 있었다. 리무진 버스에 혼자 앉은 신현성은 많은 생각에 잠겼다.

'잘 다니던 회사를 떠났다. 부모님을 설득하기 위해 6개월 휴직이라 말했지만 사실 돌아갈 마음은 없다. 친구들과 함께 인바이트미디어를 창업하던 때의 그 즐거웠던 기억을 도저히 잊을 수 없다. 잘되든 안되든 창업이야말로 내가 진정 하고 싶었던 일이다. 서울을 떠난 지 18년이 지난 지금, 다시 지구 반 바퀴를 돌아 서울에 왔다. 낯선 곳에서의 시작이지만 내가 믿을 수 있는 친구들과 함께 할 거라 생각하니 두렵지는 않다. 과연 우리는 어떤 이야기를 만들어 갈까.'

서울에 온 첫날 밤, 신현성은 기대와 약간의 흥분이 더해져 쉽게 잠을 이루지 못했다. 밤 늦게 나선 산책길에 편의점에 들러 맥주 한 병을 마시고 들어와 겨우 잠을 청할 수 있었다. 다음 날 아침, 초인종을 누르는 소리에 잠이 깼다. 공항에서 만나 함께 신현성의 집을 찾아온 신성윤과 이지호가 문 앞에 서 있었다. 신현성이 반가운 마음에 소리쳤다.

"성윤아, 지호야! 서울에서 보니까 느낌이 좀 다른데?"
신성윤이 신현성과 반갑게 포옹하며 말했다.
"나도 그래. 우리 셋이 서울에서 함께 지내는 건 처음이지? 기대 된다!"
이지호도 한마디 거들었다.
"우리 셋이 있으면 뭘 해도 잘 되겠지!"

집에 막 도착한 신성윤과 이지호는 짐을 방 구석에 대충 풀어놓은 채 거실에 나왔다. 신현성이 일에 대한 이야기를 꺼냈다

"지호야, 너도 알다시피 성윤이랑 나랑 뉴욕에서 주말마다 만나서 창업 아이디어를 정리했거든. 한 스무 개 정도가 되는데 우리가 이것들 중에서 정말 하고 싶은 한 가지를 골라야 해. 각자 아이템 중에서 3분의 1씩 맡아서 시장조사를 한 후에 얘기해보기로 하자. 특히 한국에서 어떤 아이디어가 적합할지를 우선적으로 고민해봐야 할 거 같아."

"좋아, 앞으로 일주일 동안 조사한 뒤에 결정하는 걸로 하자."

이제부터 티켓몬스터다
—

한국에 온 첫날부터 창업 준비는 본격적으로 시작되었다. 가지고 온 스무 개의 아이디어는 가지각색이었다. 대부분 미국에서 시작한 지 얼마 안 되어 갓 인기를 얻기 시작한 비즈니스 모델이었고 이들 중에서 하나를 골라 한국 시장에 맞게 적용하려는 계획이었다. 그 중에서 가장 단순한 아이디어는 미국에서 인기 높은 멕시칸 음식인 타코와 부리또(또르띠아에 여러가지 재료를 넣어서 먹는 멕시코의 대표적인 대중 음식)를 이동식 트럭에서 파는 것이었다. 한국에서도 기존의 맥도날드와 같은 패스트푸드점들이 건강에 좋지 않다는 인식 때문에 점점 인기가 사그라져간다는 이야기를 들었다. 뉴욕에서 이미 오래 전부터 인기를 끌고 있는 간편하면서도 신선한 재료가 들어간 타코와 부리또를 이동식 트럭에서 팔면 한국에서도 충분히 인기가 있을 것 같았다.

인터넷을 기반으로 한 아이디어로는 크라우드소싱crowdsourcing(대중crowd과

외부 자원 활용^{outsourcing}의 합성어로 생산과 서비스 과정에서 소비자를 참여시키고 수익을 참여자와 공유하는 방법)을 활용한 사업이 있었다. 네이버 지식인 검색이 사용자들의 참여를 통해 운영되는 한국의 대표적인 크라우드소싱 서비스였지만 아직 수익모델 창출로까지 이어지는 데는 어려움이 있었다. 그에 반해 미국에서는 이미 크라우드소싱을 활용한 다양한 서비스들이 존재했다. 이노센티브^{InnoCentive}는 과학자들을 대상으로 기업에서 내부적으로 해결하지 못한 R&D 문제를 공모하고 있었고, 스레들리스^{Threadless.com}에서 판매되는 모든 티셔츠의 디자인은 내부 디자이너가 아닌 외부의 수많은 디자이너들에 의해 만들어진 것이었다. 이처럼 광범위한 영역에서 사업화가 가능한 크라우드소싱을 활용하면 한국 시장에 맞는 서비스를 만들어낼 수 있을 거라 생각했다.

그러나 신현성과 신성윤 그리고 이지호가 가장 관심이 있었던 아이디어는 하루에 한 개의 서비스만을 쿠폰으로 판매하는 데일리딜^{Daily Deal} 서비스였다. 2006년부터 아이디어는 존재했지만, 2008년 11월 그루폰^{Groupon}의 등장과 함께 미국에서 가장 빠른 속도로 성장하고 있는 사업이었다. '24시간 동안 단하나의 상점 서비스를 50퍼센트 할인한 가격에 판매한다'는 데일리딜 서비스는 비즈니스 모델이 단순하다는 데 가장 큰 매력이 있었다. 대규모 광고비를 감당할 수 없는 중소 규모의 지역상점들이 기존에 할 수 있는 일은 손님이 오기를 기다리거나, 전단지를 만들어 배포하는 것이 고작이었다. 더군다나 거의 유일한 홍보수단인 전단지는 비용 대비 효과를 측정할 수 없다는 단점이 있었다. 지역상점이 데일리딜 서비스를 통해 50퍼센트를 할인 판매하면서 지출한 비용은 손님이 상점을 방문해서 자신의 서비스를 경험하도록 만드는 일종의 광고비였다. 비용 대비 효과가 확실한 셈이었다.

이 모델이 효과적으로 운영된다면, 지역상점은 광고 효과를 눈으로 확인할 수 있고, 소비자들은 다양한 종류의 서비스를 50퍼센트 할인된 가격에 이용할 수 있어서 판매자와 구매자 모두에게 이득이 될 수 있었다. 이 아이디어의 검토를 맡은 신현성은 조사하면 할수록 한국 시장에 가장 적합한 아이디어라는 확신이 들었다. 한국은 서울을 비롯해 인구밀도가 높은 도시가 많고, 수많은 지역상점들이 존재하지만, 이들을 위한 광고 수단은 전단지나 지역소식지가 고작이었다. 세계 최고 수준의 인터넷 보급률을 갖고 있는 한국에서 인터넷을 통한 광고야말로 지역상점을 위한 최고의 광고수단임이 분명했다.

낮에는 스무 개의 아이디어를 조사하고, 밤에는 세 명이 모여 앉아 토론하기를 일주일째, 점차 의견은 데일리딜 서비스로 모아지고 있었다. 서비스를 위한 웹사이트 이름은 서베이몽키Survey monkey를 통해 짓기로 했다. 서베이몽키는 온라인 설문조사 서비스로 대학시절 파티 장소를 정하거나, 친구들을 상대로 재미있는 주제의 설문조사를 할 때 신성윤이 종종 이용하던 곳이었다. 먼저 열 개 정도의 이름을 생각해낸 다음 가장 마음에 드는 이름을 뽑아달라는 내용의 설문조사 링크를 페이스북 담벼락에 올렸다. 이틀 정도가 지나자 참여한 사람의 수가 200명이 넘었고 가장 많은 표를 받은 것은 '티켓몬스터Ticket Monster'였다. '티켓 하나로 세상을 뒤흔든 괴물'이라는 의미였다. 기억하기도 쉽고 장난기도 느껴져서 젊은 고객들이 좋아할 만한 이름이었다. 데일리딜 서비스를 하기로 결정하고, 티켓몬스터라는 이름까지 고르고 나니 한국에 들어온 지도 열흘이 지나 있었다. 뉴욕에 있는 이지호로부터 소개받은 유민주와 그의 친구들을 만나기로 약속한 날이 바로 내일이었다.

애들이 한국의 스티브 잡스라고?

—

2010년 1월 15일.

신현성과 신성윤 그리고 이지호는 약속장소인 가로수길 햄버거 가게 앞에서 유민주 일행을 기다리고 있었다. 약속시간이 5분쯤 지나 이쪽을 향해 걸어오는 남자 세 명이 보였다. 한 명이 웃으면서 말을 걸어왔다.

"신현성 씨죠? 친구들이 대전에서 올라오는 길에 차가 막혀서 좀 늦었어요."
"유민주 씨? 안녕하세요, 이메일로 연락했던 신현성이에요."
"이쪽은 제가 오늘 소개해드리려고 함께 나온 김동현과 권기현이에요. 들어가서 이야기하죠."

여섯 명이 자리에 앉아 주문을 한 후 신현성이 소개를 이어갔다.

"저와 함께 온 친구들을 소개해드릴게요. 제 이름은 신현성이고 이쪽은 신성윤과 이지호예요. 저희 셋은 펜실베이니아 대학을 함께 다닌 친구들이구요. 저와 성윤이는 뉴욕에서 컨설팅 회사를 다녔고, 지호는 LA에서 금융 애널리스트로 일했어요. 셋이 창업을 하기 위해서 회사를 그만두고 나왔어요."
"세 명이 모두 회사를 그만뒀다니 결심이 대단하네요. 제 이름은 유민주고, 오늘 함께 나온 권기현과 김동현은 카이스트를 함께 다니면서 룸메이트를 한 사이에요. 이 친구들도 예전부터 창업에 관심이 많았고, 겨울방학인 지금도 둘이 학교에 남아 아이폰 앱을 만들어보겠다며 고생하는 중이에요. 새로운 아이디어나 시장의 흐름에 관심이 많은 친구들이니 재미있는 이야기를 할 수 있을 것 같아 함께 나왔어요."

　간단한 소개를 마친 후 밥을 먹으면서 본격적으로 창업에 대한 이야기를 풀어갔다. 오늘 처음 만난 사이였지만 서로 닮은 점이 많았다. 신현성은 대학 시절 인바이트미디어를 성공적으로 창업한 경험을, 권기현과 김동현은 현스 오디오와 콩글리 서비스를 준비했던 경험을 이야기하며 서로가 가진 창업에 대한 관심과 열정을 확인했다. 신현성이 회사를 그만두고 한국에 온 이야기를 듣던 권기현이 질문했다.

　"그런데 어떤 사업을 할지 정하지 않았다고 해서 많이 놀랐어요. 제 생각에는 사업을 하려는 지역의 특징, 사람들의 생활 양식, 트렌드를 파악하고 그것에 맞는 아이디어를 떠올리는 것이 먼저일 것 같거든요."
　"맞는 말이에요. 그런데 저희는 미국에 있으면서 날마다 쏟아지는 재미있는 서비스들을 많이 볼 수 있었고, 아직 한국 시장에 대해서는 잘 모르지만 한국에 맞게 적용하면 성공할 것 같은 아이디어들이 있었어요. 그래서 아이디어 스무 개 정도를 가져왔고 한국에 도착해서 더 고민해본 후에 하나를 골랐어요. 그게 '티켓몬스터'에요."
　"티켓몬스터가 뭐에요?"

　김동현이 햄버거를 입에 넣으려다 말고 물었다. 대화의 주제가 '티켓몬스터'로 옮겨가면서 분위기는 더 고조되었다. 특히 김동현은 몸을 잔뜩 앞으로 기울인 채 한마디도 놓치지 않으려 했다.

"데일리딜 서비스에요. 하루에 한 지역, 하나의 상점의 서비스를 온라인에서 광고하면 높은 집중도로 인해 효과가 나타날 거에요. 50퍼센트라는 파격적인 할인율로 소비자를 끌어들일 거고요. 음식, 마사지, 스파, 요가, 여행, 그 외에도 분야는 무궁무진해요. 미국에서는 서비스를 시작한 지 갓 1년이 지난 그루폰이 무서운 속도로 성장하고 있고, 유럽에서도 유사 업체인 마이씨티딜MyCitydeal이 떠오르고 있어요. 저희 생각에는 한국에서 더욱 성장 가능성 있는 모델이에요. 인터넷 보급률이 세계 최고 수준이고 서울은 인구밀도가 엄청나잖아요."

'하루에 하나, 50퍼센트 할인. 그루폰.'
"와! 대박인데요!"

이야기를 처음 들은 세 명은 격한 긍정의 표시를 보였다. 그 중에서도 김동현의 반응이 뜨거웠다.

"하루에 하나, 50퍼센트. 이 두 가지면 지역상점도, 소비자들도 이익인데 이걸 왜 지금까지 생각하지 못했을까요. 이건 정말 대박이에요!"

오히려 대답을 들은 쪽이 당황했다.

"믿으실지 모르겠지만, 한국에 와서 만난 사람들 중에 처음으로 이 모델에 대해 긍정적으로 얘기해주셨어요. 다들 안 될 거라고 이야기하더라고요. 일단 이 모델이 한국에서 통할지에 대해서 부정적인 건 물론이고, 설사 된다 하더라도 미국에서 온 저희가 아는 사람 없이 할 수 있겠냐며……"

"무슨 소리에요! 이렇게 간단하면서도 좋은 모델이 안 되긴요. 티켓몬스터가 안 한다면 다른 사람들이 금방 시작할 거 같은데요? 자신 있게 밀어붙이세요."

김동현이 알고 있는 권기현은 누구보다 분석적으로 사고하고, 비판적인 시선으로 문제를 바라보는 데 익숙한 친구였다. 그런 권기현이 오늘 만난 친구들이 내놓은 아이디어의 성공을 확신하는 모습을 보며 김동현은 더욱 더 티켓몬스터에 관심을 갖기 시작했다.

저녁식사로 시작된 만남은 근처 카페로 자리를 옮겨 이어졌다. 스물대여섯 살의 젊은이들에게는 창업 말고도 나눌 이야기들이 많았다. 주말에는 뭘 하고 노는지, 술은 좋아하는지, 여자친구는 있는지 시시껄렁한 이야기를 하면서 이들은 또래만의 친근감을 느꼈다. 권기현은 이들과 이야기할수록 느낌이 좋은 사람들이라는 생각이 들었다. 만나기 전에는 내심 아이비리그 출신에 컨설팅, 금융업계에서 일한 사람들이라면 혹시나 겉 멋든 사람들은 아닐까 생각했지만 이 모든 게 기우였음을 깨달았다. 세 명 모두 솔직하고 꾸밈이 없는 데다 창업에 대한 순수한 열정까지 있었다. 함께 일을 해도 좋을 법한 사람들이었다. 카페에서 이야기를 나누다 보니 시계는 벌써 밤 11시를 지나고 있었다. 권기현이 제안을 하나 했다.

"사실 이 근처에 크리베이트라는, 저희 세 명 모두 일한 경험이 있는 작은 회사가 있어요. 그 회사의 박성연 대표님을 오랜만에 한번 찾아 뵈려고 하거든요. 이렇게 좋은 창업 아이디어가 있는데 조언을 들어보는 건 어떨까요? 아마 지금 시간에도 일하고 계실 거에요."

갑작스러운 제안에 신현성과 신성윤, 이지호가 서로를 쳐다보며 답했다.

"저희야 좋죠!"

여섯 명은 두 대의 택시에 나눠 타고 크리베이트 사무실로 향했다. 밤 12시가 가까운 시간에도 불이 켜져 있는 사무실에는 박성연 대표 혼자 있었다. 사무실 문을 열고 들어간 권기현이 반갑게 인사를 건넸다.

"박성연 대표님, 오랜만이에요. 그동안 잘 지내셨어요?"
"기현 씨, 오랜만이에요. 동현 씨, 민주 씨도 반가워요."

권기현이 박성연 대표에게 신현성 일행을 소개했다.

"오늘 같이 온 이 친구들은 2주 전에 미국에서 왔어요. 서울에서 창업하고 싶어서 일하던 회사도 그만뒀대요. 오늘 저녁에 들은 이 친구들 사업 모델이 저랑 동현이, 민주가 생각하기에는 대박 같은데 대표님 조언도 들어보고 싶어요."
"그래요. 저야 새로운 분들한테 재미있는 이야기도 듣고 좋죠. 앉으세요."

신현성이 자리에 앉자마자 간단한 소개를 마치고, 티켓몬스터 사업에 대해 설명했다. 설명을 들으면서 몇 번의 질문과 대답을 주고 받은 후 박성연 대표가 입을 열었다.

"좋은 아이디어는 단순한 법이죠. 쉽게 이해가 되네요. 잘 구현한다면 충분히 성

1부 지구 반대편에서 서로를 꿈꾸다

공할 것 같아요."

창업 4년차인 박성연 대표는 회사를 운영하면서 겪었던 어려움과 이를 극복하는데 도움이 되었던 것들에 대해 숨김없이 이야기해주었다. 신현성과 신성윤 그리고 이지호는 서울에 도착한 후 오늘처럼 좋은 사람들을 만날 수 있어서 다행이라는 생각을 했다. 이야기는 새벽 두 시가 넘어서야 마무리되었다. 사무실을 나온 이들은 서로 연락처를 교환하면서 조만간 꼭 다시 보자는 약속을 한 후 헤어졌다. 부산이 고향인 김동현은 권기현과 함께 권기현의 부모님 집으로 향했다. 침대에 누우니 시간은 새벽 3시가 넘어 있었다. 하지만 김동현은 도저히 잠이 오지 않았다.

김동현은 '티켓몬스터' 이야기를 듣자마자 가슴 속 열정이 되살아나는 듯했다. 현스오디오를 할 때처럼, 콩글리를 창업하기 위해 준비하던 날들처럼 직감적으로 자신을 자극하는 새로운 상대를 만난 느낌이었다.

"티켓몬스터, 대박이란 말이야. 정말 잘될 거 같아……"

글로벌 소셜 커머스 시장
—

글로벌 소셜 커머스 붐은 그루폰에서 시작되었다. 하루에 하나의 상품을 판매하는 서비스 개념은 2004년 우트닷컴Woot.com에 의해 시작되었지만,

2006년 들어 100여 개가 넘는 웹사이트가 난립했다. 2008년 11월, 그루폰이 이 비즈니스 모델을 지역상점의 서비스에 접목시킨 데일리딜 사업을 시작했다. 효과적인 광고 수단을 찾지 못해 어려움을 겪던 지역상점들은 그루폰의 놀라운 모객 효과를 경험하면서 뜨거운 반응을 보였고 50퍼센트의 할인율은 소비자를 순식간에 끌어들였다. 결과적으로 그루폰은 1년 6개월 만에 10억 달러(약 1조 원)의 매출을 달성하면서 역사상 그 어떤 기업보다도 빠르게 1조 원 매출을 달성했다. 매출의 급성장에 따라 회사의 기업가치 또한 급상승해 IPO를 준비하고 있는 상황이었다.

그루폰으로 시작된 데일리딜 서비스 산업은 현재 전 세계적인 트렌드가 되어 수백 개가 넘는 경쟁업체를 만들었다. 그루폰은 공격적인 현지 업체 인수를 통한 지역 확장 전략으로 현재 유럽, 남미, 아시아에 진출해 있다. 수백 개의 경쟁업체 중 그루폰의 유일한 적수로 평가받는 곳은 리빙소셜로 아마존으로부터 대규모 투자를 유치하며 시장점유율을 그루폰으로부터 빼앗아오는 형국이다. 신규 업체뿐만 아니라 구글은 구글 오퍼스Google Offers 를 통해 소셜 커머스 업계에 진출했으며, 2011년 4월 페이스북은 페이스북 딜즈Facebook Deals 파일럿 서비스를 시작했다.

소셜 커머스는 아직도 논란에 휩싸여 있다. 모객 효과는 입증되었지만 단기간에 고객이 과도하게 쏠림에 따라 상점이 기존 서비스 질을 유지하기가 힘들다는 점이 단점으로 대두되고 있다. 또한 이 모델은 궁극적으로 신규 고객에게 새로운 지역상점을 광고하고 그들의 서비스를 경험하게 도와주고, 반복 구매가 일어나도록 하는 것이 목적이지만 현재 반복구매율은 상점들의 기대치보다 높지 않은 것으로 나타나고 있다.

(출처: 위키피디아Wikipedia)

하고 싶은 거 해야지

—

다음 날 대전에 내려간 권기현과 김동현은 다시 아이폰 앱을 만들기 위해 프로그래밍과의 씨름을 이어갔다. 그러나 김동현의 머릿속은 이미 '티켓몬스터' 생각으로 가득했다. 서울에서 대전으로 돌아온 지 3일, 여느 때처럼 프로그래밍을 하기 위해 맥북을 들고 학교 근처 카페로 향했다. 둘이 자주 가던 카페 건너편에는 고급 미용실이 있었다. 한 시간째 프로그래밍을 하는 둥 마는 둥 하던 김동현이 갑자기 자리에서 일어났다.

"기현아, 나 확인해볼 게 있어서 나갔다 올게."

카페 문을 나선 김동현이 성큼성큼 미용실 정문으로 들어가는 모습이 카페 유리창을 통해 보였다. 김동현은 상점에 들어서자마자 카운에 앉아 있던 종업원에게 말을 건넸다.

"안녕하세요. 사장님을 뵙고 싶은데, 사장님 계신가요?"
"무슨 일로 그러시죠?"
"미용실 홍보를 도와드리려고 하는데요. 사장님을 만나서 이야기하고 싶어서요."
"네, 알겠습니다. 잠깐 기다리세요."

종업원은 의심 가득한 눈초리로 김동현을 쳐다보며 미용실 사장에게 다가가 말을 전했다.

"어디에서 나오셨죠?"

김동현은 갑자기 말문이 막혔다. 첫마디가 어디서 나왔냐는 것일 줄은 예상하지 못하고 있었다.

"저……티켓몬스터에서 나왔습니다."
"티켓몬스터? 처음 들어보는 이름인데. 상점 홍보를 도와주시겠다고요?"
"네. 새로 나온 서비스인데 저희 웹사이트에서는 하루에 하나씩 서비스를 할인 판매해요. 이 미용실 이용권을 판매하면 아주 잘 팔릴것 같아요."
"저희 이용권을 할인해서 판매하겠다고요?"
"새로운 고객들을 모으는 데 드는 광고비용이라고 생각하시면 돼요. 고객들이 직접 미용실의 서비스를 체험해볼 수 있다는 것이 기존의 광고들과 다른 점이죠."
"음…… 얼마나 할인하는데요?"
"저희 웹사이트에서는 모든 서비스를 50퍼센트에 할인 판매하고 있습니다."
"50퍼센트요? 이 아저씨가 정말…… 우리는 50퍼센트까지 할인한 적이 없어요. 앞으로도 할 생각 없구요. 됐으니까 나가보세요."

이야기를 나눈 지 20분 정도가 지나 김동현은 멋쩍은 웃음을 지으며 다시 카페로 돌아와 권기현 앞에 앉았다. 유리창을 통해 김동현이 미용실 사장과 이야기 나누는 것을 지켜본 권기현이 물었다.

"너, 방금 뭐 한 거야?"
"응. 티켓몬스터 영업을 어떻게 해야 될지, 상점 주인은 어떤 반응일지 알아봤어.

1부 지구 반대편에서 서로를 꿈꾸다

역시 50퍼센트 할인은 힘들다고 하네."

권기현이 키보드에서 손을 떼고 김동현에게 물었다.

"너 티켓몬스터 하고 싶지?"
"응…… 사실 프로그래밍하면서도 티켓몬스터 생각밖에 안 나."
"그래, 하고 싶은 거 해야지. 너 서울 가서 그 친구들한테 티켓몬스터 같이 하고 싶다고 말해봐. 너도 알잖아. 때를 놓치면 영영 힘든 거."
"이해해줘서 고마워, 기현아."

사실, 첫 만남 이후 신현성은 적극적으로 관심을 보인 김동현에게 한국 전단지 광고시장의 규모에 대해 알아봐줄 수 있는지 물어왔다. 한국 인터넷 환경에 익숙하지 않은 자신들이 찾기 어려운 자료를 김동현이라면 더 빠르게 조사해줄 수 있을 거라 생각했다. 김동현은 이때다 싶어 신현성이 부탁한 광고시장의 규모뿐만 아니라 자신이 생각하는 전단지 광고시장의 문제점과 데일리딜 서비스가 어떻게 이 문제점을 해결할 수 있는지에 대한 의견을 첨부해 보내주었다. 간단한 자료를 부탁했던 신현성과 친구들은 시장조사와 더불어 자체 분석이 포함된 자료에 내심 놀랐다. 김동현은 자료를 보내면서 이메일에 넌지시 함께 일하고 싶다는 의사를 표했다.

❝ 저도 그동안 창업 아이디어를 꾸준히 생각해오던 중에 티켓몬스터에 대한 설명을 듣고 완전히 빠져들었어요. 오늘만 해도 미용실에 가서 혼자 영업을 시도해봤는데, 결국 퇴짜를 맞긴 했지만 몇 가지 보충하면 가능할 것처럼 보였어요. 그

리고 티켓몬스터 팀에도 한국 시장을 잘 아는 사람이 필요할 텐데 이 부분에서 제가 큰 역할을 할 수 있을 거라 믿어요. **"**

김동현이 보내온 이메일에 대해 신현성이 신성윤과 이지호에게 이야기하자 둘은 난색을 표했다.

"같이 일을 하자고? 원래 우리 셋이서 하기로 했잖아. 서로 잘 맞을까?"
"음…… 도와주는 건 좋은데 창업 멤버로 같이 하는 건 큰 변화인데."

둘의 대답을 들은 신현성은 고민에 빠졌다.

맨땅에 헤딩하자

—

이메일을 보낸 후 이틀이 지나도 답이 없자, 김동현은 지메일^{Gmail}에 로그인해 신현성에게 채팅으로 말을 걸었다.

'안녕하세요, 현성 씨. 이전에 제가 말했던 건 생각해봤어요?'

'……'

답이 없었다. 자리에 없는 건지 대답을 피하는 건지 알 수 없었지만 여기서 포기할 수 없다는 생각에 김동현은 문자를 한 통 보냈다.

'현성 씨, 문자 확인하면 저한테 전화 주세요.'

그 다음날에도 신현성으로부터 전화가 오지 않자 김동현은 신현성에게 전화를 걸었다. 대여섯 번의 통화 연결음이 울렸을까.

"여보세요."

"현성 씨, 저 동현이에요. 답장이 없어서 전화했어요. 제가 티켓몬스터에 완전히 꽂힌 건 아시죠? 티켓몬스터 팀에도 제가 큰 도움이 될 거에요. 결정해주시죠!"

"네, 동현 씨. 잘 알고 있어요. 그러면 성윤이, 지호와 마지막으로 이야기해보고 오늘 중으로 꼭 연락 드릴게요."

"네. 전화 기다릴게요."

신현성은 전화를 끊고 옆에 있던 신성윤과 이지호에게 의견을 물었다.

"방금 동현 씨랑 통화했어. 우리랑 정말 같이 일하고 싶은가 봐. 티켓몬스터의 가능성을 보고 우리한테 이만큼 적극적으로 다가온 사람은 없잖아. 이 정도라면 같이 일해도 좋지 않을까?"

"하긴 그래. 우리 얘기를 듣고는 다들 안 될 거라고 그랬지 잘 될 거라고 이야기해준 사람은 없었잖아. 이 사람이 같이 하고 싶다는 건 정말 잘 될 수 있을 거라고 믿는 거잖아. 지호야, 넌 어때?"

"나도 이 사람이 이렇게 적극적이라면 같이 해보는 것도 좋을 것 같아. 우리랑 잘 맞는지 확인은 해봐야 되니까 일주일동안 같이 일해보고 계속 함께 할지 정하자."

"그래, 함께 일해보자."

전화를 끊은 지 30분이 흘러 김동현의 핸드폰이 울렸다. 신현성이었다.

"현성 씨, 바로 전화주셨군요!"

"네, 동현 씨. 방금 친구들과 이야기해봤어요. 모두 동현 씨랑 일하는 거에 찬성이에요. 그런데 동현 씨랑 저희 셋이랑 잘 맞는지 서로 알아보기 위해서 정식으로 함께 일하는 건 일주일 후에 정하기로 해요."

"좋아요. 내일 아침에 서울로 올라갈게요. 주소 알려주세요!"

1월 31일, 김동현은 새벽에 일어나 짐을 싸기 시작했다. 조그만 여행가방에 옷가지 몇 벌과 속옷, 양말, 세면도구가 전부였다. 유성버스터미널에서 서울행 첫 차를 탄 김동현은 서울로 향하는 내내 새로운 시작을 앞둔 긴장감에 흥분되었다.

'이제부터 진짜 시작이야. 일주일 만에 내가 얼마나 티켓몬스터에 필요한 사람인지 보여줘야지.'

숙소에 도착해 자신이 앞으로 지낼 방에 짐을 풀었다. 침대도 없는 작은 방이었지만 아늑한 느낌이 좋았다. 티켓몬스터에는 할 일이 너무나 많았다. 아이디어만 있을 뿐이지 명함, 사업 설명을 위한 제안서, 상점과 계약에 필요한 계약서 등 준비된 것은 아무것도 없는 상태였다. 하나하나 만들어가야 했다. 급한 일이 생길 때마다 김동현은 가장 먼저 나서는 사람이었다. 명함과 브로셔 제작을 위한 디자이너가 필요할 때 김동현은 산업디자인을 전공하는 동아리 후배에게 전화를 걸어 부탁했다. 영업을 하기 위해 상점을 돌아다닐 때에도 김동현은 항상 앞에 나섰다. 일주일 만에 김동현은 티켓몬스터에서 없어서는 안 될 존재로 자리를 잡아가고 있었다. 김동현의 이런 적극적인 모습에 나머지 세 명 또한 적지 않은 자극을 받았다.

'이 사람은 정말 티켓몬스터에서 가능성을 봤구나. 미국에서 온 우리도 더

열심히 해야겠다.'

　일주일이 지난 후 신현성, 신성윤, 이지호는 만장일치로 김동현과 함께 일하기로 했다.

　김동현이 합류하면서 티켓몬스터 팀은 새로운 변화를 맞게 되었다. 대학 시절부터 오랫동안 알고 지낸 친구들로 이루어진 팀에 알게 된 지 한 달도 안 된 사람이 합류를 하면서 티켓몬스터 안에 비로소 '친구'가 아닌 '동료'가 생겼다. 신현성이 신성윤과 이지호에게 함께 창업을 하자고 말했던 것은 그들이 창업에 대한 열정을 가진 사람들이라서가 아니라 전적으로 신뢰할 수 있는 친구들이었기 때문이다. 두 사람은 힘든 일들이 닥쳤을 때 서로 의지하면서 헤쳐나가고 싶은 사람들이었다. 김동현을 창업 멤버로 받아들이기로 한 결정은 티켓몬스터의 성공을 위해 큰 역할을 할 사람이라는 판단이 있었기 때문이었다. 티켓몬스터를 시작한 것은 자신들이었지만 오히려 김동현이 더 큰 확신을 가지고 열정적으로 달려드는 모습에 많은 자극을 받았다. 생각하면 바로 행동에 옮기고, 모든 궂은 일을 마다하지 않는 김동현의 모습은 신현성, 신성윤, 이지호에게도 긍정적인 에너지를 주었다. 김동현이 합류한 이후로 티켓몬스터 팀에 '맨땅에 헤딩하자!' '그냥 저질러보는 거야!'라는 활기찬 기운이 퍼지기 시작했다.

명함도 제안서도 없는 영업 시작

김동현이 합류한 셋째 날 오후, 이들은 첫 영업을 하기 위해 정장을 차려 입고 무작정 강남역으로 향했다. 급히 서울에 올라오느라 정장을 챙겨오지 못한 김동현은 신성윤의 옷을 빌려 입었다. 강남역에 도착하자마자 우선 신현성과 이지호, 김동현과 신성윤으로 팀을 나눴다. 신현성과 이지호 팀은 6번 출구부터, 김동현과 신성윤 팀은 7번 출구부터 음식점, 술집, 카페를 가리지 않고 다니며 4시간 동안 영업을 한 후 그 성과를 비교해보기로 했다. 명함 하나 없고 웹사이트도 주소만 달랑 있는 상태에서 처음 해보는 영업에 매뉴얼이 있을 리 없었다. 준비 없이, 대책 없이 부딪치는 것이 영업의 시작이었다.

"안녕하세요, 여기 사장님을 만나뵙고 싶은데요."
"무슨 일이시죠?"
"네, 저희는 티켓몬스터에서 나왔는데 사장님께 저희 서비스에 대해 말씀드리고 싶어서요."
"어디라고요? 저희 상점에서 물건 판매하시면 안됩니다."

거절 당하기 일쑤였다. 행여 사장님이라도 자리에 없으면 상황은 더 허무하게 끝났다.

"사장님께서 지금 안 계시니 명함 놓고 가시면 전해드릴게요."
"아…… 저희가 명함이 없어서요."

운 좋게 상점 주인과 이야기할 수 있는 기회가 와도 서비스를 이해시키는 데는 상당한 어려움이 있었다. 음식점의 경우에는 '공동구매'라는 개념이 익숙하지 않을 뿐더러, 50퍼센트 할인에 대한 부담감도 무시할 수 없었다. 게다가 자신들을 티켓몬스터라고 소개하는 정체불명의 어리숙한 젊은이들을 신뢰할 수 없다는 분위기였다. 스무 개가 넘는 상점에 영업을 시도한 다음에야 이들은 저녁을 먹기 위해 다시 모였다. 신현성이 먼저 물었다.

"오늘 첫 영업 어땠어? 우리 팀은 사장님 얼굴 보기도 힘들던데. 거의 대부분은 종업원한테 내쫓겼어."
"우리도 마찬가지지 뭐. 오늘 깨달은 건 아직 우리 스스로 준비가 안 되었다는 거야. 명함, 즉석에서 보여줄 수 있는 웹사이트, 우리 서비스에 대해 이해하기 쉬운 소개가 담긴 제안서를 빨리 준비해야 할 것 같아."
"그래, 우리 오늘부터 하나씩 준비해보자."

집으로 돌아온 이들은 그날부터 역할을 나눴다. 대표인 신현성은 5월 10일 서비스 런칭을 목표로 전체 계획을 세우고 관리하는 역할을 맡았다. 맥킨지에서도 4~5명이 팀을 이루어 3~6개월간 진행되는 프로젝트를 해본 경험이 있기 때문에 티켓몬스터 팀 내에서 프로젝트 관리와 목표 설정은 누구보다 자신이 있었다. 무엇보다 신현성은 프로젝트의 목표를 이루는 데 있어 중요한 것과 중요하지 않은 것들을 구분하고, 팀원들의 역량과 자원을 중요한 것에 온전히 집중할 수 있도록 돕는 데 뛰어난 재주가 있었다. 두 번의 창업과 펜소리를 최고의 아카펠라 동아리로 키워낸 경험도 신현성이 가진 큰 자산이었다. 스물여섯 살의 나이에도 프로젝트와 조직 관리에 뛰어나고 리더십을 갖춘 신현성은 자연스레 티켓몬스터의 중심이 되었다.

김동현은 영업 전반을 맡았다. 그는 앞뒤 가리지 않고 적극적으로 달려드는 성격으로 여러 번 거절당해도 기죽지 않고 상점의 문을 두드릴 수 있는 사람이었다. 그러나 패기만을 가지고 영업을 할 수는 없는 노릇이었다. 상점 주인을 설득하기 위해서는 티켓몬스터 서비스에 대해 쉽게 이해할 수 있는 자료가 필요했다. 데일리딜 서비스를 처음 듣는 사람들도 그 과정을 쉽게 이해할 수 있고, 이것이 왜 기존의 전단지 홍보보다 효과적인지를 납득할 수 있어야 했다.

신성윤은 IT컨설팅을 한 데다가 네 명 중에서 가장 엑셀에 능숙하다는 이유로 재무와 티켓몬스터의 자료를 만드는 역할을 맡았다. 영업 시 상점 주인들을 설득하기 위한 자료에 포함될 티켓몬스터 서비스의 매출 및 효과에 대한 참고자료Back Data를 작성하고, 향후 투자 유치를 위해 데일리딜 서비스 시장 조사와 티켓몬스터의 성장 예측 데이터를 만들어야 했다.

사람들과 만나 이야기하는 것을 즐기고 외향적인 성격을 가진 이지호는 네이버, 다음, 싸이월드의 대형 카페와 클럽을 방문해 티켓몬스터 서비스를 홍보하고, 때로는 파워블로거들에게 연락해 티켓몬스터 홍보에 대해 논의하기도 했다. 또한, 티켓몬스터의 주요 고객층인 20~30대 여성의 수요를 파악하기 위해 포커스그룹 인터뷰를 진행하는 역할을 맡았다. 이들은 외식, 미용, 레저, 여행 등 다양한 서비스를 가장 적극적으로 소비하는 소비자군이었다. 또한 서비스에 관해 까다로운 취향과 높은 수준의 안목을 가지고 있어 이들에게 인정받은 서비스는 이들 외의 고객층에게도 호평받을 가능성이 높았다. 티켓몬스터의 사업은 평소에 이들이 이용하고 싶었지만 높은 가격 때문에 쉽사리 이용하지 못하는 양질의 서비스를 판매하는 것이 중요했다. 사내들의 머리로는 이러한 서비스들을 쉽게 떠올릴 수 없었다.

포커스그룹 인터뷰를 이용한 고객 분석을 통해 한국의 20~30대 여성들은 한 달에 한 번 정도는 네일케어를 받으며, 생일날엔 친구들과 함께 특급 호텔에서 특별한 파티를 하고 싶어하고, 주말에는 맛있는 디저트 카페를 찾아 서울 구석구석을 돌아다닌다는 사실을 알게 되었다. 티켓몬스터는 이들에게 좋은 평가를 받았던 상점들을 토대로 '영업 후보 목록'을 작성해나갔다.

네 명 모두 자신이 맡은 바를 다하면서도 일손이 가장 많이 필요한 영업은 김동현의 주도 아래 너나할 것 없이 같이 했다. 사람들이 원하는 서비스를 판매하는 것이 결국 티켓몬스터가 성공할 수 있는 유일한 방법이었다. 그러나 상점들은 아직 데일리딜 서비스에 대해 들어본 적이 없었기 때문에 이들의 제안을 일단 거부하기 일쑤였다. 그럴 때마다 설명과 설득을 반복하다보니 항상 영업 일손이 부족했다. 낮에는 영업을, 밤에는 각자 자신의 역할을 맡아 잠을 줄여가며 일하기를 한 달째, 서비스의 핵심인 웹사이트 제작에는 미처 신경을 쏟지 못했다. 결국 티켓몬스터가 고객과 직접 맞닿을 창구인 웹사이트는 내부의 뚜렷한 책임자 없이 외주 업체에 의해 제작되고 있었다.

좌충우돌 영업기

첫 영업을 시작한 지 한 달 가까이 지나면서 김동현은 여러 번의 시행착오와 수정을 거쳐 영업 방법을 가다듬었다. 다른 멤버들 또한 성공 확률이 가장 높았던 김동현의 시나리오에 따라 영업을 하기로 했다. 김동현의 시나리오대로라면 음식점에 들어가 종업원에게 말을 거는 것부터 달라야 했다.

"안녕하세요, 단체 예약을 하려고 하는데요. 우선 단체 할인이나 메뉴 상담을 하고 싶습니다."

"단체 할인이요? 몇 분 정도 예약하시려는데요?"

"300명 정도 될 텐데요."

"300명이요? 그건 제가 말씀드릴 수 있는 부분은 아니고, 사장님과 이야기해보시는 것이 좋을 것 같아요."

"알겠습니다. 사장님, 어디 계시죠?"

사장님을 만나게 되면 절반은 성공이다. 협상 파트너를 제대로 만난 셈이기 때문이다. 다음은 사장님과의 대화법이다.

"안녕하세요, 사장님. 단체예약을 하고 싶은데 메뉴 조정이나 단체 할인이 가능할까요?"

"가능할 것 같습니다만, 몇 분 정도 예상하시죠?"

"300명 정도 예상하고 있어요."

"300명이요? 보시다시피 저희 상점은 그 정도 인원을 수용할 만한 공간이 안됩니다."

"그건 걱정 안 하셔도 돼요. 300명이 한꺼번에 방문하는 것이 아니고 세 달에 걸쳐 올 거예요."

"그건 또 무슨 소리인가요?"

"저희가 인터넷에서 운영하는 커뮤니티 회원들을 상대로 이 상점의 음식을 맛보고 싶은 사람들을 모집하려고 하거든요. 신청한 사람들은 세 달 동안 각자 다른 날짜에 올 거예요."

대부분의 사장님은 처음 들어보는 제안에 고민하기 시작한다. 단체 예약인데 각자 다른 날짜에 온다니 이건 무슨 경우인가.

"그러면 저희는 준비를 어떻게 해야 하나요?"

"제공 가능한 메뉴와 할인율만 정해주시면 돼요. 저희가 직접 매장에 방문해서 사진을 촬영하고 후기를 작성해 저희 커뮤니티에서 홍보해드릴 거예요."

그리고 마지막으로 가장 중요한 할인율에 대해 이야기를 꺼낸다.

"최대로 제공 가능한 할인율이 얼마나 될까요?"

"20퍼센트 이상은 힘들어요."

"네, 알겠습니다. 20퍼센트로 하시죠."

첫 만남에서 50퍼센트 할인율을 얻어내리라고 생각하는 건 100퍼센트 오산이다. 대부분 첫 만남에서 상점 주인이 말하는 할인율은 티켓몬스터의 목표인 50퍼센트에 한참 못 미치는 수준이다. 할인율은 단번에 성사되지 않는다. 50퍼센트로 할인율을 성사시키기 위한 노력은 이때부터 시작된다. 다음 날 같은 상점에 다시 방문한다.

"사장님, 10퍼센트만 더 할인해주시면 회원들 반응이 크게 좋아질 것 같아요. 10퍼센트 더 할인하시면 더 많은 사람들에게 홍보하실 수 있어요."
"사장님, 낮에 손님이 부족하고 저녁에는 만석이라면 사용 가능 시간을 점심시간 대로 정하고 10퍼센트 더 할인하시죠."

이와 같은 방식으로 두세 번의 추가 방문과 열 번이 넘는 전화통화를 통해 50퍼센트 할인율은 달성된다. 매력적인 서비스를 제공하는 상점이라면 티켓몬스터가 수수료를 포기하면서까지 50퍼센트 할인율을 달성하기도 했다.

데일리딜 서비스라는 개념이 익숙하지 않던 시기에는 이러한 접근방식이 상점 주인을 상대로 영업하는 데 가장 효과적이었다. 상점 한 곳과 계약을 하기 위해 짧게는 1주일, 길게는 2주일이 넘도록 공을 들여야 했다.

방문하는 모든 상점들이 티켓몬스터에 대해 들어본 적이 없었기 때문에 항상 어려운 설득 과정을 겪어야 했다. 이러한 어려움 속에서 김동현의 무모함에 가까운 도전정신은 티켓몬스터의 영업을 이끄는 원동력이었다.

영업에 대해 어느 정도 자신감이 붙은 김동현은 남산으로 향했다. 아는 선배로부터 고급 마사지와 스파가 유명한 호텔이라고 전해들은 '반얀트리'로 향하는 길이었다. 김동현은 평소처럼 자신 있게 문을 열고 들어가 안내 데스크에서 미소 짓고 있는 직원에게 말을 건넸다.

"안녕하세요, 지배인님을 뵙고 싶습니다."

"어떤 일로 그러시죠?"

"네, 단체 예약을 하려고 하는데 할인율을 상의하고 싶어서요."

직원의 표정이 살짝 굳었다.

"단체 할인이요? 저희 반얀트리는 기본적으로 회원제로 운영되며 일회성 단체 할인을 제공하지 않습니다."

김동현은 예상치 못한 답변에 내심 당황했지만 속으로 회원권을 할인 판매하면 되겠다고 생각했다.

"회원제요? 그럼 회원권은 얼마죠?"

"개인 회원권은 1억 원 선입니다."

"네? 1억 원이요?"

멋모르고 들어갔던 반얀트리는 새로운 세계였다. 이런 호텔의 서비스는 도대체 어떤 사람들이 이용하는지 궁금했다. 하지만 반얀트리처럼 말로만 듣던 고급 서비스들을 머지 않아 티켓몬스터 고객들에게 소개할 날이 올 거라 믿었다. 그리고 정확히 1년 후, 티켓몬스터는 실제로 반얀트리 숙박 상품을 판매하면서 고객들에게 최고급 서비스를 선보이게 되었다.

오픈을 앞두고 기업들과 한창 제휴를 맺기 위해 미팅을 다니던 중, 신현성과 김동현은 지인의 소개로 한 통신사의 임원과 만나는 자리를 가질 수 있었다. 통신사는 사용자들이 젊고 많은 제휴업체를 가지고 있기 때문에 제휴에 성공한다면 티켓몬스터에 큰 도움이 될 것이 분명했다. 맨주먹 정신으로 무장한 신현성과 김동현은 오늘의 미팅을 성공적으로 이끌어내겠다는 다짐을 하고 임원실 문을 열고 들어갔다.

정중하게 인사를 한 후, 티켓몬스터의 서비스에 대한 발표를 시작했다. 그동안 수없이 해온 것이었지만, 중요한 자리인만큼 더욱 열심히 설명했다. 설명을 듣던 임원이 갑자기 말을 끊었다.

"잠깐만, 자네들 근데 왜 이런 고생을 하고 있는 거야?"
"......"
"아까 얘기 들기로는 신현성 씨는 와튼 나와서 맥킨지에서 일도 했고, 김동현 씨는 카이스트 다니는 학생이라며? 자네들 이러고 다니면 부모님이 얼마나 속상해하는지 알아? 내 아들이 지금 미국에서 고등학교 다니고 있는데 걔가 제일 가고 싶어하는 학교가 와튼이야. 내 아들이 와튼 나와서 이런 거 하고 다닌다고 하면 내가 쫓아다니면서 뜯어 말릴 거야. 자네들도 얼른 그만두고 다시 회사로 돌아가든지 학교로 돌아가."
"......"

신현성과 김동현은 끓어오르는 속을 애써 눌렀다. 이들은 자신들이 그토록 원하던 일을 하고 있었다. 월급도 받지 않고 햄버거만 먹어도 행복했고, 누가 시키지 않아도 아침부터 밤까지 영업을 하러 다녔다. 만나는 사람들 누구에

1부 지구 반대편에서 서로를 꿈꾸다

게나 티켓몬스터에 대해, 이 서비스의 장점에 대해 목이 쉬어라 설명하고 다녔다. 믿어주는 사람은 적었지만, 그들은 티켓몬스터가 고객과 지역상점 모두에게 이익이 될 것이라 굳게 믿었다.

그런데 앞에 있는 사람은 티켓몬스터가 어떤 꿈을 꾸는지, 그 꿈을 이루기 위해 지금 얼마나 노력하고 있는지는 들어보지도 않고, 쓸모없는 일이라 단언하고 있었다. 자신들의 꿈을 이상이 아닌 망상으로 치부하고 있었다. 신현성과 김동현은 그날 다짐했다. 곧 많은 사람들이 티켓몬스터의 매력에 빠져들도록 만들자고. 믿어주는 사람이 적어도 전혀 위축되지 말자고. 끊임없는 걱정과 의심 어린 눈초리를 받을 때마다 서로를 격려하며 더욱 단단한 팀이 되어가자고.

D-20, 대책 없는 웹사이트

김동현은 서울에 올라온 이후로 티켓몬스터가 만든 소개 책자와 웹사이트 등 모든 결과물들에 대해 권기현의 피드백을 받았다. 피드백을 받기 위해 전화를 할 때마다 권기현은 신랄하게 비판해댔다. 티켓몬스터가 추구하는 전체적인 방향은 맞지만, 결과물 하나하나의 질이 높지 않다는 것이었다. 김동현은 권기현의 말에 깊이 공감했다. 서비스가 성공하기 위해선 고객들의 가려운 부분을 긁어줘야 하고, 아주 세밀한 부분까지도 신경쓰는 것이 당연했다. 그러나 현재 티켓몬스터 내부에는 디테일을 집요하게 파고들거나 깐깐한 소비자의 눈으로 자신들의 서비스를 바라볼 수 있는 사람이 없었다. 김동현은 그 빈자리가 티켓몬스터의 가장 큰 약점이 될 수 있음을 직감했다.

김동현은 티켓몬스터의 성공을 위해서는 '디테일에 강한 사람'이 필요하다고 생각했다. 그 적임자는 누가 뭐래도 권기현이었다. 유일하게 자신과 비슷한 관심사를 갖고 있어 이야기가 통하던 김동현이 서울로 가버리면서 권기현의 학교생활은 점점 더 무료해졌다. 유일하게 머리를 쓰는 시간은 김동현에게 피드백을 주는 때였다. 김동현은 서울에 온 후로 매일같이 전화해서 함께 일하자고 했지만 권기현은 고민이 많았다. 현스오디오를 하면서 휴학을 했고, 크리베이트에서 일하면서 또 휴학을 했다. 그때마다 의미 있는 경험을 했고, 한 뼘씩 성장했다고 느꼈지만 언제나 과정일 뿐이었다. 티켓몬스터 팀에 합류한다면 졸업을 얼마 남겨놓지 않은 상황에서 세 번째 휴학을 해야 했다. 그리고 그것은 남들과는 정말 다른 길을 선택해야 한다는 것을 의미했다. 걱정과 불안감이 엄습했다.

'좋아하는 일만 하면서 살 수 있을까? 남들은 다들 유학이다 의학대학원이다 번듯한 직장에 취직한다는데 다른 길을 선택해도 될까? 그렇다고 정해진 길로 가면 내가 즐겁게 살 수 있을까?'

티켓몬스터에 합류하는 것이 옳은 선택인지 '다른 길'이 아닌 '틀린 길'을 가는 것은 아닌지 쉽게 결론이 서지 않았다.

김동현은 가끔 대전에 내려가 권기현을 설득하는 동시에 티켓몬스터 팀에도 권기현의 합류에 대한 이야기를 꺼냈다. 신현성이 재차 물었다.

"기현 씨랑 함께 했으면 좋겠다고?"

"응. 멤버가 한 명 늘어나는 것에 대해 너희가 거부감이 있는 건 알아. 그래도 내가 합류했을 때를 생각해봐. 내가 들어와서 분명 이 팀에 도움된 바가 있잖아. 그동안 내가 전달해준 기현이의 피드백을 생각해봐. 우리가 못 보는 면을 분명 볼 수 있는 친구야. 기현이가 합류한다면 분명 지금보다 우리 서비스의 질이 훨씬 더 좋아질 거라 믿어. 지금 우리 팀에는 디테일을 집요하게 따지는 사람이 없잖아. 그런 사람이 있어야 고객들이 진정 원하는 서비스를 만들어낼 수 있어."

"음…… 네 말이 맞아. 그럼 기현 씨는 언제부터 합류할 수 있어?"

"가능한 한 빨리 합류할 수 있도록 말해볼게."

카이스트 중간고사가 끝난 4월의 주말. 서울에 올라온 권기현은 김동현과 유민주를 만나 점심 식사를 함께 했다. 밥을 먹다 말고 김동현이 말을 꺼냈다.

"기현아, 내가 오늘 너한테 하는 말이 마지막 권유가 될 거야. 너 오늘 다시 학교로 돌아가면 티켓몬스터에 합류하기 힘들어."

"티켓몬스터가 사업 모델도 좋고 일하는 팀도 좋은 거 알아. 그런데 벌써 학기의 반이 지났잖아. 봄학기 마치고 6월부터 하면 안돼?"

"네가 필요한 건 바로 지금이고, 네가 말하는 시점은 서비스 런칭 한 달 후야. 그때쯤이면 티켓몬스터가 잘돼서 이미 필요한 사람을 뽑았거나, 아니면 망해서 사람이 필요없거나 둘 중 하나겠지."

"그럼 나보고 또 휴학하라고?"

"너한테 이번 학기를 마치는 게 그렇게 중요해? 지금이 네 인생에서 정말 중요한 시기일 수도 있는데 휴학하기 싫다고 의미 없이 시간을 흘려보내야 되겠어?"

"……"

옆에 있던 유민주가 말을 거들었다.

"기현아. 너도 어차피 졸업한 다음에 창업하고 싶어했잖아. 지금 네 가까이에 좋

089 　　　　　　　　　　　　　　　1부 지구 반대편에서 서로를 꿈꾸다

은 아이디어와 팀이 있는데 기회라고 생각되지 않아? 네가 가지고 있는 걱정이나 불안감은 알지만, 너한테 온 기회를 놓치는 건 아까운 것 같아."

"……"

점심 식사를 마치고 유민주와 헤어진 김동현과 권기현은 카페로 자리를 옮겨 이야기를 이어갔다. 김동현의 마지막 권유라는 말에 권기현도 마음이 흔들리기 시작했다. 결국 그날 밤 권기현은 대전으로 내려가지 않았고, 학교에 있는 친구에게 대신 휴학 신청을 해달라고 부탁했다. 그렇게 서비스 런칭을 한 달 앞둔 2010년 4월 17일, 창업자 다섯 명이 모였다.

오픈 3주 전, 처음부터 다 바꿔!

—

권기현이 전화로 한마디씩 거들 때는 몰랐지만 막상 합류해보니 진행되지 않은 부분들이 많았다. 특히 마케팅과 웹사이트 제작이 너무 더뎠다. 먼저 권기현은 웹사이트 디자인에 대해 말을 꺼냈다.

"지금까지 만든 웹사이트 디자인을 백지화하고 처음부터 다시 시작해야 돼. 너희는 이 웹사이트에 들어와서 뭐라도 사고 싶어?"

권기현의 말에 나머지 멤버들은 충격을 받았지만 할 말이 없었다. 디자인에는 전혀 신경을 안 쓰고 있는 것이 사실이었기 때문이다.

"지금부터 시작해서 서비스 오픈 전에 완성할 수 있을까? 서비스 시작까지 3주도 안 남았어."

"꼭 완성해야지. 지금의 웹사이트로 서비스를 시작했다가는 방문한 고객들한테 허접하다는 말만 들을 거야."

서비스 오픈을 3주도 안 남긴 시점에서 웹사이트의 진행은 더디기만 했다. 티켓몬스터에게 웹사이트는 고객과 만나는 유일한 창구이자 고객들이 상품의 구매를 결정하고 결제하는 가장 중요한 공간이었다. 하지만 당시 웹사이트 디자인은 상품 확인과 결제만 이루어지는 수준이었다. 이런 웹사이트로는 사람들의 구매의욕을 불러일으킬 수 없었다. 권기현은 미국의 여러 데일리딜 사이트를 보고 참고할 만한 사항을 정리하면서 판매할 상품에 대한 소개와 설명을 어떻게 해야 할지 고민했다. 그루폰을 비롯한 미국의 온라인 쿠폰 서비스들은 글 위주로 구성되어 있었다. 눈으로 확인하길 원하는 한국 소비자들에게는 맞지 않는 방식이었다. 서비스를 정확히 보여줄 수 있는 여러 장의 사진과, 서비스 이용방법을 쉽게 이해할 수 있는 스토리텔링 형식의 서비스 소개가 필요했다. 티켓몬스터의 이름에서 느껴지는 개구쟁이 같은 이미지를 살려 웹사이트를 디자인해줄 실력 있는 디자이너를 주변에서 찾기란 쉽지 않았다. 그때 권기현의 머릿속에 떠오른 사람이 있었다. 크리베이트에서 일하던 시절 알게 된 디자이너였다. 웹사이트를 다시 만들어야겠다는 결심을 한 4월 말 신현성과 권기현은 그의 사무실에 찾아갔다.

"저희가 새로운 서비스를 시작하려고 하는데 웹사이트 디자인이 굉장히 중요해요. 제가 생각해온 시안이 있는데 디자인을 좀 부탁드리고 싶어요."

"언제까지 만들어야 하는데요?"

"서비스 오픈이 3주도 안 남았어요."

"네? 제가 지금 진행하고 있는 프로젝트도 있어서 그건 거의 불가능한 스케줄인데요?"

"촉박한 건 알지만 꼭 부탁드려요."

신현성과 권기현은 거의 애원하듯 매달리는 수밖에 없었다. 그는 밤 12시가 넘어서야 기존 업무를 끝내고 티켓몬스터가 요청한 작업을 시작할 수 있었다. 권기현과 신현성은 밤이 되면 그의 사무실로 찾아가 디자인에 대한 의견을 조율하며 웹사이트를 만들어나갔다. 며칠간의 철야작업을 거쳐 비로소 웹사이트 디자인이 완성되었다.

티켓몬스터의 테마 색은 주황색으로 결정되었다. 티켓몬스터의 이름에 어울리는 영문자 T를 의인화해 캐릭터도 만들었다. 칙칙하고 재미없었던 티켓몬스터의 웹사이트가 한층 밝아진 느낌이었다. 웹사이트의 공간 구획도 권기현이 생각해온 디자인 시안에 따라 가격과 할인율, 그리고 구매 인원을 한눈에 볼 수 있도록 구성했다. 상품 소개란도 스토링텔링 형식으로 사진과 글이 배치되었다. 권기현은 이제서야 고객들의 구매의욕을 불러일으킬 수 있는 웹사이트의 토대를 만들었다는 데 안도감을 느꼈다.

웹사이트가 완성되기 전 권기현은 또 다른 아이디어를 이야기했다.

"그동안 우리가 네이버, 다음, 싸이월드의 카페, 클럽 게시판에 홍보 글을 올렸잖아. 하지만 우리 웹사이트 주소를 클릭하면 아무것도 없는 빈 페이지만 뜨잖아.

기껏 우리 글을 읽고 나서 관심을 갖고 들어온 사람들을 붙잡을 수 있는 기회를 놓치는 거야. 정식 웹사이트는 완성이 안 됐으니까 최소한 글을 읽고 방문한 사람들의 이메일 주소라도 수집하는 게 어떨까. 임시 페이지Landing Page를 만들어서 주소에 연결하자. 그러면 최소한 우리가 정식 오픈했을 때 그 사람들에게 이메일은 보낼 수 있을 거야."

임시 페이지를 하루라도 빨리 완성하는 것이 중요했다. 그 자리에서 포토숍 프로그램을 연 권기현 옆에서 모두들 임시페이지를 어떻게 만들지 고민했다.

"어떤 문구와 이미지를 넣어야 사람들에게 와닿을까?"
"사람들이 원하는 서비스를 종류별로 세 가지를 넣는 건 어때?"
"뭐가 있을까? 음식?"
"여자들은 좋은 미용실에 가고 싶어하지 않나?"
"그렇지. 생일날 친구들끼리 모여 호텔에서 파티하는 것도 좋아한다던데?"
"그래. 음식, 호텔, 미용실 이미지를 넣자. 문구는 '5월 10일, 서울의 모든 것은 반값이 된다' 어때?"
"좋아. 화면 아래에는 사람들이 원하면 자신의 이메일 주소를 입력할 수 있도록 하면 되겠다."

하루 만에 만들어진 임시 웹사이트는 단순한 형태의 한 장짜리 페이지였지만 티켓몬스터의 핵심을 담고 있었고, 사람들의 이메일 주소를 수집할 수 있는 단순한 기능만이 있었다. 그럼에도 만족스러웠다.(화보 2페이지 참조)

'와튼 스쿨 졸업, 맥킨지 뉴욕 근무' 엄친아 탄생

—

서비스 오픈을 한 달 앞둔 시점, 마케팅과 홍보 방법에 있어서 획기적인 변화가 필요했다. 네이버와 다음을 비롯해 포털사이트의 유명 카페 게시판에 홍보글을 올리고 있었지만 조회 수와 댓글로 알 수 있는 반응은 미미했다. 포털사이트의 배너광고는 확실한 효과가 있었지만 그만한 비용이 있을 리 없었다. 이때 NGO^{Non Govermental Organization}에서 일하던 권기현의 친구가 조언을 해주었다.

"NGO에서 하는 일들은 대부분 사람들의 관심 밖이지만, 기자들의 관심을 끌 만한 보도자료를 작성하면 기사화되곤 해. 너희도 공들여서 보도자료를 작성해보는 건 어때?"

티켓몬스터가 기사화된다면 많은 사람들에게 노출될 수 있는 것은 분명했지만 아직 서비스도 시작하지 않은 회사의 이야기를 누가 써줄까 싶었다.

"혹시 모르잖아. 그 친구 말처럼 기자들이 관심을 보일지. 그럼 우리는 돈 한푼 안 들이고 확실한 홍보를 할 수 있는 거잖아. 한번 해보자."

가장 먼저 최근 2년간 벤처 관련 기사를 작성한 기자들의 이메일 주소를 목록화하기로 했다. 검색을 통해 수백 개의 이메일 주소를 수집했다. 권기현은 기자들의 관심을 끌 만한 보도자료를 작성했다.

'와튼 스쿨을 졸업하고 맥킨지 뉴욕에서 근무하다가 창업을 하기 위해 일을 그만두고 한국에 온 창업자 신현성'.

쓰고 보니 신현성은 언론이 좋아할 만한 '엄친아'였다. 권기현과 김동현이 카이스트 학생이라는 것도 기자들의 관심을 살 만했다. 보도자료를 보내고 하루가 지나 헤럴드경제신문에서 인터뷰를 하고 싶다며 연락이 왔다. 작전 성공이었다. 헤럴드경제신문 기자는 인터뷰를 위해 숙소에 와서는 '아직 서비스 시작도 안 한 벤처 기업을 직접 방문해 인터뷰 기사를 작성하기는 처음'이라고 했다.

티켓몬스터의 첫 인터뷰는 '맥킨지 뛰쳐나오고 카이스트도 때려치우고…… '티켓몬스터' 무서운 20대 사장님들'이라는 제목으로 4월 29일 기사화되었다. 곧바로 네이트 뉴스에서 실시간 급상승 관심뉴스 시사 분야 1위를 차지하더니 댓글이 200개 넘게 달리면서 사람들의 뜨거운 관심을 받았다. 기사를 읽고 티켓몬스터의 임시 페이지에 방문한 사람들이 입력한 이메일 주소는 이틀 만에 2,000개가 넘었다. 기사화되기 전 고작 하루에 10개 남짓 남겨지던 것에 비하면 대단한 성과였다.

티켓몬스터가 기사화된 후 서비스를 시작도 안 한 회사가 어떻게 경제신문에 인터뷰가 실릴 수 있냐며 의구심을 품은 사람들도 있었다. 돈이나 배경을 의심하며 악성 댓글을 다는 경우도 있었다. 하지만 잘 작성된 보도자료는 충분히 기자들의 관심을 끌 수 있었고, 실제 인터뷰를 통해 충분한 가능성을 가졌다고 판단한 기자에 의해 기사로 작성되었다. 결국 상식적인 길이 가장 빠른 길이었다.

권기현의 주도로 제작된 티켓몬스터 웹사이트에는 당일 판매될 상품의 사진은 물론 처음 사용하는 사람들도 서비스를 쉽게 이해할 수 있는 소개글이 포함되어야 했다. 다섯 명 중에서 유일하게 사진 찍는 취미를 가지고 있던 사람도, 가장 꼼꼼하게 글을 작성할 수 있는 사람도 권기현이었다. 신현성과 신성윤, 김동현, 이지호가 영업을 하고 계약을 맺으면 다음 날 권기현이 상점에 찾아가 사진을 찍고, 상점 주인의 설명을 녹음한 후 숙소에 돌아와 소개글을 작성했다. 그 과정에서 잘 팔릴 만한 것을 골라 패키징하는 것도 권기현의 역할이었다. 서비스 런칭을 준비하는 동안 권기현은 티켓몬스터의 포토그래퍼이자 에디터, MD라는 1인 3역을 해나갔다.

4월의 어느 주말 오전, 영업에 성공한 음식점의 사진을 찍고 상품 소개를 작성하기 위해 김동현과 권기현은 홍대 앞으로 향했다. 판매할 메뉴에 대한 최종 협의와 사진 촬영, 사장님 인터뷰까지 마친 김동현과 권기현은 한낮이 되어 상점을 나섰다. 청담동 숙소에서 홍대입구까지 왔는데 그냥 돌아가기에는 뭔가 아쉬움이 남았다

"기현아, 홍대입구까지 왔는데 그냥 돌아가기 아쉽지 않아? 카메라도 들고 나왔는데 마음에 드는 상점에 들어가서 영업에서 촬영까지 한번에 다 끝내볼까?"
"그래, 한번 해보지 뭐."

벌써 더워지기 시작한 4월의 한낮, 두 사람은 홍대 거리를 어슬렁거리며 돌아다녔다. 서교동 근처에 '스테파노스 키친'이라는 작은 간판이 보였다. 자세히 들여다보니 이탈리안 레스토랑인 듯했다. 김동현과 권기현은 별 생각 없

이 상점 문을 열고 들어갔는데 세심한 곳까지 신경을 쓴 듯한 정갈한 인테리어와 자신들을 환하게 반기는 사장님이 한눈에 들어왔다. 로마에서 요리공부를 하고 왔다는 사장님과 이야기를 나눠보니 돈벌이에는 크게 욕심이 없고 요리를 정말 사랑한다는 느낌을 받았다. 잘 꾸민 공간이었지만 손님이 많지는 않아 보였다. 김동현이 먼저 티켓몬스터 서비스를 통해 상점의 홍보를 도와드리고 싶다는 이야기를 꺼냈다. 사장님은 상점의 홍보에 도움이 된다면 좋겠다며 흔쾌히 김동현의 제안을 수락했다. 촬영을 위해 대표 메뉴를 요청하자 바로 요리해서 내놓은 까르보나라는 보기에도 먹음직스러울뿐만 아니라 촬영 후 먹어보니 정말 맛있었다. 옆에 놓인 식전빵마저도 정성이 담긴 듯했다. 김동현과 권기현은 셰프의 진정성이 느껴지는 음식의 맛을 보고 다시 한 번 이 상점의 홍보에 꼭 도움이 되고 싶다는 마음을 가졌다. 권기현은 음식과 레스토랑을 촬영한 후에 사장님께 인사를 하고 나오면서 김동현에게 말했다.

"저런 분은 정말 도와드리고 싶어. 주인이 최선을 다하는 좋은 상점을 많은 사람들에게 소문내고 손님들을 끌어모으는 게 우리가 하고 싶은 일이잖아. 저곳이 정말 잘됐으면 좋겠다."

티몬의 영업 담당인 김동현과 포토그래퍼이자 에디터, MD인 권기현이 함께한 덕분에 홍대입구 원정은 '스테파노스 키친'이라는 뜻하지 않은 수확을 얻을 수 있었다. 진정성이 느껴지는 사장님의 말과 레스토랑의 인테리어, 음식의 맛은 두 사람에게 티켓몬스터를 하는 이유를 다시 한 번 되새기게 만들었다.

노정석 대표를 만나다

—

2010년 1월, 트위터를 본격적으로 사용하기 시작한 김동현은 티켓몬스터에 합류한 이후에 트위터의 재미에 푹 빠졌다. 이전에는 다른 사람들의 트윗을 보는 데 그쳤지만, 티켓몬스터를 하면서는 새롭게 배우고 느낀 것들에 대해 이야기하고 개인적으로 기록한다는 의미를 담아 적극적으로 트위터를 활용했다. 특히 트위터 사용자 중에는 IT트렌드에 민감한 창업가들이 많았고 그들의 트윗은 김동현에게 실시간 교과서였다. 그중에서도 베테랑 창업가인 노정석 아블라컴퍼니Ablar company 대표는 창업 초보인 김동현이 가장 좋아하는 트위터 사용자였다.

카이스트 재학 시절 '카이스트-포스텍 해킹 사건'의 주동자로 유명한 그는 컴퓨터 보안업체 '인젠'과 '젠터스', 설치형 블로그 서비스 '태터앤컴퍼니TNC'를 창업한 성공적인 창업가였다. 2010년 4월 당시에는 '태터앤컴퍼니'를 인수한 구글코리아에서 프로덕트 매니저product manager로 근무하고 있었다. 김동현은 2007년 '태터앤컴퍼니' 인수 기사를 통해 노정석 대표에 대해 알게 되었고, 언젠가 꼭 만나서 이야기를 나눠보리라 다짐했다. 노정석 대표를 직접 만나서 조언을 들을 수 있다면 자신은 물론 티켓몬스터에 큰 도움이 될 것이 분명했다.

4월 5일, 저녁을 먹고 쉴 겸 트위터에 로그인한 김동현의 눈이 번쩍 뜨였다.

'혼자 이런저런 생각하고 있습니다@청담사거리 탐앤탐스'

노정석 대표의 트윗이었다. 청담사거리에 있는 탐앤탐스라면 티켓몬스터 숙소와 불과 5분 거리였다. 김동현은 망설임 없이 바로 멘션을 날렸다. 멀게만 느껴졌던 노정석 대표와 트위터를 통해 손쉽게 연락할 수 있는 여건이 마련되었으니 망설일 것이 없었다.

'안녕하세요, 노정석 선배님. 현재 카이스트를 휴학하고 벤처 사업을 준비하고 있는 김동현입니다. 지금 괜찮으시다면 만나서 이야기 나누고 싶습니다. 그리로 가겠습니다.'

채 5분이 안 되어 노정석 대표로부터 답장이 왔다.

'그러시죠. 기다리겠습니다.'

답장을 확인하자마자 김동현은 현관으로 뛰어가며 거실에 있는 세 사람에게 소리쳤다.

"나 잠깐 나갔다 올게."

"어디 가는데?"

"갔다 와서 얘기해줄게!"

트레이닝복 바람이었지만 갈아입을 겨를이 없었다. 지금 카페에 있는 노정석 대표를 꼭 만나야만 했다. 숙소 앞의 탐앤탐스 문을 열어젖히고 들어갔지만 노정석 대표는 없었다. 혹시나 하는 마음에 종업원에게 물었다.

"혹시 근처에 탐앤탐스가 또 있나요?"

"청담 사거리 근처에 세 군데가 더 있어요."

"세 군데나요?"

김동현은 난감했다. 그 세 곳 중 노정석 대표가 어느 곳에 있는지 알 길이 없었다. 스마트폰이 없었기 때문에 트위터에 로그인해 물어볼 수도 없었고 노정석 대표의 전화번호도 몰랐다. 종업원에게 나머지 세 군데가 어디 있는지 설명을 듣고 난 후, 다음 탐앤탐스로 달려갔다. 그곳에도 노정석 대표는 없었다. 또 다시 세 번째 탐앤탐스로 내달려 헐떡거리며 도착했지만 안타깝게도 노정석 대표는 보이지 않았다. 김동현은 실망했다. 벌써 탐앤탐스 세 군데를 헤매느라 시간은 30분이 훌쩍 지난 상태였다.

'남은 한 곳에 노정석 선배님이 있을까? 거기 있더라도 벌써 떠났을 거야……'

그렇게 생각하면서 발길은 마지막 탐앤탐스로 향했다. 땀범벅이 된 김동현이 네 번째 탐앤탐스에 도착해 혹시나 하는 마음에 카페 안을 둘러봤다. 상점 안쪽에 낯익은 얼굴이 보였다. 노정석 대표가 노트북 컴퓨터 화면을 응시하고 있었다.

'감사합니다!'

김동현은 마음속으로 외친 후 노정석 대표에게 다가가 인사했다.

"안녕하세요, 노정석 선배님. 트위터로 연락드린 김동현입니다. 청담사거리 근처에 탐앤탐스가 네 군데나 있더라구요. 대표님을 찾아 다른 세 군데를 들른 탓에 늦었습니다. 많이 기다리셨죠?"

"괜찮아요. 열심히 뛰셨나 봐요. 땀에 흠뻑 젖었네요."

반갑게 인사를 나눈 다음 김동현은 본격적으로 티켓몬스터의 비즈니스 모델과 현재의 준비 상황을 설명했다. 그동안 만난 사람들 중 열의 아홉은 김동현의 설명이 끝난 후 내뱉는 첫마디가 '그게 될까?'였다. 말을 마치고 노정석 대표를 쳐다봤다. 노정석 대표는 미소를 머금고 대답했다.

"저도 미국에서 이미 그루폰 모델이 빠르게 성장하고 있다는 이야기를 들었어요. 한국에서 누군가는 시작할 거라 생각했는데 동현 씨가 준비하고 계셨네요. 가능성 있는 모델이니 속도를 내서 빨리 준비하시는 게 중요할 것 같아요. 그리고 그동안 많은 반대에 부딪힌 건 좋은 신호에요. 원래 열 명 중 일곱 명이 반대할 때가 그 사업을 시작할 적기라고 믿어요. 열 명 중 일곱 명이 좋다고 하면 그건 이미 늦은 거에요."

노정석 대표는 그동안 만난 사람들과 확실히 달랐다. 김동현은 그 말을 듣는 순간 천군만마를 얻은 듯했다. 노정석 대표는 마지막으로 질문했다.

"네 명의 지분구조는 어떻게 되죠?"
"똑같이 4분의 1씩 나눴어요."
"그건 말도 안돼요."
"네? 왜요?"

노정석 대표가 단호한 목소리로 말했다.

"항상 회사는 최악의 상황에 대비해야 돼요. 티켓몬스터가 잘되길 바라지만 만약 어려운 상황에 처했을 때, 어려운 결정을 해야 할때 네 명이 똑같은 책임감을 가질 수 있을까요? 창업자들은 물론 서로를 돕고 의지하는 사이겠지만, 결국 마지막 책임은 대표가 혼자 짊어지는 거예요. 그건 어쩔 수 없어요. 대표가 신현성 씨라고 했죠? 그렇다면 지분도 당연히 신현성 대표가 가장 많이 가져가는 것이 맞아요. 그건 대표의 책임이자 권한이에요."

노정석 대표와 김동현은 다음번에 신현성과 함께 만나기로 약속하고 헤어졌다. 김동현은 오늘 노정석 대표와의 만남을 통해 큰 용기를 얻었지만 지분구조 재정립이라는 숙제를 안고 숙소로 돌아왔다. 김동현은 숙소에 돌아와 오늘 노정석 대표와 나눈 이야기를 다른 이들에게 해주었다. 신현성이 말을 꺼냈다.

"노정석 님의 말이 맞는 것 같아. 우리가 그동안 지분에 대해 너무 쉽게 생각하고 있었던 것일 수도 있어. 너희들 생각은 어때?"
"나도 그래. 현성이 네가 대표니까 지분을 제일 많이 갖고, 나머지 사람들도 비중에 맞게 나누는 게 맞을 것 같아."

신성윤도 동의했다.

"우리가 각자 100만 원씩 자본금을 모았잖아. 사무실도 따로 안 빌리고, 공짜 숙소에, 밥도 매번 햄버거로 해결하니까 그 돈이면 두 달은 버틸 수 있을 거야. 그런데 지분율을 새로 정하면 돈도 다르게 내는 건가?"
"그건 나랑 현성이가 다음 미팅 때 노정석 선배님께 자세하게 물어볼게."

그날 밤, 노정석 대표의 조언을 받아들여 지분율을 조정하는 데에 모두들 동의했다. 이제 티켓몬스터는 서로의 기여도에 따라 지분율을 정해야 하는 과제를 안게 되었다. 며칠 후 신현성과 김동현은 숙소 앞 카페에서 노정석 대표를 만났다. 서로 인사를 나누고 이야기의 본론으로 들어갔다. 신현성이 먼저 물었다.

"노정석 님께서 조언해주신 대로 티켓몬스터 창업자들끼리 지분을 다르게 나누어 갖기로 했어요. 적절한 비율이나 방법에 대해서 따로 조언해주실 수 있을까요?"

"정해진 비율은 없지만 지분율의 원칙은 자본금을 낸 만큼 가져가야 한다는 거예요. 돈은 똑같이 내고 지분율을 다르게 가져가면 나중에 티켓몬스터가 잘될 경우에 지분을 조금 가져간 사람이 억울해하거나 다른 사람의 지분이 분명히 욕심날 거예요. 사람의 속성상 어쩔 수 없는 부분이 있으니까요."

김동현이 대답했다.

"얼마 전에 기현이라는 친구가 한 명 더 들어와서 다섯 명이 100만 원씩 500만 원을 모아서 자본금을 만들었어요."

"그 돈이면 아마 서비스 런칭하고 난 후에는 금세 바닥날 거예요. 만약 직원을 한 명이라도 뽑는다면 한 달 월급 주면 끝일 텐데요? 일단 가까운 사람에게 빌려서라도 최대한 자본금을 많이 만드세요. 지분율을 가져가는 만큼 자본금을 내셔야 하구요."

"그렇다면 자본금은 얼마나 모으는 것이 좋을까요?"

"정답은 없지만 모을 수 있는 대로 최대한 끌어모으세요. 벤처투자를 받기 전까지 버틸 만한 돈이 필요할 텐데 지금이야 다섯이 공짜 숙소에서 일하니까 돈이 안 들지만 직원 뽑고 사람이 늘어나서 사무실도 옮기게 되면 돈이 많이 들 겁니다. 그러한 상황을 대비해서라도 자본금을 모아놓는 것이 중요해요."

맞는 말이었다. 이들은 월급도 받지 않고 매일 햄버거로 끼니를 때우며 버틸 수 있었지만, 서비스 런칭 후에 할 일이 많아져서 직원이라도 뽑게 된다면 월급을 줄 돈도 없는 노릇이었다. 게다가 투자를 받을 때까지 사업을 유지할 만한 수익이 나지 않는다면 자본금으로 버텨야 했다. 다섯 명은 자신이 낼 수 있는 최대한의 돈을 끌어모아서 자본금을 만들기로 동의했다. 결국 다들 모아놓은 돈을 남김없이 넣고, 적금을 해지하고, 그러고 나서도 모자란 돈은 부모님께 빌리는 수밖에 없었다. 그렇게 해서 만든 자본금이 2억 5천만 원이었다.

자본금을 모으고 지분율을 정한 후에도 신현성은 노정석 대표를 찾아가 대표로서 가지고 있던 고민들을 털어놓고 조언을 구했다. 노정석 대표도 신현성을 만나기 전까지는 미국에서 컨설팅을 하다가 왔다는 이야기만을 듣고 지레 말이 앞서는 사람은 아닐까 생각했었다. 그러나 만나서 이야기를 하면 할수록 어눌한 구석은 있지만 리더로서의 자질이 보였다. 무엇보다 신현성이 이끄는 티켓몬스터 팀은 실행력이 뛰어나서 처음에 세운 계획들을 모두 지켜나가고 있었다. 원래 벤처란 정신 없는 와중에 성장해가는 것인 데다가 티켓몬스터는 개발을 중심에 둔 회사가 아니고 세일즈를 중심으로 한 회사였다. 영업을 잘하고 지역 확장을 잘하는 것이 핵심이었다. 펜실베이니아 대학 출신인 신현성과 신성윤, 이지호는 물론 권기현과 김동현도 카이스트 학생답지 않게 외향적인 점이 사업 성격과 잘 맞는다고 생각했다. 심지어 이들의 활기

찬 기운과 놀라운 실행력에 자극을 받은 노정석 대표는 구글을 나와 다음 창업을 준비하겠다고 생각했다. 이 팀은 뭐라도 해낼 것 같다는 생각이 들었던 노정석 대표는 신현성에게 제안했다.

> "신현성 대표, 앞으로도 티켓몬스터를 가까이에서 지켜보면서 커가는 걸 보고 싶어요. 제가 투자 하죠."

신현성은 노정석 대표의 투자 제안을 받고 뛸 듯이 기뻤다. 첫 투자금이 생겼다는 것뿐 아니라 베테랑 창업가가 자신의 팀과 비즈니스 모델을 믿고 투자하고 싶어한다는 사실이 뿌듯했다. 자본금 3억 원을 모은 티켓몬스터는 서비스 2주를 앞둔 4월 말 법인 등록을 마쳤다.

첫 상품, 캐슬프라하
—

다섯 명이 다시 한자리에 모였다. 첫 상품이 중요하다는 생각에는 모두 동의했다. 첫 상품은 사람들의 주목을 끌 수 있는 새로운 경험을 제공하면서도, 구매하기에 부담스럽지 않은 가격이어야 했다. 티켓몬스터가 초기에 고객들의 구매욕구를 충족시킬 만한 서비스를 판매할 수만 있다면 인터넷상에서 입소문이 퍼지는 것은 시간문제라고 생각했다.

티켓몬스터가 서비스를 준비할 당시 데일리딜 서비스가 이미 있었지만 방문자 수와 구매자 수는 두 자릿수에 머물렀다. 이 업체가 좋은 비즈니스 모델을 가지고도 성공하지 못한 이유는 고객들이 어떤 서비스를 원하는지 파악하지 못했기 때문이라는 생각이었다. 고객들은 가격이 반값이 되었다고 아무 서비스나 구매하지 않았다. 평소에 원했지만 가격이 부담되어 차마 이용할 수 없었던 서비스를 반값으로 할인했을 때 비로소 폭발적인 반응이 나타날 것이었다.

그런 서비스를 찾기 위해 서울 곳곳을 돌아다니던 중, 홍대입구에서 다섯 명의 눈에 들어온 상점이 있었다. 웅장한 성이 한눈에 들어오는 캐슬프라하였다. 캐슬프라하는 홍대, 이태원, 강남역에 위치한 체코 맥주 전문점으로 홍대입구 본점의 경우에는 고풍스러운 외관과 세련된 인테리어로 그 지역의 랜드마크 중 하나였고, 맛 좋은 체코 맥주로 소문난 곳이었다. 캐슬프라하라면 티켓몬스터 상품 공급Sourcing능력을 보여주는 본보기로 더할 나위 없이 좋을 것이었다.

김동현과 신현성은 굳은 다짐을 하고 캐슬프라하 홍대 본점으로 출동했다. 둘은 그 어느 때보다 열정적으로 캐슬프라하의 양정원 본부장을 설득했다. 양정원 본부장은 땀을 뻘뻘 흘리며 설명하는 이들의 모습에서 꾸미지 않은 열정과 진심을 느낄 수 있었다. 첫눈에 봐도 베테랑 영업사원 같아 보이지 않았고, 대표와 이사로는 더더욱 보이지 않았다. 신현성은 어눌한 한국말로, 김동현은 부산 사투리로 각자 최선을 다해 티켓몬스터의 서비스를 설명하는 모습이 이들이라면 함께 해보고 싶다는 마음이 들게 만들었다. '티켓몬스터'라는 이름은 그날 처음 들어봤지만 이들을 믿고 판매를 시도해보기로 결정했다.

그렇게 둘의 열정적인 영업으로 첫 계약을 맺었다.

캐슬프라하의 대표 맥주 '프리마토르 여섯 병과 소시지 안주 세트'를 기존의 5만 원에서 50퍼센트 할인한 2만 5,000원에 내놓은 서비스였다.

D-1, 눈 풀린 몬스터들

—

법인 설립 후, 서비스 런칭이 2주 앞으로 다가오면서 해결해야 할 일이 산더미처럼 쌓였다. 도저히 다섯 명이 감당할 수 없는 양이었다. 결국 티켓몬스터는 서비스 시작 전에 두 명의 '인턴'을 채용하는 수밖에 없었다. 말로는 '인턴'이었지만 친한 사람들이 일을 무료로 도와주는 꼴이었다. 먼저 일을 도와주기로 한 사람은 신성윤의 오랜 친구인 손두휘였다. 손두휘는 5월 입대를 앞두고 학교를 휴학한 상태였기 때문에 신성윤의 제안을 흔쾌히 받아들였다. 다른 한 명은 티켓몬스터에서 유일한 여성으로 신현성의 고모에게서 소개받았다. 남자 여섯 명이 북적대는 곳에 여자가 들어와서 일하는 것이 처음에 쉽지 않았지만 워낙 자유로운 분위기 덕에 마치 새로 들어간 동아리방에서 놀듯 일하면서 빠른 속도로 친해졌다. 이들은 창업자 다섯 명과 함께 햄버거로 끼니를 때우고 5,000원 일당을 받았지만 친구를 도와주고 싶다는 마음에, 티켓몬스터에서 일하는 것이 신기하고 재미있다는 생각에 기꺼이 창업자들 못지 않은 열정을 바쳐 일했다.

5월 10일이 다가올수록 김동현은 고민이 깊어졌다.

"기현아, 티켓몬스터 서비스를 고객들한테 쉽게 설명할 방법이 없을까? 영업하면서 느낀 건데 처음 듣는 사람에게 말로만 설명하기엔 아무리 생각해도 부족해. 소개 동영상이 있으면 참 효과적일 것 같은데……"

"동영상을 제작해서 티켓몬스터 웹사이트에 올려놓으면 사람들이 많이 보겠지? 그러면 만드는 김에 첫 상품인 캐슬프라하 홍보 동영상도 제작하는 게 어때? 첫 상품은 강한 인상을 남기는 게 중요해."

"그거 좋은 생각이다. 티켓몬스터 서비스 소개 동영상, 캐슬프라하 홍보 동영상을 제작하자."

두 사람은 주변에 실력 있는 광고 제작 감독을 수소문했지만 찾는 것이 쉽지 않았다. 김동현은 영상편집인들이 많이 모인다는 카페에 글을 올렸다. 이를 보고 정성엽 감독이 연락해왔다. 2주 만에 두 개의 광고 영상을 제작해야 하는 빠듯한 일정이었다. 하지만 창업자들과 첫 만남을 가진 정성엽 감독은 열정 넘치는 젊은 친구들에게 도움을 주고 싶다는 생각에 적극적으로 영상제작을 해주었다.

티켓몬스터 서비스 소개 동영상은 고객들에게 데일리딜 서비스의 핵심을 간단명료하게 전달하는 것이 핵심이었다. 목표 인원에 도달하면 50퍼센트 할인 쿠폰을 발급받을 수 있고 현금처럼 사용할 수 있다는 메시지였다. 캐슬프라하 홍보 동영상은 캐슬프라하의 멋스러운 분위기와 질 좋은 맥주를 부각시켰다. 커플의 데이트를 재연하는 형식으로 만들어졌는데 남자 주인공은 권기현이 맡았고, 여자 주인공은 이지호가 친구를 급히 불러 출연시켰다.

캐슬프라하 홍보 동영상 촬영이 끝난 것은 서비스 오픈 48시간 전이었다. 밤을 새서라도 편집을 완료해서 티켓몬스터의 첫 상품 소개란에 꼭 포함시켜야 했다. 정성엽 감독은 그날 집에 들러 간단한 옷가지와 세면도구를 가져온 후 티켓몬스터 숙소에 짐을 풀었다. 가방에서 비디오 카메라와 노트북을 꺼내 부엌에 자리 잡은 정성엽 감독은 이틀 동안 티켓몬스터 창업자들과 함께 밤을 새며 눈이 벌개지도록 영상 편집에 몰두했다.

5월 9일 오후 9시.

사흘째 밤을 샌 탓에 모두들 머리는 부스스하고 눈은 풀려 있었다. 함께 고생한 인턴 두 명도 몰골이 말이 아니었다. 티켓몬스터 서비스 시작이 세 시간 앞으로 다가왔다. 아직도 사진과 글 편집은 끝나지 않은 상태였다. 권기현은 노트북 모니터에 빨려들어갈 듯이 집중하고 있었고, 정성엽 감독은 편집한 동영상을 스무 번이 넘도록 돌려보면서 마지막 작업을 하고 있었다. 바깥 세상에선 사람들이 여느 때와 다를 바 없는 월요일을 맞이할 준비를 하고 있었지만, 티켓몬스터 숙소에 있는 사람들은 새로운 세상을 준비하고 있었다. 이제 고객들에게 평가받아야 하는 순간이 다가오고 있었다.

2부

티몬이
시작됐다

밤 12시, 세상이 바뀐다

새로운 사람들과의 도전

1차 투자 유치가 시작되다

경쟁자의 출현과 그루폰의 인수 제의

창업에 있어서 가장 중요한 것은 첫째도, 둘째도, 셋째도, 팀이다
경험과 개성, 그것의 융화가 결국 팀이다

존 도어John Doerr | 실리콘밸리 벤처캐피털리스트

밤 12시, 세상이 바뀐다

오, 누가 샀다!

"5분밖에 안 남았어!"

신현성의 목소리가 높아졌다.

5월 9일, 오후 11시 55분.
티켓몬스터의 첫 번째 상품인 캐슬프라하의 소개글과 사진, 동영상 편집이
마무리되었다. 이제 이 모든 자료를 티켓몬스터 웹페이지에 업로드해야 했다.

"성공! 다 올라갔어!"

그제야 부엌에서 동영상 편집을 마치고 긴장된 얼굴로 지켜보던 정성엽 감독이 안도의 한숨을 내쉬었다. 숙소에 있던 모든 사람이 마른침을 삼키며 시계를 쳐다보고 있었다.

5월 9일, 밤 12시.
티켓몬스터 웹페이지에 캐슬프라하 상품 소개가 떴다. 티켓몬스터 서비스가 시작되는 순간이었다. 최소 거래 만족 인원은 25명. 서비스 첫날 얼마나 팔릴 것인가. 기대 반 초조함 반으로 모두들 숨죽인 채 컴퓨터 화면만 쳐다보고 있었다. 5분이 지나자 성격 급한 김동현이 참지 못하고 화면 새로고침 버튼을 눌렀다.
'구매인원 2명'

"오, 누가 샀다!"

첫 매출 5만 원이었다.

5월 10일, 오전 2시.
'구매 인원 20명'을 확인한 후에야 노트북 화면을 뚫어져라 지켜보던 이들은 하나둘씩 방으로 들어가 잠을 청했다.

5월 10일, 오전 8시.
거실 여기저기에 널부러져 있던 서류들, 티켓몬스터 웹사이트 화면이 띄워진 다섯 대의 노트북 컴퓨터, 널려 있는 햄버거 포장지들, 한쪽 벽면을 차지하고 있는 화이트보드를 가득 채운 글씨 'D-day'가 전쟁 같았던 어젯밤을 말해주고 있었다. 이틀 밤을 꼬박 새우며 서비스 오픈을 준비한 다섯 명은 여전히 이불 속에 파묻혀 있었다.

"따르르릉, 따르르릉, 따르르릉!"

신현성이 눈을 감은 채 거실로 걸어나와 수화기를 들고는 잔뜩 졸린 목소리로 대답했다.

"티켓몬스터입니다."
"안녕하세요. 티켓몬스터죠? 제가 어젯밤에 캐슬프라하 쿠폰 한 장을 구매했는데, 읽어봐도 사용방법을 잘 모르겠어요. 이거 어떻게 사용하는 건가요?"

감겨 있던 눈이 번쩍 뜨였다. 티켓몬스터로 처음 걸려온 고객상담 전화였다.

"네, 그게 말이죠. 간단해요. 주문하시기 전에 먼저 티켓몬스터에서 쿠폰을 구매했다고 말씀하시고, 나중에 계산하실 때 문자로 받으신 쿠폰번호를 보여주시면 됩니다."
"아…… 되게 간단하네요. 수고하세요."

처음 받은 고객상담 전화는 티켓몬스터의 서비스가 오늘부터 시작되었음을 다시 한 번 확인시켜주었다. 신현성이 방으로 들어가 소리쳤다.

"일어나봐. 우리 이제 고객들한테 걸려온 전화 받아야 돼!"

신현성의 닦달에 네 명이 부스스한 모습으로 일어나 거실 탁자로 향했다.

"아침부터 누가 전화를 한다고 그래?"
"내가 벌써 한 통 받았어."

다섯 명은 노트북을 켜고 티켓몬스터 웹사이트에 로그인했다.
'32명 구매'

"와, 밤새 30명이나 샀어. 최소 거래 인원은 넘겼다!"
"오늘 밤 12시까지 100명을 넘길 수 있을까?"
"그러길 바라야지."

밤새 팔린 캐슬프라하 쿠폰에 대해 이야기를 나누는 동안 신현성은 30분째 휴대전화로 누군가와 통화를 하고 있었다.

불타는 조개구이, '뻘짓'
—

통화를 마친 신현성은 탁자로 돌아와 심각한 표정으로 말했다.

"오늘 판매하기로 했던 미용실 지점장한테서 걸려온 전화야. 판매하기 힘들 것 같대. 내가 아무리 설득해도 안 된다고 하네."

"뭐라고? 왜?"

"지점장은 50퍼센트까지 할인이 가능하다고 했는데, 본사에 연락했더니 절대 안 된다고 했나봐. 자기도 어쩔 수가 없대."

"그럼 어떻게 하지?"

"오늘 안으로 새로 영업해야지. 힘들겠지만 별수 없잖아."

"그래. 무슨 수를 써서라도 오늘 안으로 찾아보자. 두번 째 날에 펑크낼 수는 없잖아!"

이지호가 숙소에 남아 두 명의 인턴과 함께 고객상담 전화와 게시판 문의를 맡기로 하고, 나머지 네 명은 영업을 뛰기로 했다. 숙소 가까이에 위치한 강남역, 압구정동, 청담동의 상점들이 타깃이었다. 이번 영업에는 모두들 노트북을 들고 가기로 했다. 캐슬프라하의 소개 페이지와 구매 인원을 보여주면 상점 쪽에서도 호의를 보일 거라고 생각한 것이었다. 한 명이라도 성공하면 권기현이 바로 상점으로 찾아가 사진을 찍고 웹사이트에 올릴 내용을 작성하기로 했다.

시작은 예상과 같았다. 영업을 하러 들어간 상점의 사장님을 만나 오늘 판매 중인 캐슬프라하 소개 페이지를 보여주면 모두가 호기심을 보였다. 새로 고침 버튼을 누르며 분 단위로 구매인원이 늘어나는 것을 보여주면 모두들 눈을 동그랗게 뜨며 더욱 적극적으로 반응했다. 문제는 판매 시작 시각이었다. 계약을 맺고 낭일 밤 12시에 판매를 시작하겠다는 이야기만 꺼내면 모두들 손사레를 쳤다. 서비스를 시작한 지 하루밖에 안 된 탓에 티켓몬스터에 대한 신뢰가 부족하기 때문이었다. 하루종일 돌아다녔지만 성공률은 제로였다. 저녁 8시, 이들은 다시 숙소에 모였다.

"다들 오늘 밤에 판매를 시작하는 건 무리라네. 어떻게 하지?"

그때 신성윤의 머릿속에 번뜩 생각이 스쳤다.

"근처에 있는 조개구이 상점 알지? 우리 한 번 갔었잖아."

김동현이 생각났다는 듯 답했다.

"응, 무한 리필도 되고 맛도 괜찮던데 거기 한번 가볼까? 우리 갔을 때도 손님이 많지는 않았는데."
"그래, 한번 가보지 뭐."

'뻘짓'이라는 간판이 유난히 눈에 띄는 상점이었다. 초저녁이라 사장님이 한창 장사 준비를 하고 있었다.

"안녕하세요, 사장님. 저희는 티켓몬스터라는 웹사이트를 운영하고 있습니다."

한참 이들의 설명을 들은 사장님이 입을 뗐다.

"신기한 서비스네요. 장사에 도움이 될 수도 있겠는데요?"

"사장님, 오늘 밤에 이곳의 메뉴를 판매하는 게 가능할까요?"

"그래요. 요즘 손님들도 별로 없는데 한번 해보죠, 뭐."

성공이었다. 옆에 있던 권기현이 그 자리에서 카메라를 꺼냈다. 나머지 네 명이 사장님과 계약사항에 대해 이야기를 나누는 동안 권기현은 사장님이 꺼내온 모듬조개를 조명이 밝은 곳으로 가져가서 사진을 찍었다. 그리고는 사장님께 조개 종류를 비롯해 메뉴에 대한 상세한 설명을 듣고 꼼꼼히 받아 적었다. 밤 12시까지는 3시간도 남지 않았다. 숙소로 돌아온 권기현의 손놀림이 바빠졌다. 포토샵을 켠 후 방금 찍어온 사진 보정을 시작했다. 수첩에 적어온 조개 설명을 토대로 웹사이트에 올릴 만한 글귀들을 적어갔다. 두 시간 동안 정신없이 작업을 끝내고 나니 시계는 11시 30분을 가리키고 있었다. 그렇게 마감시각 30분을 남겨놓고 두 번째 상품의 소개자료가 완성되었다.

5월 10일, 밤 12시.

첫날 상품인 '캐슬프라하'가 구매인원 113명으로 종료되고 두 번째 상품인 '뻘짓'의 판매가 개시되었다.

폭발적인 반응을 예상하지 못한 점 죄송합니다
—

5월 11일, 오전 9시.

김동현은 아침부터 전화로 열변을 토하고 있었다. 사까나야 사장님과 마지막 계약사항을 조정하기 위해서였다.

"사장님, 정말 50퍼센트 할인은 어려울까요?"
"50퍼센트는 아무리 광고비용으로 생각해도 부담이 너무 커요. 40퍼센트 이상은 힘들어요."

사까나야 광화문점에서 선보이는 주말 초밥 뷔페는 오픈 준비 때부터 김동현이 유독 공을 많이 들인 계약이었다. 뷔페임에도 초밥의 질이 좋아 많은 사람들에게 호평을 받고 있는 곳이었다. 이 쿠폰을 판매한다면 그 어떤 마케팅보다도 티켓몬스터에 대한 입소문 효과가 클 것이라는 게 김동현의 판단이었다.

계약을 성사시키겠다는 의지로 수수료를 포기하겠다고까지 했음에도 사까나야 사장님은 50퍼센트 할인은 힘들다는 답을 보내왔다. 결단이 필요했다.

"나머지 10퍼센트는 우리가 부담하자. 고객들이 원하는 상품을 판매해서 입소문이 날 수만 있다면 충분히 가치 있는 투자야."

사까나야는 그날 밤 12시에 판매가 개시되자마자 무서운 속도록 팔려나갔다.

"역시 우리 예상이 맞았어. 이런 게 바로 사람들이 원하던 거야!"

순식간에 구매인원이 100명까지 늘어난 것을 확인한 이들은 기분 좋게 잠이 들었다.

다음 날 아침, 가장 먼저 일어나 컴퓨터 화면을 켠 김동현이 소리쳤다.

"큰일났다!"

신현성이 거실로 걸어나오면서 물었다.

"뭔데 그래?"
"너무 많이 팔렸어!"

아침 9시, 쿠폰 구매인원은 300명을 넘어서고 있었다. 그때까지 티켓몬스터는 구매가 성사되는 최소 인원에 대한 기준은 명확했지만 최대 인원에 대해서는 심각하게 생각하지 않았다. 많이 팔리면 팔릴수록 상점에 도움이 될 거라는 생각만 가지고 있었다.

티켓몬스터 창업자들은 사까나야 판매 전날 이 쿠폰이 얼마나 팔릴지 맞추는 내기를 걸었다. 권기현이 가장 적은 인원인 500명을 예상했고 신현성은 가장 많은 800명에 걸었다. 그런데 아침 9시가 갓 넘은 시각에 300장이 팔려나가고 있었다. 이 기세대로라면 오늘 몇 장이 팔릴지 감을 잡을 수가 없었다. 새로고침을 한 번 할 때마다 구매인원은 10명씩 늘어났다. 오전 10시 500명, 11시가 넘으니 900명이 넘었다. 점심시간이 다가올수록 더 빠른 속도로 쿠폰이 팔려나갔다. 김동현은 사까나야 사장님에게 전화를 걸었다.

"사장님, 생각보다 고객들 반응이 폭발적이에요. 벌써 쿠폰이 900장 넘게 판매되었어요. 3달 동안 몇 명까지 수용 가능할까요?"
"1,000명 이상은 소화하기 힘들어요. 그 이상 손님이 몰리면 사까나야의 음식과 서비스에 한계가 와요. 1,000매까지만 판매해주세요."
"네, 알겠습니다."

전화를 끊고 화면을 본 순간 이미 구매인원 1,000명이 넘어가고 있었다.

"기현아, 빨리 구매 중지시켜. 사까나야 사장님이 1,000명 이상은 힘들대!"

권기현은 급히 모든 구매를 중단시켰다.
최종 구매인원 1,080명. 그 순간에도 구매를 하기 위해 클릭을 하던 고객들에게는 미안했지만 사까나야 본연의 맛과 서비스를 유지하기 위해 취한 조치였다. 많이 팔리리라 기대는 했지만 이렇게 순식간에 1,000매나 팔려나갈 줄은 꿈에도 생각지 못한 일이었다.

"방금 우리가 너무 많이 팔려서 중지시킨 것 맞지?"

3일 만에 나타난 폭발적인 반응이었다. 작전 성공이었다. 판매를 중단하자 게시판에는 순식간에 질문들이 올라오기 시작했다.
'사까나야 초밥 뷔페 결제가 안 되는데 이유가 뭔가요?'

'매진된 건가요? 추가 물량은 없나요?'

'사이트 오류난 거 같은데 빨리 해결해주세요!'

즉각적인 대응이 필요했다. 단순히 매진되었다는 말로는 구매 버튼을 누르던 고객들을 진정시킬 수 없었다. 그 순간 권기현이 가방에서 카메라를 꺼내들면서 김동현과 신성윤에게 말했다.

"너희 둘이 옷장에서 정장 재킷 좀 꺼내와 봐. 내 것도!"

사까나야 판매에 정신이 팔려 세수도 못하고, 잠옷도 입은 그대로였지만 옷장에서 각자 정장 재킷을 가져왔다.

"너희 여기 서서 재킷 입고 두 팔 들고 벌서는 자세 취해 봐."

김동현과 신성윤이 두 팔을 들고 벌 서는 자세를 취했다.

"잠깐만 기다려."

인턴에게 카메라를 맡긴 권기현도 재킷을 챙겨 입고 옆으로 다가가 같은 자세를 취했다.

"하나, 둘, 셋."

5월 12일, 오전 12시

티켓몬스터 웹사이트에는 상품 소개 대신 세 명의 벌 서는 사진과 문구 하나가 올라갔다.(화보 2페이지 참조)

'폭발적인 반응을 예상하지 못한 점 죄송합니다.'

구매하지 못해 화나 있던 고객들도 이들이 올린 장난스러운 사과문을 보고 마음이 누그러졌다. 티켓몬스터는 네티즌들 사이에 빠르게 입소문이 나기 시작했다. 사까나야 초밥 뷔페 쿠폰 구매에 성공한 사람들은 자랑하기 위해 자신들의 블로그와 미니홈피에 글을 올렸고, 구매에 실패한 사람들은 아쉬운 마음을 달래기 위해 글을 썼다. 그 글들을 본 네티즌들은 하나같이 '티켓몬스터가 뭐하는 곳이길래 사까나야 초밥 뷔페를 반값에 팔아?' 하는 의문을 가진 채 주소창에 티켓몬스터 주소를 입력했다. 사까나야 상품 판매를 종료하고 나서도 티켓몬스터 웹사이트 트래픽은 가파르게 상승했다. 서비스 개시 3일째 되던 날, 티켓몬스터는 단순하지만 중요한 깨달음을 얻었다.

'소비자가 원하는 것을 제공하라'

사까나야 상품을 판매한 뒤로 일일 평균 웹사이트 방문자 수가 다섯 배로 늘어났다. 이후에도 소문난 이탈리안 레스토랑 스패뉴^{spannew}, 서래마을에 위치한 스파 휴리재 spa 休利齋, 한국에서는 보기 힘든 요트파티 상품인 현대요트, 배우 차승원이 운영하는 요가 프로그램 '14일동안'을 판매하며 고객들의 호응을 얻었다. '평소 많은 사람들이 원했지만 부담스러운 가격에 이용하기 주저했던 상품들을 50퍼센트 할인된 가격에 판매한다'는 초기 전략이 성공한 것이었다.

입소문은 고객들 사이에서만 머물지 않았다. 사가나야 뷔페 쿠폰을 판매하면서 오픈 3일 만에 웹사이트에 폭발적인 트래픽이 몰렸다는 이야기는 새로운 투자처를 찾던 벤처캐피털리스트들의 관심을 불러모았다. 서비스를 시작한 지 일주일 만의 일이었다.

서비스를 오픈하면서부터 고객상담을 맡게 된 이지호는 네이트온을 이용해서 24시간 고객상담 업무를 하고 있었다. 티켓몬스터 웹사이트에 가입한 회원들을 네이트온 친구에 추가해서 궁금한 점이 있으면 언제나 물어볼 수 있도록 했다. 이지호는 고객들과 이야기하다가도 종종 '저희 티켓몬스터에서 함께 일해보실래요?'라며 입사를 제안했다. 일할 사람이 부족하기도 했고, 티켓몬스터를 아는 이들이니만큼 함께 일하면 더욱 재미있을 거라고 생각했다. 서비스 초기에는 이지호의 제안에 콧방귀도 안 뀌던 고객들이 대부분이었지만 티켓몬스터가 꾸준히 좋은 서비스를 판매해 고객들의 반응을 이끌어내면서 티켓몬스터라는 회사에 관심을 가지고 입사 조건에 대해 물어보는 고객들이 생겨나기 시작했다.

삼바그릴, 첫 번째 위기

—

성공적인 오픈 첫 주를 보낸 주말 저녁, 창업자 다섯 명은 앞으로 더욱 힘내자는 뜻에서 이날만큼은 맥도날드 햄버거를 벗어나보기로 했다. 압구정동 거리를 거닐다가 눈에 띄는 간판 '무한리필 브라질식 스테이크, 삼바그릴'이라는 문구를 발견했다. 안 그래도 고기라면 사족을 못 쓰는 이들이었다.

"오늘 저녁은 삼바그릴이다."

상점문을 열고 들어섰다. 꽤 넓은 매장이었지만 주말 저녁임에도 불구하고 4분의 1도 채우지 못한 상태였다. 우선 앉자마자 고기를 정신없이 먹어치웠다. 폭풍 같은 30분이 지나고 어느 정도 배가 불러오자 슬슬 발동이 걸리기 시작했다. 김동현이 배를 두드리며 말했다.

"여기 고기 맛은 괜찮다. 주말 저녁에도 손님들이 별로 없는 걸 보면 홍보가 부족한 거 아니겠어? 티켓몬스터 서비스가 도움이 되지 않을까?"
"응. 여기 비어 있는 자리를 다 채울 수 있다고 하면 사장님도 많이 좋아할 거 같아."

김동현이 바로 카운터로 다가가 사장님으로 보이는 사람에게 말을 건넸다.

"안녕하세요. 상점 홍보를 도와드리고 싶은데 말씀 나눌 수 있을까요?"

사장님은 고객들에게 고기의 질이 좋다는 평을 받았지만 항상 빈자리가 많아 고민이었다고 말했다. 김동현은 지난 일주일을 통해 증명된 티켓몬스터 서비스의 광고 효과에 대해 설명했다. 이야기를 들은 사장님은 흔쾌히 계약하겠다는 의사를 밝혔다.

서비스 오픈 2주째인 5월 24일, 압구정동에 있는 무한리필 브라질식 스테이크 레스토랑 삼바그릴의 상품 판매가 시작되었다. 31,900원의 정확히 반값인 15,950원이었다. 순식간에 최대 수량인 4천 매의 상품이 매진되었다. 하루 만에 4천 명×15,950원＝약 6,400만 원의 상품이 판매된 것이다. 티켓몬스터는 물론 삼바그릴로서도 당황스러웠다. 지금껏 매장의 200석 가까운 공간을 절반도 채우기 힘들었는데 하루 만에 4천 명의 고객들이 삼바그릴에서 식사를 하겠다고 예약을 한 셈이었다.

이것은 단순한 매출뿐 아니라 티켓몬스터와 삼바그릴 모두에게 큰 도약의 발판이 되어줄 것이 분명했다. 티켓몬스터가 제공한 저렴한 가격에 구매한 4천 명의 회원들은 대부분 혼자가 아닌 주변 지인들과 함께 삼바그릴을 방문할 것이고 함께 방문한 이들은 자연스럽게 티켓몬스터와 삼바그릴에 대해 알게 될 터였다. 이들이 서비스에 만족하여 또 다른 지인들에게 입소문을 내고 그들이 다시 티켓몬스터와 삼바그릴을 찾게 된다면, 그 파급력은 단순히 4천 명의 고객 유치가 아니라 수십, 수백 배의 마케팅 효과로 돌아올 수도 있는 일이었다.

그러나 현실은 전혀 상반된 상황을 맞이하고 있었다. 삼바그릴은 200석을 다 채워보기는커녕 동시에 100명 이상 되는 고객들을 한 번도 맞아본 적이 없었다. 현실을 정확히 판단하지 못한 티켓몬스터의 경험 부족과 삼바그릴의 느슨한 대처는 결국 전화 불통, 평소 다섯 배가 넘는 음식 대기시간, 고기의 질 저하와 같은 치명적인 문제들을 발생시키면서 고객들을 분노하게 만들었다. 손님들은 불만에 가득찼다. 예약을 하기 위해 매장에 전화를 걸면 통화중이 예사였고, 연결이 되더라도 예약이 꽉 찼다는 답변만 들을 뿐이었다. 치열한 경쟁을 뚫고 예약에 성공한 손님들의 상황도 크게 다르지 않았다. 음료 한 잔을 주문해도 한참을 기다리기 일쑤였고 주문한 것과 다른 메뉴가 나오기도 했다. 더 치명적인 상황은 삼바그릴이 자신했던 '스테이크의 질'이 일정한 수준을 유지하지 못했다는 것이었다. 판매 후 일주일이 지나면서 삼바그릴 쿠폰을 구매한 고객들은 화가 머리끝까지 치솟아 티켓몬스터에 항의하기 시작했다. 질의 응답 게시판은 삼바그릴 서비스에 대한 불만으로 가득찼고, 티켓몬스터로 걸려오는 전화의 대부분은 삼바그릴 상품에 대한 환불 요구였다.

서비스 런칭 3주 만에 찾아온 위기였다. 단순히 손님으로 상점을 가득 채워주는 것이 능사가 아니었다. 매장 업주에게는 평소보다 많은 고객들을 맞이하기 위해서 철저한 준비가 필요하다는 것을 꼭 알려줘야 했다. 고객들에게 만족스러운 서비스를 제공하고, 매장 측에도 성공적인 광고효과를 누릴 수 있도록 하는 것이 티켓몬스터가 해야 하는 일이었다. 그 두 가지를 놓쳤을 때 어떤 문제가 발생하는지를 삼바그릴이 보여주고 있었다.

우선 해야 할 일은 티켓몬스터에 쏟아지는 고객 불만에 대한 대응이었다. 정상적인 업무가 불가능할 정도였기 때문이다.

"고객들의 불만이 엄청나. 이대로 불만을 해결하지 못하면 티켓몬스터가 망할 수도 있어."
"맞아. 이대로 가다간 티켓몬스터는 한 달 운영하고 사라진 회사가 돼버릴지도 몰라."

이때, 신현성이 제안을 했다.

"고객들한테 진심을 담아서 보상을 해주자. 사실 서비스를 제공하는 삼바그릴에게 원인이 있지만 이것을 예측하고 관리하지 못한 우리 책임도 있으니까. 티켓몬스터가 진심을 담아 사과하고 보상한다면 고객들이 티켓몬스터에게 등을 돌리진 않을거야."

"그래, 좋아. 그런데 어떻게?"

"다들 원어데이 알지? 원어데이 몰에서 예전에 폴로 피케셔츠를 50퍼센트 할인해서 판매한 적이 있어. 반응이 좋아서 많은 고객들이 구매를 했는데, 상품을 받아보니 가짜인 거야. 고객들은 자신들을 속였다며 원어데이에 엄청난 불만을 쏟아냈어. 그런데 원어데이도 판매자에게 속았던거야. 우리랑 상황이 비슷하지. 그런데 이때 원어데이가 취한 행동이 대박이야."

"뭔데?"

"사과의 뜻을 담아서 고객들에게 두 배 환불을 실시했어. 그러니까 무슨 일이 일어났는지 알아? 불만을 쏟아붓던 그 고객들이 한순간에 충성고객이 되어 돌아왔고, 결국 원어데이는 책임감 있는 회사로 입소문이 났어. 우리도 고객들에게 원금을 환불해주고 원금만큼 포인트로 추가 적립해주는 게 어떨까?"

"환불은 한다고 쳐도 구매금액만큼을 포인트로 적립해준다면 우리는 6,400만 원어치의 손해를 보는 거야. 그건 우리 자본금의 5분의 1이 넘는 액수야."

"……"

아무도 쉽사리 말을 꺼내지 못하자 권기현이 말했다.

"이 돈을 고객들한테 투자한다고 생각하자. 우리가 만약에 아무런 행동도 취하지 않으면 여기서 끝날 수도 있어. 환불만 해주면? 그냥 기본인 거잖아. 한 번 망가진 이미지가 회복되진 않을 거야. 그럴 바에 차라리 고객들에게 제대로 보상해주고 우리가 책임감 있는 회사라는 걸 인식시키면 오히려 충성고객으로 되돌아올 수 있어."

정말 어렵게 모은 3억 원이었다. 큰 수익이 발생하고 있지 않은 티켓몬스터에게는 회사의 생존기간을 결정짓는 돈인지라 가까운 시일 내에 사용하겠다는 생각은 조금도 없었다. 이렇게 어처구니없는 일로 자본금의 20퍼센트를 한순간에 날리는 것은 상상해본 적도 없었다. 손해를 감수하고 보상한다고 분노한 고객들의 마음이 쉽게 누그러질 것이라는 보장도 없었다. 6,400만 원. 탁자에 모여 앉은 다섯 명의 눈앞이 깜깜해졌다.

그러나 분명한 것은 고객들의 분노가 단순한 사과 공지와 환불만으로 해결될 일은 아니라는 사실이었다. 또한 피해를 본 고객들이 티켓몬스터에 대한 부정적인 입소문을 내기 시작하면, 이것은 단순히 자본금 20퍼센트를 손해보는 것이 아니라 회사의 생존을 위협하는 더 큰 문제를 야기할 수 있었다.

생존의 기로에서 어려운 결정해야 하는 이 순간은 다섯 명의 어린 창업자들이 처음 맞닥뜨리는 시련이자, 최대한 결정을 회피하고픈 시간이었다. 긴 침묵 끝에 신현성이 어렵게 말을 꺼냈다.

"우리, 모험 한번 해보자."

다음날 티켓몬스터 웹사이트에는 삼바그릴 환불 건에 대한 공지사항이 올라왔다.

" 삼바그릴 상품을 구매하신 고객분들께 진심으로 죄송한 마음을 담아 환불정책을 마련했습니다. 원하시는 고객분들은 환불이 가능함은 물론, 구매하신 모든 분들께 구매 금액에 준하는 티켓몬스터 포인트를 적립해드리도록 하겠습니다. 포인트는 티켓몬스터 쿠폰 구매 시 현금처럼 사용하실 수 있습니다. **"**

그야말로 파격적인 보상책이었다. 티켓몬스터 게시판에 올라오는 글들이 순식간에 호의적으로 바뀌었다. 티켓몬스터가 신생업체임에도 불구하고 이러한 책임감 있는 모습을 보여준 것이 고객들의 마음을 사로잡은 것이었다.

티켓몬스터는 서비스 오픈 2주 만에 큰 홍역을 치뤘지만 두 가지의 교훈을 얻었다. 서비스 제공 업체의 서비스 품질 관리와 상품 판매 후 티켓몬스터 고객관리의 중요성이었다. 이것이 앞으로 티켓몬스터가 해결해야 할 과제였다.

새로운 사람들과의 도전

　서비스를 시작한 뒤 티켓몬스터 숙소에 살던 창업자 다섯 명 외에 아침저녁마다 숙소로 출퇴근하는 직원들이 서서히 늘어났다. 서비스 런칭 전부터 일을 도와주던 인턴 두 명이 매일 숙소로 출근하고 있었고, 티켓몬스터의 첫 기사를 보고 연락해온 사람들도 한두 명씩 함께 일하기 시작했다. 금세 열다섯 명까지 늘어난 직원들은 자리가 부족해 거실 테이블은 물론이고, 부엌 식탁과 방안의 침대에 앉아 일하기도 했다. 새로 들어온 사람들 대부분이 영업 직원으로 저녁에만 숙소에 와서 그날의 영업성과를 전달해주면 되었지만 사무실에서 일하는 직원들이 많아질수록 숙소를 사무실로 사용하기에는 비좁게 느껴졌다. 더군다나 티켓몬스터의 서비스가 급성장하면서 직원들도 빠르게 늘어날 것이 예상되었다.

　5월 말, 사무실을 알아보러 다닌 신현성이 숙소에서 가깝다는 이유로 청담동 뒷골목에 있는 허름한 사무실을 계약했다. 일단 늘어난 직원들이 넉넉하게 일할 수 있는 공간만 있다면 충분했다. 40평 남짓한 사무실은 공간이 복잡하게 나뉘어 마음에 드는 구조는 아니었지만 그런 걸 따질 때가 아니었다. 6월 초 집에서 사용하던 노트북과 프린터를 들고 간단한 이사를 했다.

엉성한 고객관리

창업자들은 고객관리Customer Service분야에도 지속적인 투자와 관심이 필요하다는 것을 체감하지 못했다. 그렇기에 고객관리에 경험이 없던 이지호의 친구 김명아를 담당 직원으로 채용했고 초기 3개월간 김명아는 모든 고객관리를 도맡아 했다. 그녀는 친구였던 이지호의 부탁으로 티켓몬스터 서비스 소개 동영상에 출연하면서 티켓몬스터와 인연을 맺었다.

초반에 티켓몬스터는 상품을 동영상으로 소개하는 것에 큰 공을 들였는데 그때마다 김명아는 동영상에 출연해주었다. 이른바 티켓몬스터의 여자 전속 모델인 셈이었다. 촬영을 위해 많은 시간을 티켓몬스터 사무실에서 보내면서 그녀는 여러가지 업무들을 도와주었다. 당시 대부분의 고객 문의는 이지호가 담당하고 있었는데, 입소문을 통해 고객이 늘어나고 문의 내용이 다양해짐에 따라 모든 것을 혼자서 소화해내기는 역부족이었다. 너무 일이 바쁠 때면 이지호는 사무실에 있던 김명아에게 전화를 대신 받아주기를 부탁했다

5월 중순, 그날도 모델이 필요하다는 연락을 받고 티켓몬스터 사무실에 나

와 있던 김명아에게 이지호가 물었다.

"명아야, 우리 회사에서 같이 일하는 거 어때? 너도 알다시피 우리 회사가 여자
들이 원하는 서비스를 팔아야 하는데 여자 직원이 없잖아. 네가 같이 일하면 좋을
것 같아."
"같이 일하자고? 내가 와서 무슨 일을 하면 되는데?"
"지금처럼 나를 도와주면서 고객들한테 걸려오는 전화를 받으면 돼. 주말이면 가
끔씩 지금처럼 촬영도 나가고."
"알았어. 생각해볼게."

다음 날부터 티켓몬스터로 출근한 김명아는 20여 통의 고객 전화에 응대하
는 것으로 수월하게 출근 첫날을 마쳤다.

그러나 그 다음 주부터가 문제였다. 판매했던 삼바그릴 서비스에 문제가
터지면서 고객들의 항의가 쏟아지기 시작한 것이었다. 이전까지는 하루에 20
통 걸려오던 것이 고작이었던 데 비해 하루 종일 2~3배가 넘는 전화가 몰리
기 시작했다. 받는 전화의 양만 늘어난 것이 아니라 걸려오는 전화의 성격도
이전과는 달랐다. 이전에는 쿠폰 사용 방법을 묻는 문의 전화였지만, 이제는
서비스에 불만을 가진 고객들이 화가 머리끝까지 난 상태로 전화를 거는 경우
가 대부분이었다. 김명아는 입사한 지 한 달도 안 되어 걸려오는 전화 때문에
노이로제에 걸릴 지경이었다. 심지어 자신의 휴대전화로 걸려오는 전화조차
도 받기가 싫어졌다.

고객 상담을 처음 해보는 김명아는 티켓몬스터 서비스에 대한 불만을 털어
놓는 고객들이 마치 자신에게 불만을 가진 것 같아 감정적으로 힘이 들었다.

더욱 심각한 것은, 티켓몬스터 오픈 후 회원수가 기하급수적으로 늘어났던 세 달 동안 고객 문의를 소화한 사람이 김명아 단 한 명뿐이었다는 점이다. 체계화된 고객센터 시스템이 존재하지 않아서 모든 것을 사람의 힘으로 해결해야 했던 상황이었다. 게다가 김명아는 고객 응대, 이른바 CS^{Customer Service} 업무를 해본 적이 없는, 티켓몬스터의 모델이었을 뿐이었다. 전화는 불통일 때가 많았고, 만족스러운 고객 응대란 불가능했다. 결국 '티켓몬스터의 고객 응대는 엉망'이라는 인식이 고객들 사이에 퍼져나가기 시작했다. 상황이 그렇게 악화될 때까지 다섯 명의 창업자들은 고객의 목소리를 잘 경청하고 불만을 해결하기 위해 노력하는 것의 중요성을 깨닫지 못했다. 티켓몬스터가 고객관리 조직을 본격적으로 강화한 것은 삼바그릴 사태가 발생한 지 다섯 달이 지난 10월이 되어서였다.

치킨에 맥주 내기, 경쟁이다

—

서비스를 시작한 이후 합류한 직원들은 대부분 영업에 투입되었다. 매일같이 고객들이 원하는 서비스를 제공하기 위해서는 탄탄한 영업력이 필수였기 때문이다. 창업자 중에서는 주로 김동현과 신현성이 영업을 주도했지만, 서비스 시작 이후 신현성은 티켓몬스터의 방향 설정과 벤처캐피털을 만나 투자 유치를 논의하는 데 시간을 더 많이 할애해야 했다.

당일 판매가 예정되었던 쿠폰이 판매 취소가 되는 응급상황이 발생하면 김동현과 신현성은 발 벗고 나서 영업을 메우곤 했다. 그러나 이들 또한 영업에 대한 특별한 노하우가 있는 것은 아니었다. 포기하지 않고 끝까지 진심을 다해 상점 주인과 소통하려는 노력만이 유일한 방법이었다. 결국 새로 들어온 직원들에게도 기초적인 방법 외에는 끈기를 가지고 열심히 하라는 말밖에 해줄 수 없었다.

6월에도 여전히 영업성과는 직원 개개인의 역량에 좌우되고 있었다. 영업성과에 따른 인센티브 제도가 존재하지 않는 상황에서 하루 종일 서울의 이곳저곳을 돌아다니며 영업을 하고 저녁에 숙소로 돌아와 그날의 결과를 보고하는 영업사원들에게 동기를 부여하기란 어려웠다. 창업자들에게는 '내가 영업을 못하면 티켓몬스터는 끝이다'라는 절박함이 있었지만 모든 직원들에게 절박함을 강요할 수는 없는 노릇이었다. 티켓몬스터에 대한 폭발적인 초기 반응을 이끌어낸 영업을 살려내기 위해서는 다른 접근 방식이 필요했다. 김동현이 현재의 상황을 솔직히 털어놓았다.

"영업에 투입된 직원들은 늘었지만 일별 성과가 들쭉날쭉이야. 성과관리도 필요하지만 영업에 대한 동기부여가 더 중요한 것 같아. 나는 그 방법을 잘 모르겠어."

"우리가 지금 직원들에게 무언가를 줄 수 있는 상황은 아니야. 차라리 지금보다 영업을 재밌게 하는 건 어떨까? 영업 팀을 나눠서 경쟁을 하는 거야. 개인별로 하는 것보다 재밌지 않을까?"

"팀으로 경쟁하자고? 별다른 보상도 없이?"

"응. 내키면 치킨에 맥주 내기라도 하지 뭐. 한번 해보자."

다음 날부터 창업자 다섯 명을 포함한 모든 직원들이 세 팀으로 나뉘어 한 달간의 영업 경쟁을 시작했다. 영업에 성공해서 계약서를 많이 갖고온 팀이 그날의 승자였다. 별다른 규칙도 상도 없었지만 팀원들끼리 모여 영업 작전을 짰고 밤이 되면 티켓몬스터의 숙소에 모여 그날의 성과를 발표했다. 시간이 지날수록 20대 젊은이들의 경쟁심에 슬슬 발동이 걸렸다. '너도 처음 해보고 나도 처음해본다'는 생각이 서로를 더욱 자극했다. 별다른 기술이 필요없었고 누가 더 끈질기게 포기하지 않느냐가 승패의 관건이었다. 쿠폰이 웹사이트에 올라가는 12시 이후에는 다 함께 호프집에 가서 진 팀이 이긴 팀에게 치킨과 맥주를 샀다. 그리고는 내 팀 네 팀 없이 새롭게 얻은 영업 노하우를 함께 나눴다. 낮에는 대부분의 직원이 영업을 나가 텅 비어 있던 숙소가 밤이 되면 하루 동안의 이야깃거리를 가져온 영업사원들로 인해 왁자지껄한 열기에 휩싸였다. 하루 종일 돌아다니느라 부어버린 다리를 연신 주무르면서도 각자 오늘 있었던 일을 이야기하기에 바빴다.

팀을 나누어 경쟁한 덕에 6월의 영업은 팽팽한 긴장감 속에서 질 좋은 서비스를 제공할 수 있었다. 팀 경쟁과 함께 직원들의 영업력을 끌어올린 장본인은 권기현이었다. 직원들이 영업해온 상품 모두를 티켓몬스터에서 판매할 수는 없었다. 일정 수준 이상의 상품의 질, 가격과 할인율, 예상 수요, 매장의 위치와 규모, 분위기와 지명도, 상점 주인의 자세 등이 상품의 판매 가능여부를 좌우하는 요인이었다. 티켓몬스터에서 어떤 상품을 판매해야 할지에 대해 가장 많이 고민하는 동시에 꼼꼼하면서도 날카로운 시각을 가진 권기현이 상품의 판매 여부와 시기를 결정하는 MD 역할을 맡았다. 상점을 상대로 영업에 성공해온 직원들은 회사로 돌아와 또 한 차례의 영업, 즉 권기현을 설득하는 과정을 거쳐야만 했다.

　권기현의 역할은 쉽지 않았다. 영업사원들이 매장에 열 번도 넘게 찾아가고 수십 통의 전화를 통해 성사시켜온 계약들도 서비스의 수준이 낮다고 여겨지면 가차없이 판매상품 후보에서 제외했다. 자칫하면 영업사원들의 감정을 상하게 만들 수 있는 역할이었다. 티켓몬스터 초기에 직접 영업을 했던 권기현은 직원들이 하루 종일 돌아다니면서 얼마나 힘들었을지 모르는 바가 아니었다. 그러나 상품의 판매 여부를 결정하는 것은 완전히 다른 문제였다. 사적인 감정을 철저히 배제한 채 객관적으로만 판단해야 했다. 상품의 질은 티켓몬스터의 신뢰와 직결되는 문제였기 때문이다.

　영업사원들은 자신이 성사시킨 계약 건이 판매후보에서 제외될 때면 그동안의 노력이 물거품 된다는 생각에 자존심이 상하기도 했다. 때로는 권기현이 너무 높은 잣대를 들이댄다며 불만을 가지기도 했다. 그러나 결국 엄격한 내부 심사과정을 통해 판매되는 상품들이 고객의 호응을 얻는 것을 눈으로 확인하면서 티켓몬스터에서 판매하는 서비스의 수준에 대한 확신을 가질 수 있었다. 팀 경쟁과 권기현의 까다로운 심사를 통해 영업 실력이 향상된 직원들은 티켓몬스터 안에서 더 큰 역할을 맡을 사람으로 성장하고 있었다.

든든한 지원군이 스스로 찾아오다

—

　서비스 오픈 당시 인원은 창업자 다섯 명과 인턴 두 명을 합해 총 일곱 명이었다. 그러나 매일매일 새로운 상품이 판매되자, 질 좋은 상품을 지속적으로 판매하기 위해서는 더 많은 영업사원이 필요했다. 판매 후 상점 관리와 고객 관리 등을 맡을 직원들도 마찬가지였다. 가능한 모든 방법을 사용해 채용을 시작했다. 사이트에 공지를 띄우기도 하고, 주변 지인에게 추천을 부탁하며 많은 사람들을 설득하고 회유했다. 하지만 20대 어린 창업자들이 좌충우돌하며 만들어가고 있는 회사의 그림을 함께 그려가겠다고 선뜻 나서는 사람을 찾기란 쉽지 않았다. 대부분의 사람들은 오히려 불가능한 계획이라며 창업자들을 말리거나 겁 없이 모르는 분야에 뛰어든 그들을 걱정하기 바빴다.

　창업자들은 앞으로의 가능성을 믿고, 과감히 티켓몬스터에 합류해준 소수의 친구들이 더욱 고마웠다. 초기 티켓몬스터에 합류한 이들은 번듯한 학벌을 가지기도 했고 직장을 다니며 보장된 미래를 향해 걸어가는 이도 있었지만, 손에 쥐고 있던 것들을 과감히 버리고 티켓몬스터로 발걸음을 돌린 배짱 두둑한 사람들이었다. 이들은 이룬 것보다 이뤄야 할 것이 더 많은 회사에서 하나하나 부딪혀가며 창업자들과 함께 성장했다.

　서비스를 시작하고 한 달이 지난 6월 11일, 다음 주에 판매될 상품들의 소개글을 쓰느라 권기현이 정신없는 하루를 보내고 있던 때, 익숙한 얼굴이 사무실 문을 열고 들어왔다. 권기현의 고등학교 동창인 김성겸이었다. 교환학생을 마치고 한국에 돌아오자마자 사무실에 놀러온 것이다.

"야, 성겸아. 지금 진짜 바쁜데 옆에 와서 일 좀 도와줘."

1년 만에 만난 김성겸에게 권기현이 건넨 첫마디였다.

"그래? 뭐하면 돼?"

김성겸은 권기현 옆에 자리를 잡고 앉아서 사진 편집을 도왔다. 정신없이 일을 도와주다보니 저녁 시간이 되었다. 저녁식사를 시킨 후에야 권기현은 김성겸과 제대로 된 인사를 나누었다.

"오늘 진짜 고맙다."
"별것도 아니었는데, 뭘."
"그런데 너 우리 회사에서 일해볼래? 회사라고 하기도 좀 그렇지만…… 사람들은 좋아."
"그럴까?"
"진짜? 너 일할 수 있어?"
"나 알잖아. 스무 살 때부터 길게 계획 안 세우고 사는 거. 너 도와주는 셈 치고 1년 정도 휴학하고 여기서 일하지 뭐."
"너 진짜다. 월요일부터 일하는 거다."
"알았다니까."

3일 후, 김성겸은 티켓몬스터 사무실로 출근하기 시작했다. 권기현은 김성겸이 함께 한다는 사실에 든든한 아군을 얻은 듯했다. 자신과 친한 사이이기 때문에 앞으로 즐겁게 일할 수 있을 거란 생각도 있었지만, 고등학교 때부터 가까이에서 지켜본 바로 그는 사람 마음을 이해하는 데 탁월한 재능이 있는 친구였다. 티켓몬스터의 직원들이 빠르게 늘어갈수록 이들의 말을 들어주면서 이끌어줄 매니저가 꼭 필요했는데, 창업자들 중에서 그런 역량을 갖춘 사람은 신현성이 유일했다. 권기현은 김성겸이 티켓몬스터에서 꼭 필요한 역할을 해줄 것이라 확신했다.

김성겸이 티켓몬스터 사무실의 정신없는 분위기에 적응해갈 때쯤, 잡지사 〈블로그 소울〉에서 일하던 김동윤은 인터넷에 올라온 구인 글 하나를 유심히 읽고 있었다.

'티켓몬스터에서 사람을 구합니다. 티켓몬스터에서 판매하는 서비스를 소개할 에디터를 구합니다.'

김동윤은 지난 달에 인터넷에서 화제가 된 티켓몬스터의 첫 번째 기사를 떠올렸다. 기사를 보면서 티켓몬스터라는 회사에 흥미도 있었지만 1년간 작은 잡지사에서 다양한 경험을 한 김동윤으로서는 에디터가 자신 있는 역할이기도 했다.

'한번 도전해볼까? 올해로 서른 살인데, 마지막 기회일지도 몰라.'

이메일을 보내고 3일 뒤 김동윤은 입사 인터뷰를 위해 티켓몬스터 사무실 근처의 카페에 앉아 있었다. 그때 어깨에 카메라를 메고 나온 권기현이 인사를 건넸다. 창업자들이 젊다는 건 알고 있었지만 예상을 뛰어넘는 수준이었다. 인터뷰 대상자인 자신은 정작 정장을 입고 있는데, 인터뷰를 하겠다는 사람은 클럽에서 마주칠 법한 옷차림이었다. 게다가 인터뷰를 하러 오는데 어깨에 걸친 카메라는 무슨 용도인지도 궁금했다.

"제가 오늘 상품 촬영을 하고 오는 길이거든요. 아직까진 제가 다 찍고 있어요, 허허."

카이스트 학생이라고 해서 지레짐작했던 '답답한 이미지'는 느낄 수가 없었다. 김동윤이 회사에 대해 물어보는 질문에도 꾸밈없이 솔직하게 이야기해 주었다. 느낌이 좋았던 김동윤은 인터뷰를 마치자마자 권기현에게 물었다.

"같이 사무실 한번 보러갈 수 있을까요?"
"당연하죠. 그런데 오셔도 모두들 바빠서 정신없을 텐데. 워낙 어지럽기도 하고요. 편할대로 하세요."

권기현을 따라 사무실에 들어서니 마침 문앞에 있던 김동현이 반갑게 인사를 했다. 그러나 김동윤에게 인사를 건넨 사람은 그뿐이었다. 마흔 평 남짓한 사무실에는 권기현 또래의 젊은이들이 모여 있었다. 서로 정신없이 떠들고 웃으면서 일하느라 누가 들어왔는지도 모르고 있었다. 김동윤은 그 순간 '바로 여기'라는 생각이 들었다. 다음 날 권기현에게 합격 연락을 받은 김동윤은 일주일 후, 〈블로그소울〉이 아닌 티켓몬스터로 향했다.

4월 말, 경남 진주에서 무가지 〈스프링타임〉의 대표를 맡아 운영하고 있던 하성원에게 전화 한 통이 걸려왔다. 평소에 친하게 지내던 형이었다.

"성원아. 네이트닷컴에 티켓몬스터라고 재밌는 회사 이야기가 기사로 났더라.
한번 찾아서 읽어봐."

"알았어."

하성원은 건성으로 대답했다. 원래 세상 돌아가는 일에 관심이 많은 형이
라 또 재미있는 기사 하나 읽어보라는 뜻이겠거니 하는 생각이었다. 다음 날
또 전화가 왔다.

"기사 읽어봤어?"

"아니. 아직 안 읽어봤어."

"좀 읽어보라니까. 그 사람들도 이제 막 사업을 시작해서 사람이 필요한 것 같은
데 너랑 잘 어울릴 것 같아."

"형, 무슨 소리야. 나 지금 〈스프링타임〉 잘 하고 있는데."

"일단 읽어보고 나서 말해."

기사를 찾았다. 펜실베이니아 대학에서 온 세 명과 카이스트를 다니던 두 명
이 만나 창업을 했다는 이야기였지만 아직 서비스는 시작도 안한 상태였다.

"이게 뭐야. 아직 서비스 시작도 안 했잖아."

〈스프링타임〉은 2009년 5월 창간호를 발간한, 갓 1년 된 잡지였다. 당시

하성원은 창업을 하고 싶은 마음에 여러 비즈니스 모델을 생각해보다가 무가지의 경영을 맡아달라는 지인의 부탁을 받고 좋은 기회라는 생각에 제안을 수락했다. 하성원의 첫 임무는 무가지에 실을 광고를 영업해오는 것이었다. 진주 지역 기반의 무가지인지라 모든 직원들은 진주에 내려가 있고 하성원 혼자 서울에 남아 대기업을 상대로 영업활동을 시작했다. 빌딩에서 문전박대 당하기를 수차례, 3개월에 걸친 시도 끝에 서울의 대기업이 아닌 진주에 내려가 지역상점들을 상대로 광고영업을 하기로 결정했다. 진주에 내려가자 영업의 성과가 나타나기 시작했다. 잡지를 창간한 지 1년이 지나면서 직원이 20명으로 늘어났고 광고 수주도 점차 안정적이 되어갔다. 그러나 무가지의 특성상 수익을 내기가 힘들었다. 하성원은 인력 채용 및 관리와 홍보가 열악한 진주 지역 회사들을 대상으로 HR컨설팅과 PR컨설팅을 해서 벌어오는 수익으로 직원들의 월급을 주고 있었다. 1년 동안 쉽지 않은 일들의 연속이었지만 대표로서의 역량을 빠르게 키워나갈 수 있었다.

4월 마지막 주, 카페에서 만난 형은 하성원에게 다짜고짜 티켓몬스터 이야기를 꺼냈다.

"너 티켓몬스터에 연락 안 해봤지?"

"기사는 읽어봤어."

"내가 그럴 줄 알았다. 그러지 말고 그 사람들한테 이메일 한번 보내봐."

"왜 자꾸 나한테 그 사람들이랑 연락하라고 해?"

"직감적으로 너랑 잘 맞을 거 같아서 그래. 이게 다 너 잘되라고 그러는 거야."

하성원은 마지못해 이메일을 보냈다.

'안녕하세요, 신현성 대표님. 저는 진주에서 무료잡지 〈스프링타임〉을 운영하는 하성원이라고 합니다. 지난 주에 난 기사를 보고 티켓몬스터에 관심을 갖게 되어 이메일을 보냅니다.'

이메일을 보내고 커피를 마시고 있는데 얼마 지나지 않아 바로 답장이 왔다.

'안녕하세요, 하성원 대표님. 저희와 함께 일하는 데 관심이 있으시다니 반갑습니다. 시간을 잡아서 한번 만나죠.'

다음 주말, 하성원은 신현성을 만나기 위해 서울로 향했다. 신현성이 알려준 위치는 티켓몬스터 사무실 겸 숙소 바로 앞에 있는 카페였다. 하성원은 미팅을 위해 말끔하게 정장을 차려 입고 서류가방에는 신현성에게 줄 〈스프링타임〉도 몇 권 넣어왔다. 약속장소에 허겁지겁 나타난 신현성의 차림새는 상상 이상이었다. 머리는 산발이었고, 후줄근한 티셔츠에 반바지, 쪼리를 신은 채였다. 하성원은 기겁했다.

자리에 앉아 티켓몬스터와 〈스프링타임〉의 제휴 이야기를 시작했지만 아직 티켓몬스터가 서비스를 시작하지 않아서 구체적인 이야기가 나오기 힘들었다. 두 사람은 어느정도 이야기를 하다가 가능성 없는 제휴 이야기를 접고 개인적인 이야기를 나누었다. 작은 회사의 대표를 맡고 있었기 때문에 비슷하게 느끼는 점들이 많았다. 그렇게 두 시간을 이야기하고 나서 서로의 성공을 빌며 헤어졌다. 하성원과 신현성은 그때까지도 함께 일하겠다는 생각을 하지 않았다.

진주에 돌아온 하성원은 티켓몬스터 서비스 오픈 이후로 매일매일 홈페이지를 방문해서 꼼꼼히 관찰했다. 사업의 수익성을 따져보기 위해 쿠폰 가격과 구매 인원을 토대로 일매출도 계산해봤다. 업종은 다르지만 자신도 회사를 운영하는 입장에서 티켓몬스터의 사업에 자연스레 관심이 갔다. 하성원이 혼자 내린 결론은 '이 사업은 지역 확장이 중요하다. 누구보다 빨리 확장해야 한다. 그리고 나라면 티켓몬스터에서 그 역할을 해낼 수 있다'는 것이었다. 비슷한 때에 신현성도 자신의 책상에 놓여져 있는 〈스프링타임〉을 보면서 하성원을 생각하고 있었다. 티켓몬스터의 빠른 성장을 위해서는 연륜 있고 공격적인 사람이 필요한데 곰곰이 생각해보면 지난번에 만난 하성원이 그런 사람 같았다. 5월 말, 하성원으로부터 전화가 걸려왔다.

"신현성 대표님. 하성원이에요."
"하성원 대표님. 저도 마침 전화드리려고 했어요."
"정말요? 그동안 티켓몬스터 홈페이지를 매일 들어가봤는데 같이 일해보고 싶어요."
"저도 사람을 뽑고 싶은데 하성원 대표님 생각이 나더라고요. 자세한 건 만나서 이야기하죠."

하성원은 〈스프링타임〉의 운영을 다른 사람에게 넘기고 서울로 올라왔다. 하성원은 다시 만난 신현성에게 자신이 대표로서 회사를 운영해봤고 티켓몬스터에서도 잘 해낼 자신이 있으니 직원이 아닌 파트너로 받아달라고 요구했다. 그러나 몇 번 만난 적도 없고 더군다나 함께 일해본 적도 없는 하성원이 파트너로 받아들여질 리 만무했다. 난색을 표하는 신현성에게 '곤란하다면 이후 성과를 보고 판단해달라'는 말과 함께 하성원은 티켓몬스터에 합류를 결정했다. 그는 자신 있었다.

7월 초, 사무실에 있던 신현성은 후배와의 저녁 약속이 생각나 허겁지겁 택시를 타고 강남역으로 달려갔다. 예약해놓은 식당에는 이미 임수진이 와 있었다. 신현성의 와튼 스쿨 후배인 임수진은 졸업과 함께 홍콩의 글로벌 금융회사에서 일을 시작하기로 한 상태였고, 한국에는 가족들과 시간을 보내기 위해 잠시 들어와 있었다. 주문한 음식이 나오고 식사를 시작할 때쯤 신현성이 조심스레 말을 꺼냈다.

"수진아. 너 8월에 일하러가기 전에 3주 동안만 우리 회사에서 같이 일하자. 지금 마케팅을 담당할 사람이 없는데 여자가 맡으면 좋을 거 같아. 너도 알다시피 우리 서비스가 20~30대 여자들이 주 고객이잖아."

"마케팅? 나 대학 다닐 때도 마케팅 수업 별로 안 좋아했던 거 알잖아."

"네 또래 여자들이 어떻게 하면 우리 서비스에 호감을 가질 수 있는지, 좋아하는 것들이 무엇인지 그냥 소비자 입장에서 생각하면 돼."

"음…… 3주? 알았어. 생각해볼게."

대학 시절부터 금융에 관심을 갖고 있었고 마케팅에는 전혀 관심이 없었던 임수진은 마케팅을 맡아달라는 신현성의 제안이 썩 내키지 않았다. 티켓몬스터의 서비스에 대해 정확한 이해도 없는 상태였다. 하지만 신현성에 대한 인간적인 신뢰 때문에 3주 동안만 일을 도와줘야겠다고 결심했다. 7월 9일, 임수진은 '마케팅 팀장'으로 티켓몬스터에서의 첫날을 시작했다.

임수진이 입사한 지 3일 뒤, 40명의 인턴이 들어오면서 정신없는 회사생활이 시작되었다. 자신도 마케팅을 잘 모르는데 마케팅 인턴 20명을 교육시키고 관리하라니 황당할 뿐이었다. 이제라도 인턴들보다 더 열심히 마케팅을 공부해서 그들에게 하나라도 더 알려주는 수밖에 없었다.

마케팅 팀장과 인턴들이라지만 모두 비슷한 또래의 대학생들이거나 갓 대학을 졸업한 사람들이었다. 함께 일한 지 일주일 만에 빠르게 친해져 매일매일 즐겁게 일할 수 있었다.

신현성과 처음 약속한 3주가 지나 임수진이 홍콩으로 떠날 날이 다가왔다. 신현성은 그때 다시 한 번 임수진에게 제안했다.

"수진아, 네가 좋은 회사에 취직한 거 알아. 대학시절부터 금융에 관심이 많았던 것도 알고. 그런데 우리랑 티켓몬스터를 한번 키워보지 않을래? 좋은 회사는 나중에도 들어갈 수 있지만 티켓몬스터를 키우는 경험은 지금 아니면 못하잖아."

임수진은 고민이 되었다. 한 달 전, 한국에 돌아올 때만 해도 지금쯤 홍콩의 금융회사에서 일을 시작하리라 믿었다. 본인뿐만 아니라 가족과 친구들 모두 그렇게 생각하고 있었다. 하지만 3주만 일하는 조건으로 와본 티켓몬스터는 회사라기에는 볼품없었지만 함께 일하는 사람들이 너무나 마음에 들었다. 전형적인 엘리트들이 한 명도 없었고 개성 넘치는 사람들이 모여 즐겁게 일하고 있었다. 마케팅은 자신이 대학시절 가장 싫어했던 과목 중 하나였지만 이 사람들과 함께 회사를 키워가고 싶었다. 임수진은 계획하지 않았던 새로운 길을 가기로 결심하고 티켓몬스터에 정식 직원으로 입사했다.

서울을 둘로 나누다

—

삼바그릴 판매에 대한 고객들의 불만이 잠잠해질 즈음, 창업자들은 서비스 지역을 확장하는 것에 대해 고민하기 시작했다. 서비스 시작 한 달 만이었다.

"서울을 둘로 나눠도 될까?"

티켓몬스터의 애초 계획은 2010년 말 서울을 강북, 강남으로 나눈 후 2011년에 본격적으로 수도권에 진출하는 것이었다. 그러나 서비스를 시작한 지 갓 한 달이 지난 2010년 6월, 매출과 회원 수는 예상치를 넘어 가파르게 상승하고 있었다. 게다가 티켓몬스터의 급성장으로 시장의 가능성을 확인한 대기업들이 비슷한 서비스를 시작하려 한다는 소문도 들리기 시작했다. 결단이 필요했다. 신현성이 단호한 어조로 말했다.

"다음 달에 서울을 강북과 강남으로 나누면 더 빠른 성장을 가져올 수 있을 거야. 원래 계획보다 훨씬 빠른 시점이긴 하지만 늦으면 안될 것 같아."
"서울을 둘로 나누면, 상품 하나당 구매 인원이 이전보다 줄어들지 않을까? 고객 서비스뿐 아니라 우리에게는 상점 관리도 중요하잖아. 상점이 불만을 갖는 건 더 큰 문제일 수 있어. 우리의 가장 큰 매력 중 하나가 광고 집중도인데 괜찮을까?"
"성윤아, 네가 어떤 부분을 걱정하는지 알겠어. 하지만 업체에게 광고 집중도가 중요한 만큼 고객에게는 상점의 접근성이 그에 못지 않게 중요해. 현실적으로 강북에 사는 고객이 강남의 상점을 방문하는 건 쉬운 일이 아니야."

신현성은 그동안의 고객 반응들을 떠올렸다. 매일 밤 12시, 그날의 쿠폰이 공개될 때마다 상점의 접근성 때문에 아쉬움을 토로하는 고객들이 많았다. 서비스 초기 티켓몬스터가 주로 공략한 강남 지역의 상점이 소개될 때면 강북 지역의 고객들이 '종로, 신촌, 홍대, 이태원 상점은 언제 소개되나요?'라고 게시판에 물어왔고, 강북 지역의 상점이 소개될 때면 강남 지역의 고객들은 '강남을 압구정, 강남, 삼성, 서초 등으로 나눠줄 순 없나요?'라며 지역을 더 세분화해줄 것을 요구했다.

토론 끝에 내린 결론은 서울을 강북과 강남으로 나눠 하루에 두 개의 상품을 판매할 시기가 왔다는 것이었다. 7월 5일을 목표로 정했다. 영업을 담당하고 있던 김동현은 더욱 바빠졌다. 하루에 두 개씩 쿠폰을 판매하려면 이전의 두 배에 가까운 영업량을 소화해야만 했다.

7월 4일, 밤 12시.

창업자들을 비롯한 티켓몬스터 직원들은 각자의 모니터를 초조하게 바라보고 있었다. 하루에 두 개의 쿠폰을 판매하면 매출이 두 배가 될 것인지, 쿠폰당 매출이 반토막이 날 것인지를 확인하는 시간이 다가온 것이다. 서비스 판매 개시와 함께 각 쿠폰의 구매인원이 늘어가기 시작했다. 24시간 후, 서울을 둘로 나눠 진행한 첫 날의 매출은 일일 평균 매출의 두 배에 가까웠다. 이로써 티켓몬스터의 결정이 옳았음이 확인되었다. 쿠폰의 접근성이 늘어날수록 구매하려는 사람들은 더욱 늘어났다. 이제 경기도로 넘어갈 차례였다.

직원 20명, 인턴 40명

—

　7월 5일 서울 지역을 강북과 강남으로 나누는 것을 시작으로 티켓몬스터는 본격적인 사업 확장 계획을 세우고 있었다. 회사가 커나가기 위해서는 더 많은 직원들이 필요한 것은 당연했다. 특히 영업인력은 절대적으로 부족한 상황이었다. 신현성이 고민 끝에 말을 꺼냈다.

　"직원을 더 뽑아야 돼. 서울을 둘로 나눈 이후에 다른 지역으로도 확장하려면 더 많은 사람이 필요할거야."

　신성윤이 걱정스런 투로 말했다.

　"지금 있는 자본금으로 더 많은 직원을 뽑는 건 힘들어."

　맞는 말이었다. 자본금 3억 원으로 시작했지만, 새로 사무실을 임대하는 데 든 비용과 삼바그릴에 소요된 비용을 합치면 벌써 자본금의 상당 부분이 지출된 상태였다. 이 상황에서 더 많은 사람들을 채용하기는 힘들었다. 또한 두 달 밖에 안 된 벤처가 그렇듯이 안정된 고용을 보장할 수 있는 처지도 아니었다. 창업자들도 경험이 많지 않아 새로 들어온 직원들에게 일을 가르쳐준다기보다 함께 성장해야 하는 입장이었다. 정식 직원을 채용하기에는 여러가지로 무리가 있었다. 신현성의 머릿속에 지금 상황에 맞는 답이 떠올랐다.

　"인턴 어때?"

"인턴? 대학생?"

"응. 대학생 인턴은 회사 입장에서도 일하는 입장에서도 부담이 덜하잖아. 인턴들은 돈을 벌겠다기보다는 경험을 쌓겠다는 생각일 테고. 우리도 많은 돈을 줄 수는 없지만, 다른 큰 회사에서 인턴으로서 할 수 없는 것들을 경험하게 해줄 수는 있잖아. 회사와 직원이 함께 커가는 경험."

"그래, 인턴이 좋겠다. 그런데 대학생들이 생긴 지 두 달밖에 안 된 회사에서 인턴을 하려고 할까?"

"해보면 알겠지. 의외로 뜻이 맞는 사람들이 있을 수도 있어. 일단 웹사이트에 공지를 올리고, 대학교를 돌면서 인턴 채용 설명회를 해보자."

그날부터 신현성은 발표자료를 준비하는 동시에 여러 대학교에 연락해서 인턴 채용 설명회를 진행할 수 있는지를 물었다. 몇 번의 연락 끝에 서울대학교, 연세대학교, 한양대학교, 중앙대학교에서 설명회를 위한 공간을 제공할 수 있다는 답을 얻었다.

급하게 준비한 탓에 중앙대학교의 경우는 홍보가 되지 않아 강당에 학생 단 두 명만을 앉혀 놓고 티켓몬스터의 인턴 프로그램에 대해 설명해야 했다. 하지만 신현성은 진심을 담아 열정적으로 강연을 해나갔다. 인턴 채용 설명회는 티켓몬스터와 함께 일하고 싶은 사람을 구하는 자리이기도 했지만, 티켓몬스터라는 서비스를 가장 적극적으로 알릴 수 있는 홍보의 장이기도 했다. 다른 사람들에게 티켓몬스터라는 회사를 설명하다보니 초기의 열정과 티켓몬스터에 대한 애정이 되살아났다. 신현성은 인턴 채용 설명회를 돌면서 티켓몬스터의 성공에 대한 스스로의 확신을 다질 수 있었다.

가장 호응이 뜨거웠던 곳은 의외로 서울대학교였다. 서울대학교 학생 중 많은 수가 졸업 후 대기업 입사, 국가고시 합격, 의·치대 진학 등 남들이 선망하는 길을 걷는다. 그러나 그중에는 자신의 선택이 아닌 주변의 시선이나 기대에 의해 결정된 경우도 있었다. 그들의 마음 깊은 곳에는 남들이 가지 않는 길을 가고자 하는 열망이 있었다. 티켓몬스터의 인턴 채용 설명회장은 그러한 열망을 가진 이들로 가득 찼다. 신현성의 발표가 끝나자 쉴 새 없는 질문이 이어졌다. 티켓몬스터는 그들에게 새로운 가능성을 열어줄 회사였다.

7월 12일, 40명의 인턴이 티켓몬스터 사무실에 첫 출근했다. 영업과 마케팅 인력이 많이 필요할 거란 생각에 인턴 40명을 채용했지만 당시 직원은 20명 남짓이었다. 직원보다 인턴이 많은 기이한 구조였다. 게다가 인턴을 뽑았지만 창업자들은 매일같이 닥치는 문제를 해결하느라 인턴 프로그램에 관심을 쏟기 힘들었다. 결국 6월 한 달간 폭풍 같았던 팀 경쟁을 거쳐 한 단계 성장한 직원들이 멘토로 선정되어 인턴들의 적응을 도왔다. 나이도 비슷하고 직원이라고 해도 인턴보다 한 달 먼저 입사한 이들인지라 멘토와 인턴들은 서로 친구같이 지내면서 성장을 도모했다. 인턴들도 스스로 부딪혀가며 배우는 데 열정적이었다. 창업자나 직원, 인턴 할 것 없이 티켓몬스터를 함께 만들어간다는 공감대가 형성된 덕이었다.

인턴들은 다양한 배경을 가진 사람들이었다. 대학도 상관없었고 전공, 학점들도 무관했다. 티켓몬스터를 함께 키워나가고 싶은 사람이라는 공통점만 있었다. 소위 명문대학교를 다니지만 남들이 걷는 길을 거부하고 새로운 길을 가고자 하는 사람들도 있었고, 지방대학생이라는 딱지로 인해 많은 기회를 박탈당한 채 새로운 기회를 찾아 티켓몬스터에 들어온 사람들도 있었다. 대부분 영업과 마케팅이 처음인지라 일처리가 서툴렀지만 기존의 직원들에게 노하우를 전수받으면서 빠르게 실력을 키워가고 있었다. 마케팅 인턴들은 주로 자신이 다니는 대학교나 동호회를 대상으로 티켓몬스터를 홍보하면서 색다른 마케팅 방안을 구상했다. 한번은 전체 직원 60명이 각자 지인을 한 명씩 데려와서 120명을 만들어 청계천 앞에서 플래쉬몹flash mob : 불특정 다수가 정해진 시간과 장소에 모여 주어진 행동을 하고 갑자기 흩어지는 것을 했다. 폴래시몹 영상을 유튜브에 올려 입소문 홍보를 하려고 했지만 효과가 크진 않았다. 인턴들은 재치 넘치는 아이디어들을 티켓몬스터 안에서 제한 없이 구현해보면서 티켓몬스터와 함께 자라나고 있었다.

첫 번째 인턴들의 마지막 프로젝트는 '티켓몬스터 런칭 100일 기념파티' 기획이었다. '인턴 프로그램 종료일'과 '티켓몬스터 런칭 100일'이 같은 날이었기 때문에 인턴들은 끝나는 날까지 기념적인 파티를 만들기 위해 밤을 샜다. 파티는 직원만이 아니라 고객들도 초대하기로 했다.

티켓몬스터는 서비스 런칭 후부터 고객들에게 친구 같은 느낌으로 다가가려고 했다. 이지호가 네이트온으로 고객들과 친구를 맺고 24시간 고객 상담을 하면서 상품에 관한 문의뿐만 아니라 함께 일할 것을 권유하기도 했다. 또한 사까나야 쿠폰이 예상보다 너무 많이 팔려서 판매 중단을 했을 때는 빗발치는 고객들의 항의에 창업자들이 직접 벌 서는 포즈를 취한 사진을 올려 고객들에게 웃음을 주기도 했다. 단순한 판매자와 구매자를 넘어 친밀한 관계를 추구해온 티켓몬스터의 창업자와 직원들이 고객들과 처음 만나는 자리인 만큼 의미있는 행사로 만들어야 했다.

파티는 티켓몬스터의 첫 쿠폰을 판매한 캐슬프라하 홍대입구 본점에서 열렸다. 양정원 본부장의 배려로 건물 한 층을 빌린 티켓몬스터는 우수고객 50명을 초대하여 음식과 와인, 맥주를 제공하고 고객들과 함께할 수 있는 프로그램을 진행했다. 워낙 잘 노는 티켓몬스터 직원들이었고, 그에 못지 않게 파티를 즐기는 고객들이 모인지라 즐거운 시간을 가졌다. 티켓몬스터의 첫 인턴들은 직원들과 고객들에게 잊지 못할 파티를 기획하면서 자신들의 인턴 프로그램을 마무리했다. 티켓몬스터는 눈에 띄는 성장과 열정을 보여준 15명의 인턴에게 정식 입사를 제안했고 15명 모두 티켓몬스터에 합류했다. 인턴을 뽑기 위해 설명회를 개최하고, 직원 수의 두 배가 넘는 인턴을 뽑아 업무를 가르치고 실전에 투입시키는 전 과정을 통해 창업자들은 조직을 운영하고 사람을 관리한다는 것의 의미를 배워나갔다. 하지만 아직은 조직관리에 대한 명확한 개념이 없는 상황이었다.

런칭 5개월, 벌써 두 번째 이사 가다
—

6월 초, 새로운 직원들이 합류하면서 스무 명으로 늘어난 직원들이 일하기에 청담동 사무실은 그리 나쁘지 않았다. 그러나 7월에 인턴 프로그램을 시작하면서 40명의 인턴들이 사무실로 들이닥치자 일대 혼란이 일어났다. 서 있을 공간도 없을 만큼 많은 사람들이 있었기 때문에 미팅을 사무실 근처 카페에서 진행할 때가 많았다. 8월 말 한 달간의 인턴 프로그램이 끝나고 정식직원으로 입사한 15명이 더해지자 총 직원수는 40명이 되었다. 40평 남짓한 공간에 40명이 있다보니 도저히 정상적인 배치로는 일하는 것이 불가능했다. 의자에 앉아 책상에서 일할 수 있는 사람은 그나마 행운이었고, 사무실 소파에 앉아 무릎에 노트북을 올려놓고 일하는 직원들도 많았다. 밥을 먹을 때에는 짜장면과 짬뽕을 30~40그릇씩 주문해 한 테이블에 주욱 깔아놓고 한꺼번에 식사를 했다. 의자가 모자라 남자들은 바닥에 앉아 밥을 먹거나 생수통을 의자 삼아 밥을 먹기 일쑤였다.

더 넓은 사무실이 필요하다고 결론을 내린 10월, 권기현은 사무실을 알아보러 강남 일대를 다녔다. 역삼동 강남파이낸스센터 뒷골목에 있는 5층 건물이 눈에 들어왔다. 처음에는 한 층만 사용해도 충분하겠다 싶어 5층만 계약했다. 10월 말, 티켓몬스터 직원들은 청담동 사무실을 정리한 후에 역삼동 사무실로 이사했다. 청담동 사무실에 비하면 조명도 밝고, 회의실도 여러 개인 쾌적한 환경이었다. 하지만 바로 한 달 후에 벌어질 상황을 아무도 예측하지 못했다.

부산에 간 티켓몬스터

—

6월, 〈스프링타임〉의 대표였던 하성원의 첫 출근은 티켓몬스터의 청담동 사무실이 아닌 워크숍 장소였다. 워크숍에서 하성원은 신현성 외의 다른 사람들을 만날 수 있었다. 자신도 직원 스무 명 남짓한 회사를 운영해봤지만 티켓몬스터는 훨씬 더 자유로운 분위기였다. 창업자인 권기현, 김동현과 밤새 이야기를 하고 나니 '제대로 찾아왔다'는 느낌이 들었다. 틀에 얽매이지 않고, 자신의 일에 열정적인 이들과 함께라면 이 회사를 무한정 키워갈 수 있을 거란 생각이 들었다.

생각을 했으니 행동으로 옮길 차례였다. 하성원은 신현성에게 뜻밖의 제안을 했다.

"지금 서울 지역을 강북, 강남으로 나눌 준비를 하고 있다고 했죠? 다음 단계는 서울이 아닌 다른 지역 확장이겠네요."

"네. 강북 지역과 강남 지역의 매출 상황을 보고 수도권으로 확장할 생각이에요."

"그걸로는 부족해요. 제일 먼저 부산에 진출해야 돼요."

"부산이요? 거긴 너무 멀어요. 수도권에서부터 점차 늘려가도 돼요."

"아니요. 제 생각엔 동시에 해야 돼요. 수도권으로 넓혀가는 동시에 광역시의 서비스도 시작해야 해요."

"벌써요?"

"네. 다른 업체들도 분명히 달려들 거예요. 제가 부산을 맡을게요."

"성원 씨가 부산 확장을 맡는다고요? 부산을 잘 알아요?"

"아뇨, 부산에 가본 적은 없지만 일단 해봐야죠."

"음…… 알았어요. 일단 성원 씨 말대로 계획을 세워보죠."

서로를 알아갈 틈도 없이, 무작정 티켓몬스터의 지역 확장을 주장하고 부산지역을 도맡겠다는 하성원을 신현성은 완벽하게 신뢰할 수는 없었지만 다른 사람은 엄두도 내지 못하는 일을 왠지 이 사람이면 해낼 수 있을 거라는 막연한 기대감이 들었다. 문제는 다른 이들이 하성원을 믿고 지지해주느냐였다.

워크숍이 끝난 후 하성원은 2주간 티켓몬스터 사무실에 출근해 업무 프로세스를 익히는 데 힘썼다. 직접 영업을 해보면서 상점들의 반응을 살폈고, 사무실로 돌아와 소개자료를 작성하는 것을 유심히 보고 매뉴얼을 정리했다. 2주가 지나자 영업과 MD업무에서부터 고객관리까지, 전체 과정을 파악할 수 있었다. 하성원은 신현성에게 말했다.

"티켓몬스터의 업무 프로세스를 모두 익혔어요. 이제 부산에 내려갈게요."

"성원 씨, 일주일만 더 있다가 내려가요."

"왜요?"

"그동안 일 배우는 데만 신경썼잖아요. 직원들이랑 친해졌어요?"

"아뇨, 그럴 시간은 없었어요."

"어차피 부산에서 서비스 오픈하려면 서울 사무실의 도움을 많이 받아야 할 거예요. 저는 성원 씨가 잘 해낼 거라 믿지만 우리 직원들은 아직 성원 씨에 대해 잘 몰라요. 서로 잘 모르는 상태로 부산에 내려가면 아마 도움받기 힘들 거예요. 조금만 속도를 늦추고 친해지는 시간을 가졌으면 해요."

하성원은 아차 싶었다. 티켓몬스터에 출근한 이후 한시라도 빨리 부산에 내려가 신현성에게 자신의 능력을 보여주고 싶다는 생각에 일을 배우는 데만 온 신경을 쏟은 나머지 다른 이들과의 관계는 고려하지 않은 것이 사실이었다. 그러나 아무리 하성원이 혼자서 부산 사무실을 꾸려나간다고 해도 초기에 서울 사무실의 도움 없이는 해낼 수 없는 노릇이었다. 서로 잘 모르는 사이라면 서울과 부산의 서비스는 교류 없이 제각기 진행될 것이 뻔했다. 그는 서울 본사와 부산 사무실의 소통이 원활할 수 있도록 조언을 해준 신현성에게 고마움을 느꼈다. 그리고 일주일 동안 직원들과 밤 늦게까지 시간을 보냈다. 서울 사무실에서 3주를 보내고 난 7월 초, 하성원은 실력 있는 영업사원 노경표, 전대현과 함께 부산으로 향했다.

부산에 연고가 없던 세 사람은 우선 부산의 젊은이들이 가장 많이 모인다는 번화가, 서면으로 향했다. 그리고는 지나가는 20~30대 여성들을 붙잡고 물었다.

"여기서 가장 인기 있는 레스토랑이 어디인가요?"
"근처에 고급 미용실이 있나요? 네일케어숍은요?"

서면 한복판에서 하루 종일 묻고 또 묻기를 반복하던 이들은 지나가는 사람들에게 물어 알게 된 상점에 들어가 영업을 했지만 아직 티켓몬스터에 대해 들어본 업주는 한 사람도 없었다. 인터넷 검색을 통해 입소문이 난 상점들을 찾아가기도 했지만 상황은 마찬가지였다. 높은 벽에 부딪힐수록 이들의 도전의욕은 불타올랐다. 하성원은 물론 나머지 두 사람도 자존심을 걸고 달려들었다. 초기에 부산 시민들의 이목을 집중시킬 만한 서비스를 제공해서 확실한 입소문 효과를 얻는 것이 이들의 목표였다.

첫날 판매할 쿠폰의 타깃이 정해졌다. 해운대에 위치한 고급 이탈리안 레스토랑 '벨라치타'의 11품 코스요리였다. 처음, 노경표와 전대현이 벨라치타에 찾아가 가장 인기 있는 코스요리를 50퍼센트 할인해서 판매하자는 말을 꺼내자 벨라치타의 사장님은 지금 장난하는 거냐고 답했다. 시작을 했으니 이제부터는 누가 더 끈질기게 상대방을 설득하느냐가 관건이었다. 7월 한 달간 열 번 넘게 벨라치타를 찾아갔다. 매일매일 업데이트되는 티켓몬스터의 서울 지역 쿠폰 판매 상황과 검증된 입소문 효과를 보여주는 수밖에 없었다. 끈질긴 설득 끝에 벨라치타의 사장님도 결국 계약서에 사인을 했다. 그러나 하성원의 욕심은 여기서 끝나지 않았다. 7만 7천 원인 코스요리는 50퍼센트를 할인한다고 해도 3만 원이 넘는 가격이었다. 고객들에게 부담스러울 수 있었다. 다시 한 번 벨라치타를 찾아간 하성원은 수수료를 포기할 테니 3만 원 이하의 가격으로 판매하자는 마지막 제안을 했다. 벨라치타의 사장님은 하성원의 끈기에 두 손을 들고 그 제안을 받아들였다.

8월 9일, 드디어 티켓몬스터 부산 첫 상품인 '벨라치타 11품 코스요리'가 62퍼센트 할인된 2만 9,500원에 판매되었다. 부산 시민이라면 한번쯤 가보고 싶었던 레스토랑 벨라치타의 쿠폰은 오후가 되기 전에 전체 쿠폰 700장 매진을 기록했다. 성공적인 지역 오픈이었다. 둘째 날 판매한 찰스버거의 '수제버거 세트' 또한 매진되었다. 끈질긴 영업으로 뜨거운 호응을 이끌어낸 부산 지역의 서비스는 서울에 있는 창업자들과 직원들을 자극했다. 이후로도 부산 지역의 성과는 신현성을 비롯한 창업자들의 기대를 훨씬 뛰어넘는 수준이었다.

1차 투자 유치가 시작되다

첫 투자 협상의 어려움

—

벤처캐피털(이하 VC^{Venture Capital})로부터 연락이 온 건 티켓몬스터 서비스가 시작된 지 일주일이 지나서였다. 3일째 되던 날, 티켓몬스터에서 진행한 사까나야 초밥 뷔페 쿠폰이 낮 12시에 매진되었다는 소문이 이들의 귀에 들어간 것이었다.

VC는 벤처 기업에 투자금을 대고 지분을 소유하는 형태로 수익을 창출한다. 투자 전 기업가치가 40억 원으로 평가되고, VC가 10억 원을 투자하면 해당 기업지분의 20퍼센트(10억 원/50억 원)를 VC가 소유하게 된다. 10억 원을 투자했을 때는 50억 원의 가치를 지닌 기업의 지분을 20퍼센트 소유할 수 있지만, 100억 원의 가치를 지닌 기업의 지분은 10퍼센트밖에 소유하지 못하게 된다. 이때의 기업가치는 현재 매출은 물론 향후 2~3년간의 수익 창출 능력을 기반으로 계산되므로, 폭발적인 성장이 기대되는 기업의 경우 초기에 투자하는 것이 지분 확보에 유리하다. 빠른 성장속도를 보이는 회사의 경우 대부분의 VC들이 투자를 빨리 진행하기 원하는 이유가 바로 이 때문이다.

VC와의 만남은 매번 숙소 앞 카페에서 이루어졌다. 미팅 장소가 여의치 않았기 때문이었다. 신현성은 이전에 한 번도 VC를 만나본 적이 없었기 때문에 사업을 어떻게 시작하게 되었는지, 창업자들은 어떻게 만나게 되었는지, 현재 사업 진행은 잘되고 있는지 등 가벼운 이야기만을 나누고 헤어졌다.

투자를 유치하기 위해서 VC와 신현성은 서로를 더 알아가는 시간이 필요했다. 티켓몬스터 웹사이트 트래픽과 매출이 증가하던 5월 한 달 동안 스톤브릿지캐피탈Stonebridge Capital, KT 창업투자, 스카이레이크인큐베스트Skylake Incuvest, 소프트뱅크벤처스Softbank Ventures 등 쟁쟁한 VC로부터 연락이 잦아졌다. 이들 모두 별다른 마케팅 없이 빠른 성장을 보이는 티켓몬스터에 매력을 느끼고 있었다.

신현성은 VC를 만날 때면 사업에 대한 핵심 성공요소만을 언급했다. 품질 높은 서비스, 50퍼센트 이상의 할인율(소비자들이 매력을 느낄 만한 수준) 그리고 빠르게 진행하고 있는 지역 확장. 티켓몬스터는 이 세 가지를 누구보다 잘 해낼 자신이 있었다. 이는 마치 공부를 잘하기 위해서는 국·영·수가 가장 중요하고, 그 누구보다 국·영·수를 잘할 자신이 있다는 것처럼 당연한 말이었다. 하지만 신현성의 이야기는 사업에 대한 명확한 이해에 기반한 것이었다. 데일리딜 서비스는 사업 모델이 단순한 만큼 구현하기도 쉽기 때문에 아이디어보다는 실행력이 우선이었다. VC 앞에서 꺼내는 번지르르한 말보다 자신이 세운 계획을 얼마나 충실히 실행할 수 있는지가 이 사업의 성공과 실패를 가르는 핵심이었다. 실제로 티켓몬스터는 창업 초기 계획을 초과달성할 만큼 뛰어난 실행력을 가지고 있었다.

여러 VC와 만남을 거듭할수록 신현성에 대해 호감을 가지는 이들과 그렇지 않은 이들로 확연히 나뉘었다. 창업자들의 이전 경력이나 시장에 대한 방대한 조사를 중요시하는 VC들은 신현성과 티켓몬스터에 대해 의구심을 가졌다. 신현성의 단순한 논리와 강력한 실행력, 간단명료한 접근법에 호감을 가진 VC들은 투자를 빨리 진행하고 싶어했다. 그중에서도 가장 적극적인 VC는 스톤브릿지캐피탈의 박지웅 심사역이었다.

당시 그는 인터넷, 모바일, 게임 산업에 걸쳐 18개 기업에 투자해 250억 원 규모의 포트폴리오를 운영하고 있었다. 박지웅 심사역은 2009년 하반기에 관심을 가지게 된 데일리딜 서비스가 한국에서 가능성이 있다고 생각해 투자 기회를 찾던 중 런칭을 준비하고 있는 티켓몬스터를 만났다. 그 당시에는 티켓몬스터가 투자 유치를 하고 있는 상황이 아니었기 때문에 신현성이 가진 사업에 대한 생각과 티켓몬스터 창업 멤버들에 대한 이야기를 들을 수 있었다. 박지웅 심사역은 성공을 위한 핵심요소만을 말하고 실행력을 강조하는 신현성의 가치관이 마음에 들었고, 티켓몬스터가 충분히 성장 가능성이 있다고 믿게 되었다.

티켓몬스터에 투자 의향을 밝힌 박지웅 심사역을 포함한 VC들과의 협상은 빠른 속도로 진척되었다. 보통의 벤처 기업들은 처음에는 완만한 성장을 하다가 어느 시점에서 급격한 성장을 하기 마련이지만, 티켓몬스터의 경우에는 서비스 오픈 3일 만에 폭발적인 성장의 기점을 마련해서 VC와 만났을 때는 이미 빠른 성장 국면에 접어들어 있었다. VC들은 만날 때마다 급성장하고 있는 티켓몬스터를 보면서 빠른 시일 내에 투자 협상을 마무리하고 싶어했다.

5~6월에 걸쳐 신현성은 동시에 여러 VC들과 본격적인 투자 협상에 들어 갔지만 투자 유치 경험이 없었던 탓에 실제 투자 조건과 세부 계약사항에 대해 판단하는 능력이 부족했다. 투자 제안서는 투자 금액과 지분에 관한 사항뿐만 아니라, 회사를 성공적으로 기업공개IPO하거나 인수합병M&A했을 때 투자금 회수에 관한 조항, 최악의 경우 회사가 부도 났을 때 투자금 회수에 관한 조항 등 처음 접하는 사람은 한 번에 이해하기 쉽지 않은 조항들 투성이었다. 신현성은 여러 VC와 협상을 진행하면서도 이 투자 조건이 과연 티켓몬스터를 운영하는 데 이득이 될 조건인지 확신할 수 없었다. 티켓몬스터에 도움이 될 만한 투자 조건을 제시해줄 누군가가 필요했다.

대니얼, 투자제안서를 보내다
—

신현성은 한국에 온 이후로 와튼 스쿨 동기이자 뉴욕에서 함께 방을 쓰던 대니얼 프랜시스Daniel Francis와 이메일을 주고받고 있었다. 대니얼은 트위터를 비롯한 글로벌 투자 포트폴리오를 가진 세계적인 VC, 인사이트벤처파트너스Insight Venture Partners(이하 IVP)의 직원이었다. 신현성은 티켓몬스터 서비스를 시작한 이후로 자신의 근황을 전하는 이메일에 매출과 회원 수의 성장 그래프를 첨부하여 보내주곤 했다. 맥킨지를 그만두고 한국에 간 신현성의 사업이 잘되는지 대니얼이 궁금해했기 때문이었다.

신현성이 열 개가 넘는 VC들과의 협상에 지쳐 있던 6월 초, 대니얼로부터 파일이 첨부된 이메일 한 통이 와 있었다. 투자제안서[Term sheet]였다. 신현성은 뉴욕에 있는 대니얼에게 바로 전화를 걸었다.

"대니얼, 어떻게 된 일이야? 투자제안서라니?"

"네가 그동안 보내준 티켓몬스터의 성장 그래프를 상사한테 한번 보여줬는데 꽤나 인상적이었나봐. 네가 보내준 자료 외에 추가 검토를 진행했어. 그리고 투자를 진행하기로 결정했어."

"정말이야? 그동안 IVP는 주로 미국 내 회사에 투자하지 않았어? 한국에는 투자한 적도 없는 걸로 아는데."

"우리도 아시아 지역 포트폴리오를 점점 넓히려고 해. 아무튼 내가 보낸 투자제안서 검토해보고 연락 줘."

5월, 대니얼과 이야기를 나누던 상사는 한국의 티켓몬스터에 관한 흥미로운 자료를 보게 되었다. 세계적으로도 데일리딜 서비스가 주목을 받고는 있지만 근래 보기 드문 성장속도를 보여주는 벤처 기업이었다. 자료를 본 상사는 티켓몬스터에 대해 관심을 갖고 창업자들에 대한 조사를 시작했다. 가장 먼저 신현성이 근무했던 맥킨지 뉴욕 사무실의 최고 책임자와 연락을 했다. 신입 컨설턴트였던 신현성이 맥킨지의 최고 책임자와 함께 일한 적이 있을 리 만무했지만 신현성에 대한 기본적인 정보를 얻을 수 있을까 하는 생각에서였다. 하지만 그는 신현성을 기억하고 있었다. 딱 한 번, 최고 책임자의 사내 발표 준비를 신현성이 도운 적이 있었던 것이다. 맥킨지 뉴욕 사무실의 최고 책임자는 신현성을 성실하고 일처리가 확실한 사람으로 기억하고 있었고, IVP

측에 신현성에 대한 긍정적인 평가를 전했다. 티켓몬스터의 인상적인 성장 그래프에 매력을 느끼고 있던 IVP가 투자를 결심하는 데 이는 결정적인 도움을 주었다. 그리고 6월 말, 대니얼이 보낸 IVP의 투자제안서는 신현성의 손에 들어와 있었다.

신현성은 놀란 마음을 가라앉히고 투자제안서 파일을 열었다. 투자 조건은 놀라웠다. 단 한 번의 협상도 진행하지 않았는데, 다섯 번 넘는 VC들과의 협상을 통해 작성한 그 어떤 제안서보다 티켓몬스터에게 유리한 계약 조건이었다. 신현성은 기쁜 마음에 김동현, 권기현, 신성윤 그리고 이지호를 불렀다.

"이제 우리에게 유리한 상황이야!"

거실 테이블 한가운데 IVP의 투자제안서를 놓고 다섯 명이 밤을 새우며 토론한 끝에 내린 결론은 IVP의 투자 조건이 티켓몬스터에게 유리하지만 한국의 VC와 공동 투자를 받는 것이 좋겠다는 것이었다. 티켓몬스터 창업자들 모두 한국 시장에서의 벤처 경험이 부족한데다 도움받아야 할 VC마저 한국 시장에 익숙하지 않다면 향후 성장에 걸림돌이 될 수 있다는 점이 주효하게 작용했다. 한국 시장에 익숙한 VC의 공동 투자가 꼭 필요했다. 신현성은 다음 날부터 계속되는 VC들과의 미팅에 IVP로부터 제안받은 투자제안서를 가지고 나갔다.

"티켓몬스터는 IVP로부터 투자를 제안받았습니다. IVP를 리드 투자자 Lead Investor 로 하여 같은 조건으로 공동 투자를 받고 싶습니다."

IVP와 같은 조건의 공동 투자를 제안했을 때 난색을 표한 VC들도 있었다. 해외 VC가 리드 투자자로 참여한 투자 건에 공동 투자하는 것을 꺼리는 경우도 있었고, IVP의 투자제안서 조건이 티켓몬스터에 유리하다고 생각하는 경우도 있었다. 스톤브릿지캐피탈의 박지웅 심사역은 공동 투자에 대해 열린 생각을 가지고 있었고, 적극적인 투자 의사를 밝혔다. 이로써 티켓몬스터 창업자들은 모두 성공적인 공동 투자 유치를 확신하고 있었다. 세계적인 명성을 가진 글로벌 VC와 한국 시장을 잘 아는 한국 VC로부터 좋은 조건에 투자를 받는 최상의 시나리오가 펼쳐지고 있었다.

그러나 법률실사 중에 IVP와 스톤브릿지캐피탈로부터 날벼락 같은 이야기를 듣게 되었다. 상표권이 해결되지 않으면 투자를 진행할 수 없다는 이야기였다. 티켓몬스터의 상표권이 1차 투자의 쟁점으로 떠올랐다.

상표권 분쟁, 기업가치는 2배 상승
—

2010년 4월 20일, 첫 번째 기사가 실리면서 '티켓몬스터'라는 이름이 대중에게 알려졌다. 그 당시 창업자들은 먼저 상표권을 출원한 후에 이름을 공개해야 한다는 생각을 못하고 언론에 먼저 공개하는 초보적인 실수를 저질렀다. 4월 29일, 당시 소셜 커머스 서비스를 준비하고 있던 A 씨는 티켓몬스터의 상표권을 먼저 출원했다. 게다가 티켓몬스터 서비스 오픈 다음 날인 5월 11일, 티켓몬스터의 캐릭터까지 병합해 출원을 진행했다. 이같은 사실을 모르고 있던 창업자들은 서비스를 시작한 지 보름이 지난 5월 25일, 특허청에 상표권

출원 신청을 했다. 그러나 이미 캐릭터를 포함한 상표권이 출원 심사중인 상태였다. 티켓몬스터의 브랜드가 타인에 의해 이미 선점되어 있었던 것이다.

미국의 상표권 제도가 사용자에게 우선권을 주는 반면에 한국의 제도는 누가 먼저 출원을 했는지를 법적 우열의 기준으로 삼는, 선출원주의를 따르고 있다. 티켓몬스터가 상표를 먼저 사용하고 있더라도 상대방이 먼저 상표 출원을 했다면 티켓몬스터로서는 상표의 권리를 주장할 수 없는 셈이다. 한국 사정에 미숙한 이들이 저지른 실수였다. 그러나 어쩔 수 없었다. 티켓몬스터의 미래를 위해서는 협상을 통해 상표권을 되돌려 받아야 했다.

A 씨는 협상 초기 티켓몬스터가 자사의 마케팅을 대행해주면 상표권을 돌려주겠다고 주장했다. 티켓몬스터는 상표권을 돌려받기 위해 이메일, 문자, 합동 프로모션 등 마케팅 대행을 위한 20여 가지의 조항이 포함된 계약서를 작성했다. 계약을 이행하지 못할 시 A 씨에게 위약금을 지급한다는 조항도 포함되었다. 그러나 막상 티켓몬스터가 계약사항을 이행하기 위해 마케팅에 필요한 정보를 A 씨에게 요청하자 그는 묵묵부답이었다. 또한 A 씨와 작성한 계약사항에는 티켓몬스터 측이 자사의 고객을 상대로 A 씨 회사의 광고성 문자 메시지를 대행하는 것도 포함되어 있었다. 티켓몬스터 측은 A씨와의 계약 이행 차원으로 고객들에게 문자 메시지를 발송했다. 그러나 자사의 고객을 상대로 타사의 홍보성 문자 메시지를 발송하는 것은 사실상 소비자보호법에 저촉되는 행위였다. A 씨는 티켓몬스터가 법을 위반했다며 위약금을 지불할 것을 요구했다.

티켓몬스터는 상표권과 캐릭터를 돌려받지 못할 경우를 대비해서 8월 14일 새 이름 공모이벤트를 진행했다. 티켓몬스터(티몬)라는 브랜드가 지난 3개월간 네티즌들에게 많이 알려졌고, 사용자와 회사 모두 애착을 가진 상태였기 때문에 브랜드를 바꾸는 일은 쉬운 문제가 아니었다. 그러나 만약의 사태에 대비해야 했다. 티켓몬스터는 홈페이지에 '티몬을 살려주세요'라는 새 이름 공모 이벤트를 진행했다. 공모 이벤트를 통해 정한 새 이름은 '티켓구루(티구)'였다. 첫 번째 실수를 반복하지 않기 위해 이름, 캐릭터를 즉시 상표 출원했다. A 씨는 티켓몬스터가 이 이벤트를 진행하면서 '타 업체가 티켓몬스터의 상표권을 선점했다'라는 어구를 사용함으로 해서 네티즌이 자사를 비방하기 시작했다며 명예훼손을 주장했다. 신현성은 IVP와 스톤브릿지캐피탈에 연락했다.

66 상표권을 되찾기 위한 협상은 계속하고 있습니다. 그러나 예상을 벗어나는 상대방의 행동으로 협상이 언제 마무리될지는 예측하기 힘듭니다. 티켓몬스터는 협상이 결렬될 것을 대비하여 공모를 통해 정한 새로운 브랜드와 캐릭터를 상표 출원하였습니다. 최악의 경우 브랜드 교체가 필요할 수 있습니다. 많은 노력이 필요하겠지만 티켓몬스터는 잘해낼 자신이 있습니다. 앞으로 상표권에 대한 문제는 저희에게 맡겨주시고, 1차 투자를 속히 진행했으면 하는 바람입니다. 99

웹서비스는 인터넷 주소와 브랜드가 생명이다. 소비자에게 각인된 브랜드명은 그 자체만으로도 대단한 마케팅 효과를 갖고 있다. 브랜드 가치를 위해서 각 기업들이 수십억 원의 비용을 기꺼이 지출하는 이유가 바로 그 때문이다. 티켓몬스터는 소셜 커머스 업계에서 독보적인 브랜드 가치를 지니고 있는 회사였다. IVP와 스톤브릿지캐피탈 모두 상표권 협상이 마무리된 후 투자하기를 원한 것은 어찌 보면 당연한 일이었다. 그러나 티켓몬스터의 성장은 시간이 지날수록 폭발적인 수치를 보였다. IVP와 스톤브릿지캐피탈은 상표권이 해결되지 않은 상태에서 투자를 진행하기로 결정했다. 이때 신현성은 IVP에게 연락하여 중요한 제안을 한다.

> **티켓몬스터를 믿고 투자해주시니 감사합니다. 그러나 상표권 협상 때문에 투자가 미뤄졌던 두 달 동안 티켓몬스터의 매출과 그에 따른 기업가치가 급성장했습니다. 두 달 전에 작성한 계약서와는 다른 계약 조건이 필요합니다.**

IVP 측으로서는 당황스러운 상황이었다. 이미 작성된 투자계약서를 재조정해달라는 것은 이례적인 제안이었기 때문이다. IVP는 신현성에게 답을 돌렸다.

"어느 정도의 조건 수정이 필요한가요?"
"현재 티켓몬스터의 기업가치를 두 달 전의 두 배로 책정하는 것이 적합하다고 생각합니다."

기업가치 두 배 상승. 파격적인 상향 조정이었다. 그러나 두 달간의 매출 성장과 회원 수 증가를 토대로 하면 근거 있는 수치였다. IVP는 제안을 받아들였다. 신현성은 스톤브릿지캐피탈에게도 동일한 제안을 했다. 스톤브릿지캐피탈 내부의 반대가 거셌다. 이미 내부 승인을 마친 투자심의 건에 대해서 기업가치를 두 배로 조정해서 다시 진행하는 것은 유례없는 일이었기 때문이다. 또한 유형자산이 없고 서비스를 시작한 지 세 달 남짓한 인터넷 서비스 회사에 이렇게 높은 기업가치로 투자를 한다는 것은 모험이라는 의견이 있었다. 그러나 박지웅 심사역은 티켓몬스터에 대한 투자가 앞으로 더욱 큰 가치를 만들어낼 수 있을 거라는 굳은 믿음이 있었기에 뚝심 있게 밀어붙쳤다. 세계적으로 명성이 높은 IVP와의 공동 투자도 티켓몬스터의 성공 확률을 충분히 높일 수 있는 근거였다.

스톤브릿지캐피탈은 결국 조정된 안대로 투자를 진행하기로 했다. 9월 6일 확정된 투자계약에서 IVP는 24억 원, 스톤브릿지캐피탈은 8억 5천만 원을 투자하였다. 상표권 분쟁이 가져온 새옹지마였다. 7~8월 두 달 동안 어처구니 없는 실수로 인해 대가를 톡톡히 치뤘지만, 티켓몬스터는 결국 더 좋은 조건에 투자를 성사시킬 수 있었다.

1차 투자를 진행하는 동시에 신현성은 변호사를 찾아가 A 씨와 작성한 계약서에 대한 조언을 구했다. 계약서를 확인한 변호사는 계약서의 효력이 매우 약하다는 답변과, 위약금의 일부만 지불하면 해결 가능할 것이라는 조언을 들었다. 변호사의 조언에 따라 티켓몬스터는 A 씨와의 협상에 있어 이전보다 유리한 위치에 서게 되었고, 협상을 마무리할 수 있다는 희망이 생겼다. A 씨는 결국 6개월 만에 합의에 응했고, 티켓몬스터는 티구가 아닌 원래의 티켓몬스터 브랜드를 사용할 수 있게 되었다.

경쟁자의 출현과 그루폰의 인수 제의

티켓몬스터가 서비스 오픈을 준비하던 3월 14일, 위폰이 국내 최초로 소셜 커머스 서비스를 시작했다. 티켓몬스터는 한국에서 자신들보다 이 시장에 먼저 뛰어든 경쟁자가 있다는 사실에 긴장했지만 이내 자신감을 얻었다. 위폰은 사람들의 눈길을 끌 만한 서비스를 제공하지 못하고 있었고 할인율 또한 30퍼센트를 넘지 않았기 때문이다. 티켓몬스터의 목표는 좀더 확실해졌다. 사람들이 원하는 서비스를 판매하고, 50퍼센트 이상의 할인율을 제공하는 것이었다.

티켓몬스터가 초기 성공을 바탕으로 입소문을 타고 사람들에게 알려질 때쯤, 7월 12일 데일리픽이 문을 열었다. '맛집 전문 데일리딜 서비스'를 표방한 데일리픽의 첫 쿠폰은 청담동에 위치한 이탈리안 레스토랑 '뜨리앙'의 50퍼센트 할인 식사권이었다. 뜨리앙은 당시 티켓몬스터 사무실에서 50미터 떨어진 곳에 위치하고 있었다. '우리 사무실 바로 앞에서 데일리픽이 영업을 하고 있었다니……' 티켓몬스터 직원들은 긴장했다.

강력한 경쟁자, 데일리픽이 등장하다
—

데일리픽은 대표를 맡은 이관우가 주축이 되어 시작한 서비스였다. 디지털 콘텐츠 제작 유통사인 포스트윙postwing을 창업해 대표를 맡고 있던 이관우는 티켓몬스터보다 3개월 늦은 2010년 4월, 데일리픽 창업을 준비했다. 그리고 티켓몬스터가 서비스를 시작한 지 두 달이 지난 7월 데일리픽은 후발주자로 등장했다. '맛집 전문 데일리딜 서비스'라는 전문 서비스 분야와 함께 데일리 픽의 핵심 경쟁력은 콘텐츠를 소개하는 사진과 디자인에 있었다.

이관우는 지난 2년간 포스트윙 대표를 맡았던 경험으로 회사 운영에는 자신이 있었지만 '맛집' 관련 서비스에는 경험과 식견이 부족했다. '맛집 전문 데일리딜 서비스'라는 데일리딜 서비스에서 전문 영역을 확보해야 한다는 생각은 있었지만, 실질적인 데이터베이스를 갖고 있는 상태는 아니었다. 초기 경쟁력 강화를 위해 조언해줄 사람이 필요했다. 이관우가 가장 먼저 떠올린 사람은 대학 동아리 선배인 김종화였다.

김종화는 윙버스wingbus를 창업하고 네이버에 매각한 후 2010년 7월 당시 네이버에서 근무하고 있었다. 윙버스는 김종화가 김창욱, 신승학과 함께 창업한 온라인 서비스로 해외 여행 정보는 물론 서울 맛집 정보를 제공하는, 이용자의 충성도가 높은 서비스였다. 윙버스의 맛집 소개 카테고리를 운영한 바 있는 이들은 이관우에게 조언을 해줄 수 있는 사람들이었다.

김종화는 이관우에게 맛집 서비스를 운영했던 자신의 노하우를 기꺼이 나누어주었고, 동료인 김창욱과 신승학의 도움을 받을 수 있도록 해주었다. 이관우는 김종화의 조언을 받아들여 고객들이 좋아할 만한 맛집 영업 리스트를 작성하고, 웹사이트의 구성에 들어갔다. 이 또한 경험 많은 기획자 김창욱과 디자이너 신승학의 조언이 많은 도움이 되었다. 결과적으로 데일리픽의 웹사이트는 이전에 선보인 그 어떤 소셜 커머스 서비스보다 깔끔하고 정돈된 느낌으로 꾸며졌다.

각 분야 전문가의 조언으로 한 단계 업그레이드 된 데일리픽의 서비스는 상품 소개에 필요한 사진과 글, 편집을 권기현 혼자 담당했던 초기의 티켓몬스터와는 확연히 구별되었다.

데일리픽이 서비스를 시작한 이후 매일 밤 12시가 되면 권기현을 비롯한 티켓몬스터 직원들은 제일 먼저 데일리픽 웹사이트에 들어갔다. 티켓몬스터 직원들과 데일리픽 직원들이 서로의 고객 게시판에 자사의 서비스를 홍보하는 댓글을 다는 경우도 있었다.

'티몬에서 판매하는 대학로 연극 재밌겠네요. 데일리픽에서는 대학로 레스토랑 판매하던데, 두 개 다 사면 데이트 코스 완성이네요.'

서비스 오픈 3일째 되던 날, 데일리픽은 홍대입구의 아시안 레스토랑 '누들인더박스'의 식사 쿠폰을 1,800매 이상 판매하면서 네티즌들 사이에 입소문이 났다. 티켓몬스터 창업자들은 데일리픽의 움직임을 주시하면서 이들이 높은 품질의 서비스를 유지하면서 사업을 확장한다면 강력한 경쟁자가 될 수 있을 거라 생각했다.

데일리픽이 맛집 전문 소셜 커머스로 티켓몬스터의 경쟁자로 떠오른 지 얼마 지나지 않아 8월 10일 쿠팡이 서비스를 시작했다. 쿠팡은 모든 품목의 서비스를 판매하지만 문화, 공연, 여행 상품에 주력할 것이라고 했다. 쿠팡의 오픈 첫날 상품은 워커힐 호텔의 콘서트 티켓이었다. 오픈 첫날 상품을 포함해 오픈 첫달인 8월에만 뷔페 쿠폰 등 워커힐 호텔 서비스를 세 번이나 판매했다. 티켓몬스터 직원들은 워커힐과 같은 특급호텔을 상대로 영업에 성공하는 것이 얼마나 어려운지를 잘 알고 있었다. 티켓몬스터에 비해 상대적으로 다양한 경험과 네트워크를 가지고 있는 30대 창업자 세 명이 모인 쿠팡은 자신들이 가진 네트워크를 활용해 티켓몬스터는 시도조차 할 수 없었던 대형 상품들을 족족 유치했다. 이것은 분명 티켓몬스터가 근시일 내에 갖기 힘든 것이었다. 쿠팡은 주목해서 지켜봐야 할 경쟁자였다.

그루폰, 인수를 제안하다

—

9월 중순, 티켓몬스터의 제휴 문의 이메일함에 평소와 다른 메일 한 통이 도착했다. 보낸 사람의 이메일 주소는 '@groupon.com', 그루폰이 티켓몬스터 경영진을 만나고 싶다는 내용이었다.

신현성과 창업자들은 티켓몬스터를 시작할 때부터 해외 확장에 관심을 가진 그루폰이 연락을 해올지 모른다고 예상했다. 하지만 시점이 생각보다 빨랐다. 서비스 시작 이후 이제 갓 세 달을 넘긴 시점이었다. 신현성은 그루폰 측에 미팅에 대한 긍정적인 답신을 보냈다. 얼마 지나지 않아 답장이 도착했다.

'8월 말 시장조사를 위해 한국을 방문할 예정입니다. 그때 티켓몬스터 측과 더 자세한 이야기를 나누고 싶습니다.'

그루폰은 미국 내 소셜 커머스 1위 업체로 당시 전 세계로 사업 확장을 하는 중이었다. 대부분은 직접 진출이 아닌 현지 회사를 인수하는 방식을 택했다. 8월 중순, 일본의 '큐포드Qpod'를 인수한 그루폰은 일본 내 1위 선점을 위해 공격적인 마케팅을 펼치고 있었다. 신현성과 창업자들은 만약 그루폰이 다음 목표를 한국으로 생각하고 있다면 티켓몬스터에 연락을 해올 수도 있을 것이라 조심스레 예상했다. 창업자들끼리 그런 이야기를 나눈 지 일주일 만에, 그루폰이 메일을 보내온 것이었다.

신현성은 그루폰의 방문 일정이 담긴 메일을 받은 날, 숙소로 돌아와 창업자들에게 이야기를 꺼냈다.

" 그루폰이 한국을 방문한대. 우리를 만나고 싶다네."
" 정말? 왜?"
" 자세한 건 이야기 안 했는데 우리한테 관심이 있는 것 같아."

"티켓몬스터를 인수하고 싶다는 건가?"

"한국 시장에 관심이 있으면 그럴 수 있지. 그루폰은 진출할 때 항상 현지 업체를 인수했으니까."

신현성은 IVP와 스톤브릿지캐피탈에도 이 사실을 알렸다. VC 입장에서 마다할 이유는 없었다. VC는 신현성에게 티켓몬스터가 손해 볼 일은 없으니 그루폰과 이야기를 발전시켜보는 것이 좋겠다는 의사를 전했다. 노정석 대표도 일찍 찾아온 좋은 기회이니 이야기를 계속 나누어보는 것이 좋을 거라고 조언을 해주었다. 신현성과 창업자들은 우선 그루폰이 티켓몬스터를 어떻게 생각하는지 궁금했다.

8월 말, 신현성은 인천공항 근처의 호텔로 향했다. 그루폰과의 미팅을 위해서였다. 그루폰은 이번 한국 방문을 통해 티켓몬스터 외에도 관심 있게 지켜보던 두세 개 업체를 더 만날 예정이라고 했다. 신현성과의 1차 미팅 후 그루폰은 다른 업체들과 미팅을 이어갔고, 마지막으로 다시 티켓몬스터 사무실을 찾았다.

티켓몬스터 사무실을 방문하고 미국으로 돌아간 후, 그루폰으로부터 인수제안서가 도착했다. 자세한 조건은 적혀 있지 않았지만 티켓몬스터와 인수협상을 더 진행시키고 싶다는 의미였다. 이후 신현성은 이메일과 전화를 통해 인수 협상을 해나갔다. 그루폰은 이미 여러 번 인수를 한 경험으로 협상을 노련하게 이끌어갔고 협상 테이블에 처음 앉아보는 신현성은 그들이 하는 말 하나하나를 무심히 넘길 수 없었다. 그루폰이 처음에 내세운 인수 조건이 티켓몬스터에 많이 불리한 조건이라는 것은 IVP와 스톤브릿지캐피탈의 조언으로 알 수가 있었다. 신현성은 그루폰과 이메일을 주고받으며 점점 티켓몬스터에 유리한 조건으로 협상해나갔다. 그루폰이 10월 초 최종 제안한 조건은 '티켓몬스터가 기대 성장률을 충족시킬 경우 인수 금액을 단계별로 나눠 지급한다'는 것이었다.

서비스를 시작한 지 6개월, 첫 투자를 진행한 지 3개월도 안 된 시점에서 성공적으로 회사를 매각할 수 있는 기회였다. VC로서도 단기간에 투자 수익을 올릴 수 있는 기회였다. 그러나 두 VC 모두 인수 조건에 대한 객관적인 자료를 충분히 제공하면서 티켓몬스터의 의사를 존중하겠다는 의사를 밝혀왔다. 신현성은 투자 수익만이 아닌 회사의 가치와 판단을 중시하는 VC에게 한편으로 고마운 마음이 들었다.

그루폰의 제안이 만족할 만한 수준은 아니었다. VC는 기업 가치에 대한 평가는 만족스럽지만 성장률에 따른 단계별 지급이라는 점이 마음에 걸렸다. 인수 후 티켓몬스터의 실적이 기대 실적에 못 미치면 최대 인수금액에 훨씬 못 미치는 금액을 받을 수밖에 없었기 때문이다. 반면 티켓몬스터 창업자들에게 문제는 인수금액이 아니었다. M&A 이후 경영권을 보장받지 못하는 것이 마음에 걸렸다. 서비스를 시작한 지 6개월도 안 된 국내 벤처 기업이 세계1위 업체의 인정을 받았다는 사실은 뿌듯했다. 하지만 회사의 경영권이 그루폰으로 넘어간다는 것은 자신들의 꿈을 제대로 펼쳐보기도 전에 회사를 돈과 맞바꾼다는 의미였다. 티켓몬스터는 더 많이 성장할 수 있었다. 아직은 남의 손에 회사를 맡기고 싶지 않았다. 10월, 신현성은 이러한 창업자들의 생각을 모아 두 VC에 연락했다.

66이번이 티켓몬스터를 매각해 수익을 얻을 수 있는 좋은 기회라는 것을 알고 있습니다. 그러나 아직 티켓몬스터는 보여줄 것이 많습니다. 저희 창업자들을 비롯한 직원들은 지금보다 더 눈부신 성장을 이끌어낼 자신이 있습니다. 인수협상은 더 이상 진행하지 않겠습니다.99

VC는 신현성과 티켓몬스터 직원들을 믿어보기로 했다. 신현성은 다음날 그루폰에게 인수 제안을 거부한다는 의사를 밝혔다. 티켓몬스터는 더 큰 꿈을 꾸고 있었다.

.

3부

티몬이
도약하다

오픈 후 9개월, 경쟁사를 인수하다

새로운 시도와 조직재정비

조직도 2.0

운은 언제나 중요하다
그래서 내가 할 수 있는 것은 계속 시도하는 것뿐이다
페이팔은 나의 여섯 번째 사업 모델이었고, 우리는 그것으로 성공했다

맥스 레브친Max Levchin | 페이팔paypal 공동 CEO

오픈 후 9개월, 경쟁사를 인수하다

10월 16일, 소셜 데이팅 업체인 '이음'의 박희은 대표 주도하에 이십대 젊은 벤처 기업 대표들의 모임이 마련되었다. 신현성과 데일리픽 대표 이관우가 처음 만난 자리였다. 이관우는 모임에 나가기 전, 직원들에게 호언장담을 했다.

> **66**제가 서비스 오픈 3개월 만에 티켓몬스터 따라잡겠다고 여러분께 약속을 했는데 오늘이 3개월째 되는 날이네요. 제가 오늘 신현성 대표 만나서 술이라도 이기고 돌아오겠습니다.**99**

대표 간의 만남은 처음이었지만 그간 가장 관심을 가지고 지켜봐온 경쟁자였다. 엇비슷한 나이대에 시원스러운 성격을 가진 이들은 금세 친해졌다. 새벽 2시가 넘어 헤어지기 전 신현성은 이관우에게 가볍게 한마디를 던졌다.

"갈수록 경쟁이 치열해지고 있어요. 그루폰까지 한국 시장 진출을 노리고 있구요. 티켓몬스터와 데일리픽이 힘을 합치는 건 어떨까요?"

"그것도 괜찮은 방법이죠. 시너지 효과는 분명히 있을 거예요."

둘은 M&A에 관한 서로의 생각을 넌지시 알아보며 첫 만남을 마무리했다.

다음 날 오후, 데일리픽 사무실에 스톤브릿지캐피탈의 박지웅 심사역이 찾아왔다. 이관우는 이미 7월에 박지웅 심사역을 한차례 만난 적이 있었다. 당시는 티켓몬스터에 1차 투자를 결정한 박지웅 심사역이 데일리픽과 여러 가지 제휴 방안에 대해 논의하기 위한 자리였다. 그러나 이번에는 티켓몬스터의 데일리픽 인수라는 명확한 목적이 있었다.

윙버스 창업자들
—

김종화와 김창욱은 여행 정보 서비스인 윙버스Wingbus를 2005년 1월 창업했다. 윙버스는 여행을 다녀온 사람들이 해외 도시의 맛집, 숙소, 명소들에 대해 블로그에 올린 사진과 글을 모아 보여주는 사용자 참여 플랫폼이었다. 여행자들의 실제 경험을 공유하고, 자유여행을 준비하는 사람들이 계획을 세울 수 있도록 도와주는 새로운 콘셉트의 서비스였다. 세이클럽, 피망, 벅스뮤직 등의 서비스를 성공시킨 네오위즈에서 같은 기간에 병역특례를 하면서 친해진 두 사람은 호흡이 잘 맞아 윙버스의 공동대표를 맡기로 했다. 김종화가 사업의 전체적인 그림과 수익모델을 구상하고 김창욱이 서비스 전략을 맡았다. 두 사람이 윙버스 창업을 결심한 후 네오위즈 출신인 신승학에게 윙버스의 디자인을 맡아줄 것을 제안했고 곧 신승학 또한 창업 멤버로 합류했다.

네오위즈의 초창기 시절을 함께 한 세 사람에게 창업은 그리 멀게 느껴지지 않았다. 자신들보다 대여섯 살 많은 네오위즈 창업자들을 곁에서 지켜보면서 자신들만의 서비스를 만들어내겠다는 욕심이 더해졌다. 결국 네오위즈를 나와 2005년 초 윙버스 서비스의 프로토타입^{Prototype : 원형}을 만들기 시작했고 여러 번의 수정을 거쳐 2006년 6월, 베타 서비스^{Beta Service : 프로그램 개발 뒤 오류를 점검}하기 위해 일반인들에게 공짜로 제공하는 서비스를 시작했다.

2006년은 웹 2.0의 해였다. 〈타임〉지는 그해, 올해의 인물을 '당신(You)'으로 선정했다. 이는 웹에서 콘텐츠 제작에 참여하는 수많은 네티즌을 지칭한 것이었다. 유튜브^{Youtube}, 위키피디아^{Wikipedia} 등 사용자 참여 서비스가 전 세계적으로 크게 인기를 끌었고 윙버스 또한 시작부터 네티즌들의 관심을 받아 방문자 수가 빠르게 늘어갔다. 웹사이트의 트래픽이 늘면서 자연스레 투자자들의 주목을 받았고 윙버스의 1차 투자 유치는 순조롭게 진행되었다. 그러나 서비스를 시작한 지 1년이 넘도록 윙버스는 적절한 수익모델을 갖고 있지 않았다. 사용자를 충분히 늘린 후에 수익모델을 천천히 적용해도 문제없을 것이라고 생각했던 것이다. 하지만 수익모델을 뒤늦게 생각한 것이 화근이었다. 2008년 4월, 호텔 가격 비교 서비스를 선보이면서 호텔 예약 수수료를 통해 수익을 내기 시작했지만 국내 여행자 중에서 자유여행자의 비율이 높지 않은데다, 호텔 예약까지 직접하는 경우는 많지 않아 수익은 정체 상태에 머물러 있었다.

2008년 여름, 사업을 유지할 정도의 수익을 내기 시작하면서 본격적인 2차 투자 유치를 위한 활동을 시작할 때 불운이 닥쳤다. 서브프라임 모기지 Subprime Morgage 사태로 국제 금융 위기가 일어나면서 투자시장이 빠른 속도로 얼어붙기 시작한 것이다. 윙버스 2차 투자에 관심을 보였던 모든 투자자들이 한순간에 떠나갔다.

연말까지 투자자를 찾기 위해 힘쓰던 창업자들은 투자를 유치하기 힘들다는 판단을 내렸다. 서비스를 유지하고 발전시키기 위해서는 매각이 최선이었다. 윙버스의 서울 맛집 서비스를 눈여겨보고 있던 네이버가 윙버스를 인수하겠다고 나섰다. 2009년 1월, 네이버가 윙버스를 인수하면서 창업자들을 포함한 전 직원이 네이버의 직원으로 일을 시작했다. 김종화는 네이버에 소속된 윙버스 서비스를 유지하고 개선하는 역할을 맡았고, 김창욱은 네이버 기획 조직에 편입되어 네이버의 콘텐츠 기획을 맡았다. 신승학은 CMD Creative Marketing & Design 조직에서 윙버스의 디자인을 전담했다.

네이버에는 뛰어난 기획자와 디자이너들이 많고 대한민국 최대 포털 서비스를 함께 만들어간다는 재미도 있었다. 특히 김창욱은 포털 전략실에서 콘텐츠 서비스 전체 총괄을 맡아 네이버 뮤직과 영화예매 서비스를 다듬고 책과 자동차 서비스를 런칭하면서 네이버의 방문자 수를 늘리는 성과를 이뤄냈다. 그러나 이들 세 명은 자신들이 창업한 첫 번째 회사가 외부 환경 때문에 매각될 수밖에 없었다는데 아쉬움이 남아 있었다. 다시 한다면 더 잘할 수 있다는 자신감이 있었다.

2010년 3월 말, 김종화에게 대학시절 창업 동아리에서 만났던 후배 이관우가 찾아왔다. 창업에 관심이 많았던 이관우는 윙버스 시절 김종화에게 조언을 구하기 위해 사무실로 찾아온 적이 있었다. 이번에 들고 온 비즈니스 모델은 '맛집 전문 데일리딜 서비스'였다. 김종화도 이미 2010년 초 미국에서 그루폰이 뜨고 있다는 소식을 들었다. 그루폰의 기업가치가 1조 원을 넘어섰다는 소식을 듣고 한국에서도 가능한 모델일지 궁금하던 차에 이관우가 '맛집'에 특화한 데일리딜 서비스를 시작하고 싶다며 김종화에게 조언해줄 것을 간곡히 부탁했다. 김종화는 데일리딜 서비스에 가지고 있던 궁금함도 있었고 후배인 이관우를 도와주겠다는 마음으로 조언을 주었을 뿐만 아니라 김창욱과, 신승학과의 만남도 주선하여 서비스 기획과 디자인에 대해서 조언을 받을 수 있도록 해주었다.

창업 선배들의 조언을 받아 느긋하게 서비스를 준비하던 4월, 이관우는 티켓몬스터가 다음 달 서비스 런칭을 앞두고 있다는 소식을 들었다. 이관우 또한 오픈 준비에 속도를 올리기 시작했다.

데일리픽은 티켓몬스터 런칭 두 달 뒤인 7월 12일 청담동 레스토랑 '프리앙'을 첫 딜로 선보이며 서비스를 시작했다. 윙버스 경험을 전수 받은 데일리픽은 고객들이 좋아할 만한 식당의 메뉴와 깔끔한 웹사이트 디자인을 선보이면서 까다로운 고객들의 호응을 얻었다. 그리고 오픈한지 얼마 지나지 않아 소비자들의 만족도와 충성도 면에서 1위 업체로 자리매김했다.

데일리픽 인수, 그루폰과 경쟁하다

—

2010년 10월 당시 데일리픽은 8월부터 시작된 그루폰과의 M&A 건을 진지하게 고려하고 있는 상태였다. 박지웅 심사역과 이야기를 나눈 이관우의 머릿속은 여러 가지 생각으로 복잡해졌다. 그루폰의 투자를 받으면 데일리픽 서비스를 독자적으로 운영해나가는 것이 가능했다. 그루폰과 M&A를 하면 그루폰 코리아로 다시 태어나는 방식이 가능했다. 이러한 상황에서 티켓몬스터가 M&A라는 새로운 안을 제시한 것이다.

그루폰으로부터 투자를 받거나 M&A 하더라도 성공 가능성은 있었지만 결국 업계 1위인 티켓몬스터와 경쟁을 해야 하는 입장이었다. 서비스 품질 면에서는 자신이 있었지만 티켓몬스터처럼 공격적으로 사업을 확장할 수 있을지는 의문이었다. 티켓몬스터는 지역 확장이 사업의 한 축으로 자리잡고 있는 상황이었지만 데일리픽 서비스는 서울 지역에 그치고 있었다. 그에 반해 티켓몬스터와 데일리픽이 힘을 합친다면 이야기는 달라질 수 있었다. 현재 티켓몬스터가 갖고 있는 공격적인 실행력과 데일리픽이 가진 고객 만족도 1위의 웹서비스가 합쳐진다면 한국시장에서 확실한 1위 업체로 자리매김할 수 있을 터였다. 티켓몬스터 창업자들을 직접 만나볼 때까지 결정을 보류하기로 했다.

데일리픽과 티켓몬스터가 본격적인 인수 협상을 하기 위해 만난 첫 번째 미팅에서 신현성은 새로운 사실을 알게 되었다. 고객만족도 1위를 자랑하는 데일리픽 서비스의 웹사이트 구성과 디자인의 조언자가 윙버스 창업자들이라는 것이었다. 물론 이관우 대표를 비롯한 데일리픽 구성원들 자체도 매력적이었지만 데일리픽 초기 서비스에 많은 도움을 주었던 윙버스 창업자들을 티켓몬스터에 영입할 수 있다면 시너지 효과는 더욱 클 것이었다. 그들은 경험 많은 창업자일뿐 아니라 대한민국 최대 포털 서비스 네이버에서 주요 서비스를 만들어가고 있는 이들이었다.

데일리픽과 첫 번째 미팅을 가진 후, 신현성은 숙소로 돌아와 창업자들에게 이관우와 나눈 이야기를 들려주었다. 티켓몬스터 창업자들의 의견을 하나로 모아야만 했다.

"데일리픽 쪽에서도 M&A에 대해서 적극적인 것 같은데 너희 생각은 어때?"

데일리픽을 평소에 가장 관심 있게 지켜봐온 권기현이 말했다.

"나는 찬성이야. 데일리픽 웹사이트를 보면 알겠지만 서비스의 수준이 달라. M&A 후에도 그 수준의 결과물을 계속 유지해준다는 확신만 있다면 인수할 가치가 있다고 생각해."

신성윤은 반대의사를 내비쳤다.

"글쎄, 나는 반대야. 그 사람들이 M&A 후에도 지금처럼 열심히 일한다는 보장이 없잖아. 현재 데일리픽은 회원 수, 사이트 트래픽, 매출 면에서 티켓몬스터보다 나은 것이 없어. 인수하면 우리가 실제로 얻을 수 있는 게 별로 없다고 생각해."

신현성이 말을 꺼냈다.

"그런데 오늘 이관우 대표와 이야기하면서 새로 알게 된 사실이 있어. 초기 데일리픽 서비스를 만드는 데 각 분야에 조언을 줬던 사람들이 있는데, 지금 네이버에서 일하고 있는 김창욱, 김종화, 신승학이 그 사람들이야. 이 세 사람은 네오위즈에서 같이 일하고 윙버스를 창업한 다음 네이버에 매각했다고 하더라구. 김종화는 신사업 기획, 김창욱은 서비스 기획, 신승학은 디자인을 맡고 있는데, 경험도 많고 실력도 뛰어나서 우리한테 많은 도움이 될 거야. 지금 당장은 힘들지만 이 사람들을 모두 티켓몬스터에 데려올 수 있다면 충분히 해볼 만한 인수건이야."

김동현이 물었다.

"나중에 이 세 사람이 티켓몬스터에 합류하는 건 확실한 거야?"
"인수 조건에 세 사람의 티켓몬스터 합류를 꼭 넣어야지."

새벽까지 이어졌던 그날의 이야기는 결국 결론 없이 끝났다. 인수 협상 첫 미팅을 통해 알게 된 세 사람의 존재는 데일리픽 인수의 새로운 사안으로 떠올랐다. 김종화는 네오위즈 시절부터 기른 안목으로 윙버스의 사업 기회를 찾아낸 사람이었다. 김창욱은 네오위즈에서 세이클럽을 기획하고 윙버스 내 모든 서비스 기획을 총괄한 사람이었다. 네이버로 자리를 옮긴 후에는 음악, 영화, 책, 만화, 자동차, 증권 등 김창욱의 손을 거치지 않은 기획이 없었다. 신승학은 네이버에서도 실력을 인정받는 디자이너였다. 이 사람들을 데려올 수 있고 티켓몬스터에 와서도 제 역할을 해준다면 티켓몬스터가 더욱 강해지는 것은 시간문제였다. 이들에게 어떻게 동기를 부여할 수 있을 것인지가 남은 과제였다.

이관우는 윙버스 창업자들에게 신현성의 영입의사를 전했다. 대한민국 최대 포털 서비스인 네이버에 일하고 있는 그들이었지만 창업가의 끓는 피는 감출 수가 없었다. 성장하고 있는 회사를 함께 만들어가고 싶다는 생각이 들었다. 일단 티켓몬스터 창업자들을 만난 후 결정하기로 했다. 티켓몬스터 창업자들을 처음 만난 자리에서 신승학을 비롯한 윙버스 창업자들은 이들에게 호감을 느꼈다.

뛰어난 디자이너인 신승학에게 디자인과 브랜드라는 측면에서 보자면 티켓몬스터는 허점투성이었다. 그러나 티켓몬스터 창업자들은 똑똑하고 자신감 넘치는 이들이었다. 뜨거운 열정도 느껴졌다. 이들을 보면서 김종화, 김창욱과 함께 했던 윙버스 시절이 떠올랐다. 그때는 다들 지금보다 기술도 실력도 부족했지만 패기와 열정만큼은 누구에게도 뒤지지 않았다. 이들이라면 티켓몬스터를 더 큰 회사로 키워낼 수 있을 거라는 확신이 들었다. 지금 당장은 힘들지만 인수가 결정되면 1월 이후에 합류할 수 있다는 말을 전했다.

인수를 할까? 말까?

　신현성은 일단 데일리픽과의 협상 테이블에 앉았다. 협상 미팅에는 데일리픽의 대표인 이관우가 나왔다. 신현성은 기업을 인수해본 경험은 없었지만 얼마 전에 피인수업체로 테이블에 앉았던 때의 경험을 떠올렸다. 그루폰이 티켓몬스터를 인수하겠다고 했을 때, 지속적인 성과를 내도록 어떤 조건들을 제시했었는지를 되새겼다. 인수 가격을 너무 낮게 제시하면 데일리픽은 분명 동의하지 않을 것이었다. 더군다나 데일리픽의 인수 경쟁자는 그루폰이었다. 인수 후 우호적인 관계를 유지하기 위해 적정 가격을 제시해야 했지만 티켓몬스터가 손해 보는 수준은 아니어야 했다. 신현성은 여러 가지 생각들로 머릿속이 복잡했다. 협상을 시작한 지 한 달, 신현성과 권기현 그리고 하성원은 이관우와 만나 여러 차례 협상을 이어갔지만, 그때까지도 티켓몬스터 창업자들의 의견은 하나로 모아지지 않았다.

　"데일리픽 인수 금액이면, 뛰어난 기획자와 디자이너를 여러 명 채용하고도 남아."
　"우리가 돈이 있다고 원하는 때에 원하는 사람을 채용할 수 있는 건 아니야. 정말 실력 있는 사람들은 돈만 보고 움직이진 않아. 그 사람들을 붙잡을 수 있는 기회를 놓치면 나중에 후회할 거야."
　"만약에 그루폰이 데일리픽을 인수해서 공격적으로 사업을 확장한다면 정말 강력한 경쟁자가 될 수 있어."
　"인수를 해야 돼? 말아야 돼?"

　이런 내부 고민이 정리되지 않은 채 협상을 이어가던 중 데일리픽이 인수 조건의 상향 조정을 강하게 요구했다. 신현성은 데일리픽 측에 '사업 번창하십시오'라는 짧은 내용의 이메일로 협상이 결렬되었음을 알렸다. 데일리픽은 협상을 끝내고자 하는 의도가 아니었기 때문에 다시 신현성을 설득해 테이블에 앉혀야 했다. 그러나 이번에는 티켓몬스터 내부에 의견 변화가 생겼다. 창업자들이 인수 반대 쪽으로 기울어진 것이다. 데일리픽을 위해서도 티켓몬스터는 빨리 결정을 내려야 하는 상황이었다. 결국 신현성이 외쳤다.

"인수하지 말자."

우리의 입장은 인수 거절!

이관우는 애가 탔다. 이미 티켓몬스터 쪽으로 마음이 기운 상태였다. 그런데 티켓몬스터와 협상이 거의 마무리되었다고 생각하던 차에 신현성과 연락이 두절되었다. 이메일을 보내도 답이 없었고, 전화를 걸어도 받지 않았다. 예감이 안 좋았다. 어떻게든 직접 만나 설득하는 것이 필요했다. 하성원과 연락이 닿았다.

"지금 만나서 이야기 하시죠. 숙소 근처 술집에서 기다리겠습니다."

비장한 목소리로 이관우가 말했다. 신현성이 하성원과 함께 숙소를 나서면서 권기현, 김동현, 신성윤에게 말했다.

"인수 거절하겠다고 잘 이야기하고 올게."

권기현이 혼잣말로 중얼거렸다.

"나갔다가 데일리픽한테 설득당하는 거 아니야?"

미팅 장소에는 이관우가 나와 있었다. 신현성과 하성원이 자리에 앉자 묘한 긴장감이 흘렀다. 신현성이 정적을 깨고 말했다.

"먼저 말씀하시죠."
"신현성 대표님, 티켓몬스터와 데일리픽이 M&A를 한다면 티켓몬스터의 1위 자리가 더욱 확고해지리라는 것은 분명해요. 티켓몬스터가 가진 영업력, 시장 점유율, 공격적인 실행력에 데일리픽이 가진 기획력, 웹서비스에 대한 노하우, 디자인, 인터넷 비즈니스 경험까지 더해진다면 둘의 시너지 효과는 대단할 겁니다."
"네, 충분히 알고 있습니다."
"인수 후에도 저희가 티켓몬스터에서 제 역할을 할 것인지에 대해 내부적으로 불안감이 있다는 것 잘 알고 있습니다. 물론 동기부여에 인센티브가 영향을 주기도 하지만 가장 중요한 것은 마음가짐이죠. 저희는 티켓몬스터와 함께 강력한 1등 서비스를 만들어내고자 하는 의지가 있습니다."

신현성이 원했던 바를 이관우가 정확히 말해주었다. 티켓몬스터와 데일리픽의 M&A가 가져올 시너지 효과는 모두 알고 있는 사실이었지만, 함께 하는 사람들의 마음가짐에 달려 있었다. 힘을 합쳐 열심히 해보자는 사람을 앞에

두고 더 이상 망설일 것은 없었다. 신현성은 하성원과 잠시 밖으로 나와 이야기를 나눈 뒤 숙소에 남아 있던 권기현에게 전화를 걸었다.

"기현아, 생각이 바뀌었어. 동현이랑 성윤이 데리고 여기로 와."

권기현이 전화를 끊고 김동현과 신성윤에게 말했다.

"이럴 줄 알았어. 우리 다 나오래. 마음이 바뀐 거 같아."

셋이 도착했을 때 이미 분위기는 '우리는 한 식구'였다. 이관우는 늦게 도착한 세 명에게도 앞으로 열심히 해보자며 잔을 건넸다. 그동안 데일리픽 인수에 대해 가졌던 의문도 말끔히 해소할 만큼 이들은 적극적이었다. 뒤이어 도착한 김종화, 김창욱, 신승학도 화기애애한 미팅 분위기에 젖어들었다. 결국 회사와 회사가 합친 이후의 성공 여부는 사람들의 의지에 달려 있었다. 데일리픽의 확고한 의지는 티켓몬스터의 망설임을 단번에 날려버릴 만했다. 서비스 시작 6개월 만에 티켓몬스터는 경쟁업체 인수라는 모험을 건 것이다.

인수를 결정한 후 신현성은 VC에 연락했다.

"그동안 망설여왔던 데일리픽 인수를 결정했습니다. 인수와 사업 확장에 따른 2차 투자가 필요합니다."

그동안 티켓몬스터의 공격적인 행보를 지켜봐왔고, 지난 한 달간 데일리픽 인수에 대해 얼마나 고심했는지를 아는 두 벤처캐피털은 티켓몬스터를 믿고 2차 투자를 진행하기로 결정했다. 2차 투자는 1차 투자자였던 IVP와 스톤브릿지 캐피탈만을 대상으로 했고, 규모는 총 92억 원(각각 68억 원과 24억 원)이었다.

데일리픽 인수를 결정한 후, 창업자들은 두 회사가 함께 일을 시작하기 전에 직원들끼리 인사를 나눌 자리를 마련하기로 결정했다. 12월 16일, 송년회를 겸한 두 회사의 첫 만남이 이루어졌다. 직원들의 분위기는 창업자들의 분위기와 닮아 있었다. 다소 차분한 성격의 창업자들이 이끄는 데일리픽의 직원들은 대부분 조용했지만, 티켓몬스터 직원들은 엉뚱하고 활발하다 못해 놀 때는 미친듯이 노는 티켓몬스터 창업자들의 분위기가 고스란히 묻어났다. 두 회사의 직원들이 만나자 초반에는 어색한 기운이 감돌았다. 그러나 술잔이 몇 번 돌고 앞으로 잘해 보자는 이야기를 하면서 직원들은 금세 친해져 어깨 동무를 하고 2차를 위해 자리를 옮겼다. 2차 장소는 티켓몬스터 내 파티플래너인 정영목이 정한 압구정동의 라운지바 '아크라운지'였다. 이곳은 얼마 전 티켓몬스터에서 쿠폰을 판매한 곳이기도 했고 DJ가 하우스 음악을 주로 트는 지라 직원들이 회식장소로 특히 좋아하는 장소였다. 아크라운지에 들어서자마자 신나서 어깨를 들썩이는 티켓몬스터 직원들과 달리 데일리픽 직원 중에는 이런 분위기가 생소한 이들이 많았다. 얼마전 티켓몬스터에 입사한 이승민 인사실장 또한 어색함에 주위를 두리번거리며 정영목에게 물었다.

"원래 회식하면 2차를 클럽으로 와요?"
"여긴 라운지바예요. 여기서 놀다가 3차를 클럽으로 갈 거예요!"
음악은 시끄러워 말을 할 수가 없고 스테이지에는 사람들이 나와 춤을 추고 있는 이곳이 클럽이 아니라니, 이승민 실장은 어리둥절했다. 1차에서 이미 기분이 좋아질대로 좋아진 티켓몬스터 직원들은 음악이 흘러나오는 아크라운지에 도착하자 어깨가 들썩이기 시작했다. 테이블에서 술을 마시다가 하나둘씩 일어서자 권기현이 가장 먼저 스테이지에 나가 춤을 추기 시작했다. 티켓몬스터 직원 여든 명이 이내 모두 일어서서 데일리픽 직원들을 스테이지로 끌고나가 춤을 췄다. 얼떨결에 끌려나온 데일리픽 직원들도 흥을 맞춰 놀았다. 몇몇 티켓몬스터 직원들은 티켓몬스터 쿠폰으로 결제하는 테이블을 발견하고는 함께 놀자며 끌고 나와 고객들과 함께 춤을 추기도 했다. 티켓몬스터스타일의 회식을 처음 경험한 데일리픽 직원들은 자신들과 다른 분위기에 놀라기도 했지만 유쾌한 분위기의 회사라는 점이 마음에 들었다.

12월에 데일리픽은 티켓몬스터 사무실 아래층으로 이사했고, 2011년 1월, 티켓몬스터의 데일리픽 인수가 공식적으로 언론에 발표되었다. 최종협상 결과 인수 조건은 총 90억 원이었다. 창업한 지 약 7개월 된 회사가 동종업계 경쟁자를 90억 원이라는 거액에 인수한 사례는 한국에서는 찾아볼 수 없는 이례적인 일이었다. 더군다나 M&A가 흔치 않은 한국 시장에서 신생 벤처 기업이 제대로 된 가치평가를 받고 매각되는 일은 흔치 않았다. 티켓몬스터의 데일리픽 인수는 벤처 기업으로 성공하는 새로운 가능성을 보여주는 사건이었다.

새로운 시도와 조직재정비

온라인 마케팅, 시행착오를 거듭하다

1차 투자를 받기 전, 티켓몬스터는 공격적인 마케팅을 펼치기에 자금이 부족했다. 트위터를 활용한 이벤트와 사용자들의 구매후기를 통한 입소문 마케팅에 주력했지만 속도와 효과에 한계가 있었다.

1차 투자를 받고 난 2010년 10월, 티켓몬스터의 첫 마케팅은 '친구야 잘 지내니' 였다. 직장인과 대학생을 대상으로 친구들에게 티켓몬스터를 홍보하고 가장 많은 친구를 티켓몬스터에 가입시키는 회원에게 회식비(직장인), 등록금(대학생), 몰디브 여행(개인)을 지원하는 이벤트였다. 2주간 총 4,500만 원이 소요되는 티켓몬스터 사상 최대의 마케팅이었다. 당시 사회적으로 대학교 등록금에 대한 관심이 뜨거운 상황이었고, 마케팅 공략 대상이 명확하다 보니 대학생들이 적극적으로 참여하리라 예상했다. 실시간으로 순위를 공개해서 이벤트 참가자들의 경쟁심리를 자극했다. 그 결과 순위에 오른 한 사람이 1,000명이 넘는 친구들을 가입시키는 놀라운 성과를 보였다. 마케팅은 성공한 것처럼 보였다.

하지만 이벤트가 종료된 지 얼마 지나지 않아 티켓몬스터 고객상담센터로 평소보다 많은 전화가 걸려오기 시작했다. 티켓몬스터에 가입하려고 보니 이미 자신의 개인정보로 회원 가입이 되어 있다는 내용이었다. 추적해보니 상위권 참가자들 중에 개인정보를 무단으로 입수해서 참여한 경우가 있었다. 티켓몬스터는 즉시 개인정보를 무단으로 도용해 이벤트에 참여한 사람들의 자격을 박탈하고, 이벤트 기간에 가입한 아이디 중 이후 접속횟수가 '0'인 사람들의 회원 정보를 모두 삭제했다. '친구야 잘 지내니' 이벤트는 그렇게 한 차례 홍역을 치른 후에야 정직하게 참여한 사람들에게 등록금과 회식비를 지원할 수 있었다.

회원들을 대상으로 등록금과 회식비를 지원해서 친구를 끌어들이겠다는 접근법은 신선했지만 개인정보 도용까지는 미처 예상하지 못한 일이었다. 또한 회원 수는 늘었지만 이들이 과연 유효회원인지는 여전히 의문이 남았다. 절반의 성공이었다. 마케팅의 정확한 효과 측정이 필요하다고 생각했지만 아직 그에 대한 답은 없었다. 이벤트를 통해 들어온 신규 회원들의 충성도를 측정하는 것은 마케팅 팀이 고려하지 못한 사항이었다. 온라인 마케팅 경험의 부재, 해결해야 할 또 하나의 과제였다.

신현성은 현 단계에서는 무엇보다 마케팅에 대한 적극적인 투자가 중요하다는 굳은 믿음을 가지고 있었다. 아직 시장의 성장 가능성이 많이 남아 있기 때문에 당장의 수익성을 따지는 것은 중요하지 않았다. 공격적인 마케팅을 통해 많은 고객을 확보하는 것이 우선이었다. 그들이 향후 티켓몬스터의 매출을 상승시킬 수 있다면 충분히 가치 있는 투자였다. 탄탄한 자본력을 바탕으로 막대한 마케팅 비용을 쏟아부으며 사람들의 시선을 끄는 데 성공한 위메이크프라이스^{Wemakeprice} (이하 위메프)의 출현은 마케팅에 대한 신현성의 이러한 믿음을 더욱 강하게 만들었다. 1차 투자를 유치한 티켓몬스터도 이제 대규모 마케팅을 할 수 있는 여건을 갖추게 되었다. 문제는 수단이었다.

티켓몬스터 내부에 마케팅 전문가가 없는 상황에서 마케팅 수단에 대한 내부 합의를 찾는 데 오랜 시간이 걸렸다. 웹서비스 광고는 포털사이트 배너 광고만으로 충분하다는 주장과, 일상 생활 속에서 티켓몬스터를 알릴 수 있도록 TV 광고와 서울시내 버스 광고를 진행해야 한다는 주장이 있었다. 당시 마케팅 책임자인 임수진 또한 여느 직원들과 마찬가지로 배워나가는 단계였다. 결국 티켓몬스터는 TV 광고와 서울시내 버스 광고, 포털사이트의 배너 광고를 병행하기로 결정했다. 그러나 공중파 TV 광고의 경우에 광고 효과를 보기 위해서는 10억 원 이상의 광고 비용을 지출해야 했다. 결국 TV 광고는 케이블 방송을 이용하기로 결정했다.

11월 1일, '오늘 밤 12시, 무엇이 반값이 될까?'라는 문구의 케이블 TV 광고가 전파를 타기 시작했다. 서울시내 버스에도 동일한 문구의 티켓몬스터 광고가 눈에 띄기 시작했다. 처음으로 공격적인 마케팅을 진행한 마케팅 직원들은 뿌듯함을 느꼈다. 투자받은 33억 원 중 14억 원을 케이블 TV 광고와 서울시내 버스 광고를 위해 지출했고 마케팅 직원들은 티켓몬스터의 성장을 마케팅이 견인하고 있다는 생각에 마음이 들떠 있었다. 그때 마케팅 책임자인 임수진은 영업 직원으로부터 충격적인 말을 듣게 되었다.

> **66** 돈을 쓰면 당연히 인지도가 올라가야죠. 이만큼 돈을 쓰면 얼마 만큼의 인지도가 올라갔는지 알 수 있어야 하는 것 아니에요? 5억 원 들인 광고랑 10억 원 들인 광고랑 효과 차이가 있긴 한 거에요? **99**

따끔한 한마디였다. 그동안 임수진을 포함한 마케팅 직원 그 누구도 마케팅의 '투자 대비 성과 측정ROI:Return on Investment'에 대한 고려를 하고 있지 않았다. 고객들의 주목을 끌 만한 마케팅을 찾는 것에만 신경 쓰고 있었다. 하나의 마케팅 수단을 통해 몇 명의 신규 고객이 유입되는지, 유입된 고객이 티켓몬스터에서 구매하는 쿠폰이 매출의 몇 퍼센트를 차지하는지에 대한 분석이 없었다. 임수진은 성과 측정에 대해 고민하기 시작했다.
'새로운 고객이 내가 한 마케팅 때문에 들어왔다는 걸 어떻게 알 수 있을까?'

웹서비스 마케팅에 대한 배경 지식이 없었던 임수진은 어디서 어떻게 시작해야 할지 감이 오지 않았다. 더군다나 자신이 이끌던 마케팅 조직은 모두 마케팅을 처음 해보는 직원들로 구성된 터라 조언을 구할 수도 없었다. 케이블 TV 광고와 서울시내 버스 광고를 시행한 지 한 달이 지나면서 신현성 또한 1차 투자금액의 절반 가까이 투자한 마케팅의 정확한 효과를 확인하고 싶었지만 정량적 수치를 보고받지 못해 답답했다.
투자 대비 효과를 확실하게 확인할 수 있는 것은 포털사이트의 배너 광고뿐이었다. 전국 단위로 홍보가 가능한 B2BBusiness to Business : 기업 간 전자상거래 상품의 경우 포털 배너를 이용해 광고를 하면, 해당 상품을 구매하기 위한 회원 가입이 급격히 증가했다. 반응을 바로 확인할 수 있다는 점에서 효과를 측정하기 쉬운 매체였지만, 이것이 효과적인지 판단하기 위해서는 다른 광고 집행 결과와의 비교가 필요했다. 그러나 광고에 따른 효과를 비교하고 이에 따라 마케팅 계획을 수립할 수 있는 사람은 티켓몬스터 내에 아무도 없었다. 포털사이트의 배너 광고는 분명 효과적이었지만 이를 주기적으로 실행하기 위해서는 B2B 영업의 성과가 전제되어야 했다. 결국 마케팅 조직에서 단독으로 실행할 수 있는 방법은 아니었다.

대규모 마케팅을 시작하다
—

신현성은 최초로 진행했던 티켓몬스터의 케이블TV 광고에 아쉬움이 남았다. TV 광고를 하려면 모든 사람들이 볼 수 있을 만큼 확실하게 비용을 지출해야 했다. 2011년 1월, 티켓몬스터의 회원수는 60만 명 수준이었다. G마켓의 회원수가 1,800만 명이라고(2010년 기준) 볼 때, 티켓몬스터의 잠재 고객은 아직 많이 남아 있었다. 신현성은 데일리픽 인수 후, 2차 투자금으로 공중파 TV는 물론 버스정류장과 지하철역 등에서 대대적인 광고를 집행하기로 결정했다. 신생 인터넷서비스 업체가 TV 광고를 집행하는 것은 무리수라는 의견도 있었으나 미래 성장을 위한 투자라는 시각에서 접근하기로 했다. 또한 쿠팡, 위메프 등과 갈수록 치열해지는 시장 경쟁에서 앞서 나가기 위한 선택이었다.

2월 초 미국에서는 NFL수퍼볼(미식축구리그 결승전)을 중계하는 전후반 휴식시간에 소셜 커머스 1위 업체인 그루폰과 2위 업체인 리빙소셜이 경쟁적으로 광고를 내보냈다. 1초에 1억 원이 넘는, 가장 비싼 TV 광고 시간대를 소셜 커머스 업체에서 이용한 것이다. 공격적인 마케팅은 한국 시장만의 이야기가 아니었다.

티켓몬스터는 TV 광고에 자신만의 색깔을 입히기 원했다. 유명 모델이 출연하는 쉬운 방법을 택하고 싶지는 않았다. 아이디어 회의 끝에 내린 결론은 '티켓몬스터 브랜드 광고와 함께 판매하는 쿠폰을 광고하자'는 것이었다. 세계에서 처음 시도하는 광고형태였다. 하루 동안 판매하는 쿠폰을 하루 동안만 TV 광고를 한다는 것은 참신하긴 했지만 위험요소도 많았다.

2월 24일, 공중파 채널을 통한 티켓몬스터의 TV 광고가 시작되었다. 비슷한 시기에 경쟁업체인 쿠팡도 이나영과 김현중을 내세운 TV 광고를 내보냈다. 위메프는 한발 늦은 3월부터 TV 광고를 시작해 5월에는 구하라를 모델로 기용했다. 2월 말부터 4월까지 이어진 티켓몬스터 광고를 통해 이스타 항공권, 롯데마트 이용권, 파스쿠치 이용권 등이 전파를 탔다. 버스 정류장과 지하철역 광고도 당일 판매하는 쿠폰을 광고하는 형태로 진행되었다. 홍대입구역 버스정류장에는 홍대입구 근처의 쿠폰을, 강남역 지하철 승강장에는 강남역 근처의 쿠폰을 광고하는 식이었다. 개별 쿠폰 광고는 참신하고 재미있었지만 그만큼 손이 많이 갔다. 모델이 출연하는 광고는 한 번 제작한 후에 계속 사용할 수 있었지만 티켓몬스터 광고는 영업 여부에 따라 광고제작이 늦어지기도 했고, 광고 내용이 바뀌기도 했다. 마케팅에 할애하는 시간이 필요 이상으로 많다는 내부 불만이 제기되었다.

사람들은 티켓몬스터, 쿠팡, 위메프가 경쟁적으로 내보내는 TV 광고가 과열 경쟁으로 인한 것이 아니냐는 우려 섞인 목소리를 냈지만, 신현성을 비롯한 티켓몬스터 직원들은 시장이 급성장하고 있는 상황에서 마케팅 비용 지출은 미래 고객 유치를 위한 투자라고 판단했다. 하지만 TV 광고는 지속적인 마케팅 수단은 아니었다. 지속적인 마케팅을 위해서는 효율적이면서도 비용 대비 성과 측정이 용이한 광고 수단이 필요했다. 신현성은 티켓몬스터의 마케팅을 한 단계 높여줄 웹서비스 마케팅 전문가를 찾아나섰다.

지역 확장, 속도가 생명이다
—

부산 지역 서비스를 성공적으로 런칭한 하성원의 실력과 욕심은 기대 이상이었다. 작은 규모의 무가지 잡지이지만 연고도 없었던 진주에서 1년 넘게 회사를 운영하면서 쌓은 내공은 만만치 않았다. 조직 운영에 대한 이해는 물론이고 맡은 일에 대한 책임감과 기회를 포착하면 추진할 수 있는 과감함을 가지고 있었다. 하성원은 부산 사무실의 직원들을 채용, 교육하고 서비스 안정화 작업을 진행하는 한편, 주말에는 서울에 올라와 창업자들과 함께 지역 확장에 대한 의견을 나누기 시작했다. 하성원은 자신이 그린 공격적인 지역 확장 계획을 창업자들에게 쏟아냄과 동시에 서울 본사 운영에 대한 의견도 내기 시작했다. 신현성과 단둘이 만난 자리에서는 더욱 강한 어조로 자신의 생각을 이야기했다.

"서울 조직은 업무에 따라 나눌 것이 아니라 지역별로 나눠야 해요. 지금 이 시장은 속도가 생명인데 현재의 조직 형태로는 업무의 효율성이 떨어져요."

신현성은 하성원의 문제 제기에 당황하는 한편 부산 서비스에나 신경 쓰라는 말이 목구멍까지 넘어오는 것을 참았다.

"본사 운영은 제가 책임져요."

이후에도 하성원은 신현성에게 전화해서 서울 지역의 상황에 대해 물어보기도 하고, 새로운 제안을 하기도 했다. 기존 조직에 적극적인 변화를 요구하는 직원은 하성원이 처음이었기 때문에 신현성은 당황스러웠다. 그러나 부산 지역에서 계속 성과를 내는 하성원의 말을 무시할 수만은 없었다. 당시 하성원은 대표의 시각으로 사업을 조언해줄 수 있는 유일한 사람이었다.

하성원 또한 신현성과 잦은 전화통화를 하면서 신현성이 그 누구보다 빠른 판단력을 가진 성장 가능성이 큰 사람이라고 확신하게 되었다. 얼마 지나지 않아 신현성은 하성원의 제안을 받아들여 서울 조직을 지역별로 나누고 팀장의 관리 하에 영업사원, 디자이너가 한 팀을 이뤄 움직이도록 했다. 영업부터 최종 웹사이트에 소개자료가 올라가기까지 업무 프로세스를 효율적으로 운영하기 위한 목적이었다.

하성원은 부산지역 사무실 운영을 노경표와 전대현에게 맡긴 후 2010년 9월,

서울로 올라왔다. 서울은 서비스 지역에 따라 조직이 나뉘어져 이미 본궤도에 올라 있었고 8월 30일에 오픈한 분당지역 서비스도 좋은 반응을 얻고 있었다. 하성원은 부산에서 자신이 터득한 지역 확장 노하우를 살려 수도권 지역 확장을 맡겠다는 의사를 밝히고 가장 먼저 일산지역 확장을 추진했다. 일산지역 확장을 주도하면서 신현성과 하성원은 본격적인 지역 확장에 대해 논의하기 시작했다.

" 저는 새로운 지역 확장에 대해서 자신이 있어요. 연말까지 13개 지역으로 서비스를 확대하는 게 어때요?"

" 지금 6개 지역인데 3달 동안 8개 지역을 추가한다고요?"

" 지금처럼 한 번에 하나씩 확장하면 속도가 느려요. 제가 수도권 지역 확장을 맡아서 11월에 '수원·안양, 인천·부천 서비스'를 동시에 추진할게요."

" 그래요, 지금은 지역 확장 속도가 중요하니까 한번 도전해봐요."

신현성은 하성원이 부산에서 보여준 실력을 다시 한 번 믿어보기로 했다. 하성원은 한 달간 수원, 안양, 인천, 부천을 돌아다니며 해당 지역 서비스가 11월에 시작할 수 있도록 준비하는 데 모든 힘을 쏟았다. 새로 확장하는 지역의 사무실 임대와 인력 충원, 직원 교육은 물론이고 서비스 오픈 초기 2주간 판매할 쿠폰 또한 하성원의 검증하에 진행하기로 했다.

빠른 지역 확장과 더불어 해결해야 할 것은 서비스의 안정화였다. 서비스를 오픈한다고 해서 지역 사무실이 알아서 굴러가는 것은 아니었다. 서비스가 안정화될 때까지 티켓몬스터의 프로세스와 분위기를 정착시킬 사람이 필요했다. 신현성의 눈에는 권기현의 친구로 티켓몬스터에 입사한 김성겸이 제격이었다. 특별한 영업 실적을 가지고 있다거나 공격적으로 일을 벌이는 사람은 아니었지만, 직원들 사이의 커뮤니케이션을 원활하게 하고 직원 한 사람 한 사람마다 관심을 가지고 일할 수 있도록 도와주는 데 재능이 있는 사람이었다.

영업 지원과 제휴 문의를 담당하던 김성겸은 10월에 분당지역 팀장으로 발령받았다. 그리고 이후 일산지역 팀장으로 자리를 옮기게 되었을 때, 분당 영업사원이던 장미나를 분당지역 팀장으로 적극 추천했다. 인턴 프로그램을 통해 입사한 그녀는 회사에서 가장 즐겁게 일하는 사람 중 하나였다. 즐겁게 열심히 일하는 사람은 누구든 티켓몬스터에서 더 큰 역할을 맡을 수 있고 사람들이 일을 더 잘할 수 있도록 도와주는 것이 자신의 역할이라고 생각한 김성겸이 내린 판단이었다. 이후에도 김성겸은 일산, 강북, 강남을 돌아다니며 지역을 가리지 않고 서비스를 안정화시키기 위해 최선을 다했다.

새로운 지역 확장과 안정화의 노력에 힘입어 티켓몬스터는 10월까지 8개 지역(서울 4개 지역, 분당, 일산, 대구, 부산)으로 서비스를 확장하는 데 성공했고 11월에는 수원, 인천, 대전이 더해져 서비스 지역은 11개로 늘어났다. 12월에는 창원 확장과 부산 지역 분할로 2개 지역이 더해지면서 연내 목표였던 '13개 지역 확장'이 달성되었다.

2010년 말, 대부분의 광역시까지 진출한 티켓몬스터는 2011년 초부터는 지역 확장 속도에 박차를 가해 소도시에 진출하는 동시에 대도시를 지역 분할하기 시작했다. 1월에는 광주, 울산에 진출하면서 모든 광역도시에 진출했고,

2월에는 서울을 8개 지역으로 나눔으로써 지역을 더욱 세분화했다. 3~4월에는 천안, 청주, 진주, 안산, 춘천 등 인구 100만 이하의 소도시 확장을 시작했다. 뒤이어 5~6월에는 부산, 대전, 광주, 인천 등 광역시를 여러 개의 세부 지역으로 나누는 동시에 수도권 위성도시인 의정부, 화성, 구리 지역 쿠폰 판매를 시작했다. 2011년 8월까지 공격적인 지역 확장을 거듭한 결과 총 56개 지역에서 쿠폰을 판매하게 되었다. 하성원이 진두지휘한 지역 확장 프로젝트는 동시에 여러 지역의 오픈을 준비해서 한 달마다 계단식으로 지역 수를 늘려가는 전략을 취했다.

티켓몬스터의 지역 확장은 매출 증가 이상의 의미가 있었다. 대도시를 세분화하고 지방의 소도시에서도 티켓몬스터 쿠폰을 판매함에 따라 티켓몬스터의 서비스를 직접 경험할 수 있는 인구가 급증한 것이다. 쿠폰 구매는 온라인에서 이루어지지만 결국 지역상점의 서비스를 이용하는 것이므로 더 많은 사람들이 티켓몬스터 서비스를 이용하기 위해서는 지역 확장, 즉 '하이퍼로컬 Hyper-local'이 필연적이었다.

대형상품, 적극적인 비즈니스가 요구되다
—

2010년 10월 8일, 위메프가 시끌벅적하게 소셜 커머스 시장에 발을 들였다. 후발주자인 위메프는 서비스 오픈 전부터 네이트온 배너 광고와 서울시내 버스 광고를 통해 10월 8일 오픈을 대대적으로 알렸다. 대규모 마케팅은 그간 소셜 커머스가 취하지 않던 전략이었다. 이에 더해 오픈 첫날 에버랜드 자유이용권을 약 60퍼센트 할인한 가격인 14,900원에 판매했다. 주로 중소 규모 업체의 서비스를 할인하는 데 목적을 둔 데일리딜 서비스의 새로운 시도였다. 위메프는 오픈 첫날 '10만 장 매진, 일 매출 15억 원'이라는 신기록을 세우며 소셜 커머스 시장에 화려하게 데뷔했다.

후발주자인 위메프가 단숨에 선두권으로 도약할 수 있었던 이유는 인터넷 비즈니스에 대한 경험이었다. 위메프의 최대 투자자는 던전앤파이터의 성공을 이끈 허민 전前 네오플Neople 대표였고, 위메프의 주요 직원들은 허민 대표와 함께 게임 사업을 성공시킨 경험을 갖고 있었다. 데일리딜 서비스는 처음이었지만 인터넷 비즈니스에 대해 감각을 가진 사람들이었던 것이다. 또한 한국 최대 오픈 마켓 서비스인 G마켓 직원들을 스카우트해오기도 했다. 위메프는 초기에 다른 사이트들과 차별화하는 동시에 티켓몬스터에도 자극을 주었다.

B2B 영업은 중소 규모 영업보다 상품 구성에 더욱 신중을 기해야 했다. 보통 1,000장을 목표로 판매하는 상점의 상품들과 달리 1만 장, 10만 장 판매를 목표로 하기 때문에 더 많은 고객들의 입맛에 맞추기 위해서는 보다 분석적이고 세밀한 작업이 필수였다. 초기에는 프렌차이즈 한 지점에 영업을 하다가 운 좋게 본사와 이야기할 수 있는 기회가 주어지기도 했지만 이는 운이 좋은 경우였다. 지속적인 B2B 영업을 위해서는 일정한 업무 프로세스를 확립할 필요가 있었다. 김동현을 팀장으로 한 B2B팀이 새로 조직되었다.

티몬스토어, 새로운 영역을 개척하다

—

1월까지 하성원과 함께 지역영업그룹을 맡고 있던 김동윤은 신현성에게 새로운 영역을 개척하고 싶다고 말했다. 잡지사 〈블로그 소울〉에서 일한 후 티켓몬스터에 에디터로 입사한 김동윤의 입에서 나온 단어는 '티몬스토어'였다. 그때까지 티켓몬스터에서는 가끔 배송물품을 판매하는 경우가 있었으나 그리 큰 비중을 차지한 것은 아니었다. 더군다나 김동윤이 티몬스토어를 런칭하고 배송물품을 전문적으로 판매하고 싶다는 의사를 내비치자 내부 반대가 심했다. 티켓몬스터는 서비스 경험을 주목적으로 한 쿠폰 구매 사이트인데 상품을 판매하면 정체성이 흔들린다는 이유였다. 결국 기존의 온라인쇼핑몰과 시장이 겹칠 것이라는 의견이 주를 이뤘다.

그러나 김동윤은 이 시장에 대한 확신이 있었다. 티몬스토어의 원조격인 미국의 우트닷컴woot.com과 한국의 원어데이oneaday, TV홈쇼핑 시장을 조사하면서 티몬스토어의 성공 가능성이 매우 높다고 결론 내린 것이었다. 당시 티켓몬스터는 지역 확장과 B2B 영업에 온 신경을 쏟는 상태여서 김동윤의 제안에 관심을 가진 사람이 없었다. 김동윤은 함께 일하던 직원 한 명에 새로 채용한 직원 한 명을 더해 티몬스토어 팀을 조직했다. 영업과 마케팅을 지원받지 못하는 상황에서 세 사람은 꿋꿋하게 티몬스토어 런칭을 준비해나갔다. 틈틈이 사내 직원들을 대상으로 티몬스토어 진척 상황을 발표하기도 했지만 이 또한 다른 사람들의 주목을 끌지는 못했다.

두 달간의 준비를 거쳐 2011년 3월, 티몬스토어가 런칭되었다. 고객들의 반응은 예상보다 뜨거웠다. 곧바로 김동윤은 전략영업그룹 책임자로 승진한 후 공격적으로 카테고리를 확장해나가기 시작했다. 4월에는 여행상품을 전문적으로 판매하는 티몬투어를 신설했고, 7월에는 문화, 공연 관람 상품만을 전문으로 판매하는 티몬컬처를 신설했다. 폭발적으로 성장한 티몬스토어, 티몬투어, 티몬컬처의 8월 거래액은 90억 원이었다. 서비스 런칭 시점에서 목표로 했던 8월 거래액의 열 배 가까운 수치였다. 내부 반대에 굴하지 않고 김동윤이 주축이 되어 이뤄낸 성과였다.

티켓몬스터가 배송상품 전문 카테고리를 신설한 이후 경쟁업체인 쿠팡과 그루폰 또한 각각 쿠팡 쇼핑과 그루폰 쇼핑이라는 카테고리를 만들었다. 그루폰의 경우는 미국의 그루폰 본사에서 취하고 있지 않은 방향이었다. 새로운 카테고리 개척에 자신감을 얻은 전략영업그룹 직원들은 더욱 적극적으로 고객들이 원하는 시장을 찾아 나갔다. 이제 티켓몬스터는 그루폰의 벤치마킹을 넘어서 새로운 비즈니스 모델로 자신의 영역을 확장하고 있었다.

조직도 2.0

데일리픽을 M&A하고 한 달이 지난 2010년 2월, 신현성은 조직을 재정비하기 위한 계획을 세우고 있었다. 티켓몬스터가 데일리픽을 인수했던 가장 큰 이유는 티켓몬스터의 부족한 부분을 채워줄 수 있는 사람들을 영입하는 것이었다. 이제 더 강한 티켓몬스터를 만들어가야 했다.

신현성의 주도하에 티켓몬스터 창업자인 신성윤, 권기현, 김동현과 새로 합류한 이관우, 신승학, 김창욱, 김종화가 모였다. 우선 티켓몬스터를 확고한 1등 서비스로 만들기 위해 4월부터 데일리픽 서비스를 중단하는 것으로 의견을 모았다. 데일리픽 서비스 유지를 위한 최소한의 인력만이 남았다. 아쉬움을 드러내는 데일리픽 직원들도 있었으나 더 나은 서비스를 만들기 위해 하루빨리 힘을 합쳐야 한다는 사실에는 모두 동의했다.

신현성은 새로운 조직도를 그리기 위해 역할 분담에 대해 논의해나갔다.

탄탄한 조직으로 만들기 위해서는 티켓몬스터 창업자들과 새로 합류한 이들이 조화를 이루는 것이 가장 중요했다. 또한 업무 역량에 대한 객관적인 평가가 중요했다. 누가 그 일을 잘할 수 있는가가 회사를 운영하는 원칙이 될 수밖에 없었다. 작은 조직으로 효율을 높여야 하는 벤처 기업의 경우에는 그 부분이 더 중요했다. 그 사람의 현재 역량 이외의 부수적인 사항들은 철저히 고려 사항에서 제외되었다.

기본적으로 김동현과 권기현, 신성윤의 열린 자세가 새로운 조직을 그리는데 큰 역할을 했다. 원래부터 티켓몬스터 창업자들은 자리나 타이틀에 대한 욕심이 없었고, 자신이 가진 능력을 발휘할 수 있고 또 많이 배울 수 있는 자리라면 어떠한 역할이든 맡을 준비가 되어 있었다. 경험과 연륜을 가진 데일리픽 창업자들이 조직을 이끌어준다면 티켓몬스터 창업자들은 빠른 학습능력을 바탕으로 성장할 수 있었다. 티켓몬스터에 합류한 이들에게도 좀 더 책임감을 갖게 할 수 있었다.

27살, 대표 신현성
—

신현성은 2011년을 무거운 마음으로 시작했다. 회사 내부적으로는 데일리픽을 인수하고 2차 투자를 유치하는 큰 일이 있었고, 외부적으로는 매일경제신문이 선정한 '2011 차세대 최고경영자'에 뽑히면서 개인에 대한 언론의 관심이 커졌다. 회사의 폭발적인 성장세를 유지해야 했지만, 아직 데일리픽 서비스가 정리되지 않은 상태라 한 지붕 두 가족의 기묘한 상태가 지속되고 있었다. 높아진 언론의 관심은 대체적으로 긍정적인 효과를 불러왔지만, 티켓몬스터의 일거수일투족이 기사화하면서 부담감이 심해졌다. 대표로서 이 모든 문제를 혼자 해결해야 한다는 것이 당연한 의무이면서도 힘겨웠다.

창업자인 권기현과 김동현이 각자의 성장통을 겪고 있는 상황도 신현성에게는 부담으로 다가왔다. 대표 혼자만이 빠른 성장을 이뤄낸다고 해서 회사가 제대로 된 모습을 갖춰가는 것은 아니었다. 내부의 모든 조직원이 함께 성장하는 것이 이상적인 모습이었고, 특히 처음부터 일을 함께 한 창업자들이 발맞추어 나가는 것이 중요했다. 창업 초기에 많은 힘이 되어주었던 두 사람이 조직이 커짐에 따라 자신의 역할을 찾는 데 시간이 필요한 건 당연한 일이었다. 다만 그 시간이 회사의 성장속도만큼 빨리 자리잡았으면 하는 바람이었다.

창업 초기, 서비스에 관련된 모든 일을 도맡아 해결했던 권기현에게 400명이 넘는 조직에서도 같은 역할을 요구할 수는 없었다. 전문성을 가지고 하나의 조직을 이끌 만한 상황도 아니었다. 자신이 잘할 수 있는 역할을 찾아 역량을 길러야 했다. 김동현은 혼자 일할 때 두세 사람 몫을 너끈히 해내면서 빛을 발하는 사람이었지만 매니저로서 제 역할을 하기 위해서는 성장할 시간이 필요했다. 기본적인 커뮤니케이션 기술을 길러야 했고, 동료들에게 먼저 다가가는 자세를 갖춰야 했다. 감정을 배제하고 피드백을 받아들이는 데에도 서툰 면이 있었다. 재무와 회계를 맡은 신성윤 또한 너무 빨리 커버린 조직 내에서 자신의 역할을 제대로 해내기에 벅차 보였다.

창업자들은 회사의 성장과 변화에 맞춰 제 몫을 해내기 위해 고군분투하고 있었다. 서로의 고민을 이야기하는 것이 행여 짐이 될까 쉽사리 이야기를 꺼 내기도 힘들었다.

신현성이 대표로서 느끼는 부담감과 스트레스는 그 누구도 대신 해줄 수 있 는 것이 아니었다. 개인적 역량을 키워나가는 데에도 힘써야 했지만, 구성원들 의 성장을 주시하면서 그에 맞는 역할을 맡겨 개인과 회사에 도움이 되도록 신 경 써야 했다. 7개월 만에 직원 수 400명이 넘는 회사의 대표로 개인, 직원, 회 사의 성장을 신경 쓰는 일은 스물일곱 살 신현성에게 쉬운 일은 아니었다.

외형적으로 너무 빨리 커버린 회사이기에 군데군데 빈틈이 보였다. 회사의 지속적인 성장을 위해서는 하루빨리 균형 잡힌 조직을 만드는 것이 급선무였 다. 인수한 데일리픽 인력과 기존 티켓몬스터 직원들 간에 조화를 이루어야 했고, 필요에 따라서는 외부에서 경험 많은 직원을 채용해 티켓몬스터를 더 견고한 회사로 만들기 위한 작업을 진행해야 했다. 이제 내부 조직으로 눈을 돌려야 할 시점이었다.

운영그룹, 고객서비스와 업무 개선으로 재편하다

티켓몬스터에는 2010년까지만 해도 서비스 운영을 총괄하는 조직이 없었 다. 티켓몬스터의 성장을 주도해온 탄탄한 영업인력에 비해 영업 이후를 책 임지는 조직은 고객서비스실이 전부였다. 그러나 티켓몬스터가 고객들에게 사랑받는 서비스가 되기 위해서는 영업부터 쿠폰 판매, 그리고 고객들의 쿠폰 사용 이후까지를 책임져야 가능한 일이었다. 지역 확장에 따라 하루가 다르게 쿠폰 판매 수가 늘어가고 있는 상황에서, 서비스 운영을 총괄하는 조직이 없다는 것은 위기관리 능력의 부재를 의미하는 것이었다.

데일리픽을 고객만족도 1위의 회사로 키우는 데 공헌한 이관우가 신설되는 운영그룹의 책임자로 낙점되었다. 이관우는 고객서비스와 사내업무 효율이라는 두가지 방향으로 운영그룹을 재편했다. 먼저 고객만족을 실현하기 위한 CS^{customer service : 고객서비스} 조직이 운영그룹에 포함되었다. 상품 소개부터 판매 이후 고객 불만 사례 분석까지 사후관리를 담당하던 RM^{Risk Management} 조직도 영업그룹에서 운영그룹으로 이전했다. RM 조직이 제 역할을 해줄 때 고객과 상점이 질적으로 만족하는 쿠폰의 판매가 가능할 터였다. 현재 박정은 실장이 이끄는 CS 조직은 티켓몬스터 오픈부터 초기 5개월까지, 김명아 한 사람으로 운영되고 있었다. 이전에 고객상담 업무를 맡아본 적이 없었던 김명아는 삼바그릴 서비스에 문제가 터지면서 평소의 2~3배가 넘는 전화가 몰리기 시작하자 고객관리에 어려움을 호소했다. 티켓몬스터 직원들이 너나 할 것 없이 전화를 받으면서 업무를 도왔지만 한계가 있었다. 서비스에 불만을 가진 고객들의 전화를 이성적으로 응대하는 것은 고객상담에 대한 기본적인 이해나 훈련 없이는 어려운 일이었다.

10월이 되면서 네 명의 직원이 고객상담 업무를 담당했지만 폭발적으로 늘어난 회원 수 때문에 전화응답률은 여전히 20~30퍼센트에 머물러 있었다. 고객관리의 중요성을 깊이 깨닫지 못하고 있던 창업자들은 서비스를 시작한 지 다섯 달이 지난 뒤에야 고객관리 조직을 본격적으로 강화하기로 결정했다.

　우선 신현성은 고객서비스를 체계화할 사람이 필요하다는 생각에 고객서비스 경력을 가진 사람을 채용하기로 했다. 호텔과 CEO 교육기관에서 고객서비스 업무를 두루 거친 박정은이 적임자로 여겨졌다. 박정은이 CS 조직을 맡은 10월, 티켓몬스터는 고객서비스의 기초도 갖추어지지 않은 상황이었다. IVR(ARS시스템)이나 녹취 시스템 등 고객응대에 필요한 장비가 부족했고, 환불 정책과 운영 시스템, 응대 매뉴얼 등 업무 프로세스도 확립되지 않았다. 여섯 명의 고객서비스 직원들이 20만 명이 넘는 고객들을 만족시키는 것은 누가 봐도 무리였다. 밤 새워 이력서를 검토하면서 고객서비스 직원을 채용해나가기 시작했다. 11월에 열 명을 채용하고 체계적인 업무 교육을 시작했다. 이제 티켓몬스터도 통일된 고객 응대 매뉴얼을 사용하게 된 것이다.

　고객서비스 직원들은 전화 상담뿐만 아니라 웹사이트 내 일대일 게시판과 블로그, 트위터를 포함한 SNS 고객 문의까지 놓치지 않고 답변하기 위해 최선을 다했다. 인력은 많이 늘었지만 고객상담 내용을 엑셀로 정리하는 등의 부가적인 업무로 인해 밤늦게 퇴근하는 날이 잦았다. 일대일 게시판을 통한 고객 문의가 급증해서 고객서비스 팀만으로는 해결할 수 없다는 이야기를 들은 신현성은 2월 27일, 전 직원에게 도움을 요청하는 이메일을 보냈다. 일요일에 모여 고객서비스 팀을 도와주자는 내용이었다. 메일을 받은 직원 모두 일요일에 출근해서 일대일 문의 게시판에 답변을 달았다. 모든 직원들이 한마음으로 힘을 합쳤다는 것이 뿌듯하기도 했지만, 도움이 필요할 때마다 전 직원을 주말에 불러낼 수는 없었다. 근본적인 대책이 필요했다.

시스템을 개선하지 않으면 인력이 늘어도 업무가 쉽게 줄지 않는다는 판단 하에 3월 들어 CTI^{Computer Telephony Integration} 시스템을 도입했다. CTI시스템을 도입하면서 상담 시 접수자의 신원 확인이 가능해 이전 문의사항을 실시간으로 확인할 수 있어서 더욱 효과적인 상담이 가능했고, 고객에게 자동 전화걸기 기능을 활용하여 상담원별 업무 효율을 높일 수 있게 되었다. 내부 데이터베이스에 저장된 정보를 활용해 고객상담 관련 통계 수치로 성과를 측정하는 것도 가능했다. 효율적인 업무가 가능해지자 20~30퍼센트에 불과했던 전화 응답률도 90퍼센트를 넘어섰다.

고객서비스 직원들의 부가적인 업무를 줄인 덕분에 고객서비스의 질을 고민을 할 수 있는 여유가 생겼다. 티켓몬스터 고객서비스 조직은 고객들이 깜짝 놀랄 만한 서비스를 제공해 세계적으로 유명한 온라인 신발 쇼핑몰 '재포스^{Zappos.com}'와 같이 '끝내주는' 고객서비스를 제공하기 위해 고객들과의 쌍방향 커뮤니케이션 방안을 고민하기 시작했다.

다음으로 사내 업무 프로세스 효율을 높이기 위한 작업도 운영그룹이 맡아 진행했다. 운영그룹 내에 속한 운영솔루션 팀은 티켓몬스터 사업에 특화된 어플리케이션을 개발해 세일즈포스^{Sales force : 고객 관련 자료를 통합·분석하는 시스템}를 도입했을 뿐만 아니라 직원들의 계속된 피드백을 받아들여 시스템을 개선해나가는 역할을 맡았다. 직원이 400명이 넘어갈 때까지도 전사적인 시스템을 갖추지 못했던 티켓몬스터는 운영솔루션 팀의 시스템 제공으로 체질 개선에 성공할 수 있었다.

크리에이티브 센터, 브랜드 전략을 세우다

—

데일리픽의 깔끔한 이미지를 만드는 데 공헌한 디자인은 신승학의 조언을 받아들인 덕이었다. 신승학은 윙버스 창업자들 중에서 가장 먼저 티켓몬스터에서 본격적인 업무를 시작했다. 일찍이 신현성을 비롯한 티켓몬스터 창업자들은 데일리픽의 군더더기 없는 디자인을 마음에 들어했기 때문에 그가 빠른 시일 내에 티켓몬스터의 디자인을 한 단계 높여주길 바랐다.

디자인 책임자가 된 신승학은 티켓몬스터에 올라오는 쿠폰의 디자인이 지역에 따라, 그리고 상품에 따라 매일매일 달라지는 것이 티켓몬스터라는 브랜드의 전체적인 통일성과 일관성을 해친다고 판단했다. 때문에 근본적인 문제를 파악하고자 했다. 티켓몬스터는 서비스 초기의 빠른 업무 진행을 위해 조직을 지역별로 나누고 포토그래퍼와 디자이너를 각 지역 팀 소속으로 배치했다. 이는 지역별로 이루어지는 영업과 디자인의 효과적인 커뮤니케이션을 위한 방안이었다. 하지만 이러한 구조는 서비스 안정화 측면에서 보자면 득보다 실이 많았다. 공통된 디자인과 사진 가이드가 없으니 지역별로 결과물이 제각각이었고, 각 지역의 영업 상황에 따라 디자인과 사진 작업이 마무리되는 시점도 달랐다. 대개 영업이 끝나는 밤늦게 혹은 새벽에 디자인과 사진 작업이 이루어졌다. 본사 사무실에는 다섯 명의 디자이너만 있는 상태였다. 신승학은 우선 지역 팀에 뿔뿔이 흩어져 있던 디자이너들을 모두 서울 본사로 불러들였다. 티켓몬스터 크리에이티브 센터의 시작이었다.

본사로 디자이너들을 모은 날부터 신승학은 개인 면담을 시작했다. 시급하게 해결해야 할 문제를 확인하기 위해서였다. 가장 큰 문제는 영업 상황에 따라 업무 일정이 달라진다는 점이었다. 영업 사원들이 디자이너에게 체크리스트(업체 상호, 주소, 전화번호, 서비스 명, 할인율 등이 적힌 기초정보)를 전달해주어야 비로소 상품 소개 디자인을 시작할 수 있었지만, 상황이 급할 때는 디자이너들이 직접 상점에 전화를 걸어 작업해야 하는 경우도 있었다. 당일 밤 12시에 판매 예정이던 쿠폰이 갑자기 판매가 취소되어 새로운 쿠폰을 판매해야 될 때면, 12시까지 부랴부랴 디자인 작업을 마쳐 상품 소개를 올려야 했다. 또한 상품이 홈페이지에 올라가더라도 업주들이 요청한 수정사항을 적용하기 위해서는 새벽 1~2시까지 작업이 이어지기 일쑤였다. 신승학은 디자이너들의 근무 환경을 개선하기 위해 상품 판매 전날까지, 작성된 체크리스트와 사진이 디자이너에게 전달될 수 있도록 업무 매뉴얼을 정리했다. 그리고 이에 대해 영업 그룹과 크리에이티브 센터 간 합의를 이뤘다.

서비스 규모에 비해 적은 디자이너 수도 개인당 업무 부담을 늘리는 주요 요인이었다. 더 나은 상품 소개를 위해서는 상품 소개의 콘셉트를 정하는 에디터는 물론 콘셉트에 맞게 사진을 찍을 수 있는 포토그래퍼도 더 충원해야 했다. 신승학은 디자이너, 에디터, 포토그래퍼를 공격적으로 채용해 크리에이티브 센터 인력을 5월에는 80명, 8월에는 160명까지 늘렸다.

이와 동시에 디자이너들의 업무 효율성을 높이는 일이 진행되었다. 고깃집, 카페, 파스타, 스파, 네일 케어와 같은 서비스는 동일한 형식을 기반으로 디자인할 수 있었지만, 일관된 프로그램이 없는 탓에 서비스가 올라갈 때마다 처음부터 다시 만들어야 했다. 신승학은 외부 업체를 통해 글자를 입력하면 정형화된 디자인으로 상품 소개를 출력할 수 있는 자동화 프로그램을 개발

했다. 이제 디자이너는 물론이고 에디터 또한 결과물에 간단한 수정을 하는 것으로 양질의 출력물을 얻어내는 것이 가능했다.

에디터들에게는 그동안 티켓몬스터에 소개된 상품을 100여 가지로 분류한 후, 그 중에서 적합한 상품 소개를 참고해 작성할 수 있도록 했다. 매번 처음부터 상품 소개를 작성하던 수고를 덜 수 있게 된 것이다. 이 외에도 상품 소개에 필요한 사진 수와 구도를 명시한 포토 가이드를 만들어 지역 팀에 소속된 포토그래퍼들과 공유했다. 지역 포토그래퍼들을 위한 교육도 실시했다.

자동화 프로그램의 도움을 받아 에디터들이 간단한 디자인을 해결할 수 있게 되자, 디자이너들 중에는 위기의식을 느끼는 이들도 있었다. 이에 신승학은 디자이너들이 '디자인'에만 집중하기를 주문했다. 자동화 프로그램으로는 해결할 수 없는 디자이너들의 고유 영역이 존재하며, 이 영역에서 제 몫을 해내기 위해서는 디자이너들의 역량을 키우는 것이 중요하다는 점을 명확히 한 것이다. 신승학은 모든 디자이너들을 대상으로 매주 월요일 아침 작은 강의를 진행했다. 일주일에 한 번 길지 않은 시간이지만 티켓몬스터를 1등 브랜드로 만들기 위해서는 디자이너 각자가 최고의 실력을 갖춰야 한다는 신승학의 메시지는 디자이너들에게 큰 자극이 되었다.

2011년 6월, 디자인과 사진에 관한 기본적인 프로세스가 갖춰질 즈음 신승학은 브랜드 구축을 위한 준비를 시작했다. 티켓몬스터가 생명력을 가지려면 브랜드만으로 고객들에게 신뢰를 줄 수 있는 단계에 들어서야 했다. 하지만 티켓몬스터는 업계 1위로서의 브랜드 인지도는 물론 브랜드 전략에 대한 고민도 부족한 상태였다.

신승학이 처음 티켓몬스터 디자인 업무를 둘러본 1월, 티켓몬스터는 캐릭터의 라인 아트, 색, 웹사이트의 폰트^{Font : 글자 크기와 서체}, UI^{User interface}, 로고 서체 등을 통일한 방안이 없었다. 심지어 티켓몬스터의 캐릭터 색상이 디자이너에 따라 달라지기도 했다. 브랜드 구축에 대한 전략을 세우기 시작한 후, 신승학은 티켓몬스터를 1등 브랜드로 만들어낼 실력 있는 디자이너들을 충원하는 것이 필요하다고 생각했다. 네이버에서 함께 일했던 디자이너 세 명에게 찾아가 자신의 생각을 이야기했다. 그리고 2011년 6월 말, 새로운 도전을 받아들인 세 명의 디자이너들이 크리에이티브 센터 내 브랜드 전략을 위한 크리에이티브 UI랩으로 첫 출근을 했다.

서비스 기획, 프로세스를 갖추다
—

서비스를 시작한 지 7개월, 창업을 준비한 지 1년 가까운 시간이 지나면서 티켓몬스터는 마치 롤러코스터를 타듯 급격한 성장과 변화를 경험했다. 이지호는 학교로 돌아가기 위해 퇴사를 했고, 다른 창업자들 또한 많은 역할 변화가 필요했다. 지역 확장에 따라 가장 먼저 권기현의 역할이 바뀌어야 했다. 서비스 런칭을 3주 앞두고 웹사이트를 새로 만들었고, 서비스를 시작하고 나서는 상품 소개에 필요한 일은 온전히 권기현의 몫이었다. 창업자들 중에서 이역할을 도맡을 사람은 권기현밖에 없었다. 디자이너와 포토그래퍼를 영입한 6월부터는 상품들의 판매 여부와 시기를 결정하는 MD 역할을 맡았다. 권기현은 창업자들 중 티켓몬스터 서비스에 가장 맞닿아 있는 사람이었다. 논리적이고 분석적이며 고객들의 사소한 취향까지도 고민하는 업무는 권기현에게 잘 맞았다.

그러나 10월 들어 티켓몬스터의 쿠폰 판매 지역이 10개 이상으로 확장되면서 더 이상 MD 한 사람이 티켓몬스터의 모든 상품을 관리하기가 어려워졌고 권기현은 MD 업무를 중단했다. 하루에 11개씩 올라오는 상품을 걸러내고 각각의 일정을 배치하는 일을 혼자 하는 것은 무리였다. 지역 확장이 가속화될수록 MD 인력은 늘어나야 했다. 문제는 상품의 퀄리티를 유지할 수 있느냐였다.

신현성은 지역 확장에 주력해야 할 때이므로 각 지역 매니저들의 상품 고르는 눈을 믿어보자며 권기현을 독려했다. 지역 매니저들이 상품 판매 여부를 판단하기 시작하자 지역 확장 속도는 더 빨라졌다. 우려했던 상품의 퀄리티도 큰 변화 느껴지지 않았다. 영업해온 상품을 권기현에게 수없이 거절당해본 지역 매니저들의 경험이 '티켓몬스터가 요구하는 기준'이라는 명목하에 공유되었기 때문이었다.

권기현은 이때부터 신사업 기획을 책임졌다. 현재의 데일리딜 서비스만으로는 티켓몬스터의 성장을 이어가기에 역부족이었고, 새로운 사업과 서비스를 기획하는 데 재미를 느끼는 권기현의 성향에 따른 신현성의 판단이었다. 권기현은 직원 두 명과 함께 티켓몬스터가 벌일 만한 새로운 사업을 생각했다. 처음 내놓은 아이디어는 고객과 상점의 소통을 원활하게 도와주는 서비스였다. 티켓몬스터에서 쿠폰을 판매한 상점들이 각자 미니홈피와 비슷한 페이지를 꾸미고 고객들과 소통할 수 있는 공간을 마련해주는 것이 목표였다. 업체들이 필요에 따라 이벤트나 쿠폰을 진행할 수도 있었다. 그러나 고객과 상점 간의 소통이 가치 있는 일이긴 했지만 구매 행위의 핵심은 아니었다.

통신사에서 제공하는 멤버십 카드에 대해서도 아이디어를 발전시켰다. 티켓몬스터에서 판매한 이력이 있는 상점에서 상시 할인을 받을 수 있는 티켓몬스터 멤버십 카드였다. 그러나 고객들을 관찰한 결과 상시적으로 제공하는 10퍼센트 내외의 할인이 레스토랑이나 서비스를 구매할 상점을 선택하는 데 큰 영향을 미치지 않았다.

새로운 서비스에 대한 개념만을 논의하면서 시간은 흘러가고 있었다. 권기현은 새로운 서비스에 대한 논리적 접근은 할 수 있었지만, 이전까지 한 번도 웹서비스를 기획해본 적이 없었기에 세부적인 것까지 그려내는 데는 어려움을 느꼈다. 경험있는 기획자였다면 쉽게 풀어갈 일도 권기현에게는 하나하나가 처음 겪는 문제였기 때문에 모든 것이 어려운 숙제처럼 느껴졌다. 더군다나 당시 티켓몬스터의 개발 조직은 아직 조직력과 실력이 궤도에 오르지 못한 상태였기 때문에 힘들게 만들어낸 서비스 기획안을 구현해내는 것조차 쉽지 않았다. 영업 조직 위주로 성장한 티켓몬스터에게 신사업을 추진할 만한 여건이 갖추어지지 않은 탓이었다.

신사업 기획을 맡고 두 달이 지나자 신현성은 권기현에게 가시적인 성과를 요구했다. 하지만 보여줄 것이 없었다. 권기현은 티켓몬스터는 아직 신사업을 추진할 만한 여건이 안 되며 자신은 신사업 기획을 이끌기에 경험이 부족하다고 솔직하게 말했다.

신현성은 신사업 기획을 잠시 유보하고 그 당시 중요한 역할로 떠오른 수도권 외 지역 확장 매니저를 권기현이 맡아주기를 원했다. 지역 확장 매니저는 새로운 지역 사무실에 채용된 사람들의 업무 프로세스를 확립하고, 그 사람들을 수시로 관리해야 하는 일이었다. 사람을 관리하는 일보다 서비스에 대해 고민하기를 원했던 권기현에게는 좀처럼 흥미를 가질 수 없는 종류의 업무였다. 권기현은 앞으로 티켓몬스터에서 자신이 어떤 역할을 맡아야 할지, 어떤 역할을 맡을 수 있을지 고민에 빠졌다.

2월, 네이버의 콘텐츠 기획을 맡았던 김창욱이 처음 서비스 기획 조직의 그룹장을 맡은 시기에 티켓몬스터는 제대로 된 업무 프로세스도 갖추지 못한 상태였다. 티켓몬스터의 향후 성장을 위해 가장 중요한 것은 기획·개발 조직이었다. 이미 권기현이 이끌던 신사업 기획팀은 12월부터 권기현이 지역 확장 매니저를 맡으면서 세 명만 남아 있는 상태였고, 다섯 명 남짓한 개발팀은 서비스 유지와 보수만으로도 힘겨워하고 있었다.

김창욱은 실력과 경험 있는 사람들을 채용하는 한편, 업무 프로세스에 있어서 완성된 고리를 만드는 것이 급선무라고 생각했다. 하나의 서비스를 고객에게 선보이기 위해서는 치열한 고민과 토론을 거쳐 기획팀이 기획안을 작성하고 작성된 기획안을 토대로 디자이너가 서비스 시안을 그린 후, 개발자가 구현하여 최종적으로 QA^{Quality Assurance: 품질 보증}로 마무리되는 일련의 프로세스를 갖추는 것이 김창욱이 생각하는 바였다. 티켓몬스터는 이러한 여건이 갖추어지지 않은 상태였다. 권기현이 10월부터 두 달간 새로운 서비스를 기획하기 위해 노력했지만 제대로 된 결과물을 내놓지 못했던 가장 큰 이유는 프로세스의 부재 때문이기도 했다. 김창욱은 우선 권기현에 대해 상세히 알아보기 시작했다. 권기현의 성향을 비롯해 기획팀을 맡았을 때 나타났던 문제들이 그가 알고자 하는 핵심이었다.

신현성은 티켓몬스터가 향후 나아갈 방향과 큰 그림을 제시하는 사람이었고, 어떻게 구현할 것인지를 고민하는 사람은 디테일에 민감한 권기현이었다. 사소한 것 하나 놓치고 넘어가는 법이 없는 권기현은 큰 그림을 그리고 그에 따라 빠르게 생각을 추진해가는 신현성과 부딪히는 경우가 많았다. 신현성의 이야기를 들은 김창욱은 '이 사람이다' 싶은 생각이 들었다. 사소한 부분에서 서비스의 차이를 잡아내어 새롭게 발전시키는 것이야말로 기획의 핵심이기 때문이었다. 그는 권기현을 만나 기획팀을 맡던 당시의 고민들에 관해 이야기를 나눴다. 듣던 대로 논리적이고 집요한 면을 가진 사람이었고 서비스에 대해 깊게 고민한 흔적들이 묻어났다. 김창욱은 경험 많은 기획자들과 함께 일하면 권기현이 그 누구보다 뛰어난 기획자로 성장할 수 있을 거라는 생각이 들었다. 예전과는 다른 환경에서 재미있게 기획을 해볼 수 있을 거라는 김창욱의 말에 권기현 또한 다시 한 번 티켓몬스터 기획팀에서 일해보기로 결심했다.

김창욱은 권기현과 데일리픽 기획자들을 모아 기획팀을 꾸린 뒤 외부 채용에 나섰다. 같은 시기, 신승학 또한 기획자들과 호흡을 맞출 디자이너 채용을 시작했다. 2월부터 두 달 동안 퇴근 후면 매일같이 기존에 알고 지내던 실력 있는 기획자들을 만나 설득했다. 김창욱은 기획자를 영입하는 동시에 개발자 영입에도 힘을 쏟았다. 티켓몬스터가 좋은 서비스를 구현하기 위해서는 필요한 인력이 개발자였다. 뛰어난 기획자만 있다고 해서 좋은 서비스가 나오는 것은 아니다. 기획자, 디자이너, 개발자가 함께 호흡을 맞춰야만 하나의 좋은 서비스를 만들어낼 수 있는 것이었다. 결국 웹서비스를 구현해내는 마지막 역할은 개발자의 몫이었다.

김창욱은 개발력 강화를 위해 실력 있는 개발사 인수를 고려하고 있던 신현성에게 아스트릭스를 추천했다. 김창욱의 강력한 추천은 여러 인수 후보를 놓고 고민을 하던 신현성의 마음을 돌려놨고 티켓몬스터는 5월, 아스트릭스 인수를 결정했다. 아스트릭스 인수 이후에도 정상급 실력의 개발자들이 합류하면서 티켓몬스터는 비로소 '기획-디자인-개발'로 이어지는 서비스 구현의 고리를 완성했다.

신사업으로 확장하다

—

개념이 모호했던 티켓몬스터의 기획 조직은 1월 말을 기준으로 김창욱이 맡는 서비스 기획 조직과 김종화가 맡는 신사업 개발 조직으로 나뉘었다. 김종화는 새로운 사업 기회를 포착하는 데 누구보다 뛰어난 감각을 갖고 있었다. 대학생 시절부터 넥슨, 네이버에서 아르바이트를 하면서 웹서비스에 대한 안목을 길렀고 네오위즈에서 사업·전략 기획 업무를 하면서 본격적으로 실력발휘를 하기 시작했다. 여행정보 서비스로 시작한 윙버스의 창업을 주도한 사람 또한 김종화였다. 신현성은 풍부한 경험을 가진 김종화가 티켓몬스터에 적합한 새로운 사업 기회를 발굴해낼 수 있을 거라 믿고 신사업 개발 조직을 맡아주기를 요청했다.

김종화가 티켓몬스터에서 신사업 개발 조직을 맡아 제일 처음 구상한 사업은 '회원제' 명품 할인 판매 사업이었다. 이미 미국에서 길트닷컴^{Gilt.com}이 높은 수익을 올리고 있는 상황이었기 때문에 어렵지 않게 떠올릴 수 있었다. 티켓몬스터 회원들을 상대로 새로운 사업을 런칭하는 것도 힘들 것 같지 않다. 명품 할인 판매 사업을 위해서는 소비자들의 취향에 맞게 상품을 구성할 수 있는, MD능력을 갖춘 사람의 영입이 중요했다. 김창욱을 통해 유명 구두 브랜드 지니킴^{JINNY KIM}의 창업자이자 크리에이티브 디렉터인 지니킴(김효진)과 연락이 닿았다. 지니킴은 구두디자이너로서의 능력뿐만 아니라 뉴욕에서 MD로 활동했던 경험과 자신의 브랜드를 런칭하고 글로벌 브랜드로 키워낸 경험을 갖춘, 티켓몬스터 신사업에 적합한 사람이었다. 그때 이미 명품 할인 판매 사업을 준비하고 있던 경쟁사에서 지니킴을 영입하려던 중이었다. 티켓몬스터는 경쟁사보다 뒤늦게 설득에 나섰지만 적극적인 구애로 지니킴의 영입에 성공했다. 시장의 흐름을 읽는 데 탁월한 능력을 지닌 김종화가 이끄는 신사업 기획 조직에 지니킴이 합류하면서 티켓몬스터의 명품, 의류 사업 진출이 가시화되었다.

B2B 영업 조직을 책임지다

―

김동현은 티켓몬스터 런칭을 준비할 때 가장 열정적이고 에너지가 넘치는 사람이었다. 혼자서 두세 명의 일을 너끈히 해내면서도 매일 발생하는 새로운 문제를 해결하는 데 앞장섰다. 새로운 일을 배우는 데 재미를 느끼는 김동현의 특성상 계속해서 새로운 일이 생겨나는 작은 조직에서 즐겁게 일을 하는 것이 맞았다. 그러나 티켓몬스터가 점점 큰 조직으로 성장해가면서 김동현은 자신이 직원이 아닌 관리자로 역할 설정을 바꿔야 한다는 사실 때문에 고민에 빠졌다. 김동현의 관심은 조직을 책임지고 관리하는 것에 있지 않았다. 언제까지나 자신이 좋아하는 새로운 일을 마음껏 찾아 하고만 싶었다.

10월, 위메프의 등장과 함께 전국 규모의 대형 상품 영업이 중요해지기 시작하자 티켓몬스터의 B2B 영업 조직은 김동현의 책임이 되었다. B2B 영업 조직은 신설된 조직인 만큼 김동현은 회사 내 조직의 역할과 비전을 명확히 세우고 구성원들의 목표를 설정하는 데 관여해야 했다. 이를 위해서는 구성원 간의 신뢰 구축은 물론 각자 역할에 대한 이해가 필요했다. 하지만 김동현은 이전에 조직을 책임져본 경험이 없었고 조직관리에 대해 배우거나 공부해야겠다는 생각을 가져본 적도 없었다. 게다가 가장 중요한 팀원들과의 커뮤니케이션에 서툴렀다.

내부적으로만 커뮤니케이션이 부족했던 것이 아니라 B2B 영업 조직과 업무를 진행해야 하는 고객서비스팀이나 콘텐츠 제작팀과의 외부 커뮤니케이션에도 문제가 있었다. 김동현은 매니저로서의 자질에 대해 자책했다. 그러나 그것은 자질의 문제가 아니라 자세의 문제였다. 매니저는 직원들의 말을 '듣는' 사람이어야 했지만 김동현은 자신의 의견을 '말하는' 사람이었다. 조직을 위기에서 구해내기 위해서는 자세를 바꿔야 했다. 조직원들과 다시 처음부터 신뢰를 구축해나가는 과정이 필요했다.

김동현은 우선 주위 사람들이 추천해주는 책을 닥치는 대로 읽기 시작했

다.『굿보스 배드보스』『똑바로 일하라』『길은 잃어도 사람은 잃지 마라』등이
그것이었다. 매주 일요일마다 B2B 조직의 팀장들에게 고마움을 담은 장문의
메일을 보내기도 했다. 또한 개인 미팅을 요청하여 직원들의 이야기를 듣고
개별적인 상황을 이해하기 위해 노력했다.

　김성겸 또한 친구로서 개인적인 조언을 주는 것과 동시에 B2B 조직 내 커
뮤니케이션 팀장을 자청하여 김동현이 내부의 신뢰를 쌓아가는 데 조력자 역
할을 했다. 영업, 판매, 사후관리까지 유기적으로 협조해야 하는 외부 조직과
의 의사소통에 있어서도 김성겸은 창구역할을 해주었다. 김성겸이 말하는 매
니저로서의 노하우도 결국 신뢰에 기반 한 열린 커뮤니케이션이었다. 김동현
은 김성겸과의 대화를 통해 '관리자란 어떤 사람인가'에 대해 깊이 고민해나
갔다. 이러한 노력 덕분에 20명으로 구성된 조직원들도 마음의 문을 열고 서
로를 이해하기 시작했다. 그리고 김동현이 변화하고 성장해가면서 B2B 조직
은 티켓몬스터에서 함께 일하고 싶은 조직으로 바뀌어갔다.

재무 베테랑의 손길이 더해지다
—

　신현성은 2차 투자 유치 이후부터 빠른 속도로 성장한 티켓몬스터의 재무
를 담당할 적임자를 찾고 있었다. 신성윤이 최선을 다해서 재무 업무를 책임
지고 있었지만, 신현성의 모든 요청에 대응하기는 벅찼다. 회사 초기 신성윤
은 채권 정리, 입출금 등의 회계 업무부터 시작해 투자 유치에 필요한 재무 예
측 및 모델링까지 해야 했다. 회사가 빠르게 성장하면서 감당해야 할 범위가

넓어졌고, 자금 계획 및 현금흐름에 대한 신현성의 요구 또한 점점 복잡해졌다. 업무가 많아져 인력 충원이 필요했지만 10월이 되도록 업무를 혼자 도맡고 있었고 신현성의 요구를 완벽하게 처리하지 못해 갈등이 생기기도 했다. 재무 업무는 회사의 다양한 상황을 겪고 그 경험을 바탕으로 한 전문성이 필요한 일이었다. 재무를 맡은 지 1년 된 신성윤이 업무 전체를 감당할 수 없는 것은 당연한 일이었다. 재무 인력의 충원이 필요했다. 10월부터 한 달에 한 명씩 늘어나던 재무팀의 인원은 12월, 네 명으로 늘어났다. 그러나 신성윤에게 가장 필요한 사람은 티켓몬스터와 같이 급성장하는 회사에 대해 정확히 이해할 수 있는 경험 많은 사수였다. 회사 입장에서도 앞으로 더욱 복잡한 투자 유치와 M&A를 앞두고 있었기 때문에 이러한 작업을 맡아서 해결해줄 전문가를 찾아야 했다.

2011년 4월, 재무 및 회계 조직을 담당할 이승용을 영입했다. 이승용은 그동안 모닝글로리, CJ엔터테인먼트, CD네트웍스의 재무 담당자로 근무하면서 다양한 역할을 수행해본 경험이 있었다. 특히 이승용이 CD네트웍스에서 진행한 여러 차례의 투자 유치는 향후 티켓몬스터가 준비하고 있는 대규모 투자 유치 업무를 진행하는 데 큰 도움이 될 자산이었다. 이승용의 영입으로 신성윤은 재무 조직을 이끌어야 한다는 부담감에서 벗어나 티켓몬스터의 재무 전략을 수립하는 데 자신의 모든 역량을 집중할 수 있었다. 앞으로 신성윤은 회사의 현금흐름 예측, 자금 조달 및 운용에 대한 고민을 담당하게 될 터였다.

직원들을 위한 인사 시스템을 도입하다
—

10월 중순, 막 이사를 마친 티켓몬스터 역삼동 사무실에 인사와 총무를 책임질 이승민이 첫 출근을 했다. 티켓몬스터가 일반적인 회사들과 다를 것이라는 생각은 했지만 입사한 날 자신의 책상이 없을 줄은 꿈에도 몰랐다. 아직 책상이 도착하지 않은 직원들은 거리낌 없이 회의실 한구석에서 일하는 분위기였다. 자리 없이 회의실에서 일한 지 일주일째, 드디어 책상을 받을 수 있었지만 컴퓨터는 일주일이 더 지나서야 도착했다. 티켓몬스터에서의 첫 2주를 정신 없이 보낸 이승민은 본격적인 업무에 돌입했다. 당시 재무를 담당하던 신성윤이 총무를 겸하고 있었고, 인력 충원과 배치를 포함한 인사 업무는 각 팀에서 알아서 해결하고 있었다. 이승민은 급여, 총무, 법무, 교육을 담당할 직원을 채용해 인사 조직을 만들었다.

인사 현황을 파악하던 이승민은 100명이 넘는 직원들 중에서 4대 보험에 가입된 직원이 16명밖에 안되고 그마저도 자신의 4대 보험 가입 여부에 대해 모르고 있다는 점에서 놀라움을 금치 못했다. 심지어 자신의 급여가 정확히 얼마인지 모르는 직원을 비롯해 급여가 잘못 입금된 경우도 있었다. 인사 업무 경력 9년차인 이승민에게는 이러한 상황이 어처구니없는 한편 감동적이었다. 직장에 입사할 때 근무조건을 가장 먼저 따지는 것이 일반적인데 티켓몬스터 직원들 중에는 자신들의 급여가 얼마인지 신경쓰지 않고 그저 티켓몬스터가 재밌고 신나서 일하는 사람들이 많았던 것이다. 대부분의 직원이 티켓몬스터가 첫 직장인데다 기본적인 4대 보험, 연말 정산 등에 대해 교육받은 적이 없어 이승민은 연말을 앞두고 전 직원을 상대로 이 모든 것들을 설명해야 했다.

    티켓몬스터의 분위기는 비단 급여 문제에서만 독특한 것이 아니었다. 창업 초기부터 워크숍을 자주 갔는데 대개는 주말을 앞두고 급작스럽게 정해지는 경우가 많았다. 적어도 한 달 전에 워크숍 관련 예약을 마치는 데 익숙하던 이승민에게는 이 또한 낯설었다. 입사 후 첫 워크숍을 김동윤과 함께 준비하던 이승민은 구매목록에 포함된 라면을 빼자고 주장했다. 워크숍에서까지 막내 직원들이 라면을 끓이는 고생을 해서는 안된다는 이유였다. 그랬더니 김동윤은 "막내가 안 끓이는데요? 라면 제일 잘 끓이는 사람이 끓여요"라며 대수롭지 않게 넘겼다. 정말 워크숍에 가자 라면을 제일 잘 끓이기로 소문난 본부장이 밤새 라면을 끓였다.

    이승민이 티켓몬스터 문화에 차츰 적응해가고 티켓몬스터 직원들도 체계적인 인사 시스템의 필요성을 느끼면서 구체적인 조직도가 그려지기 시작했다. 이승민이 합류하기 전까지 한눈에 조직을 파악할 수 있는 방법이 없었고, 조직별 호칭도 팀, 실, 그룹 등이 불규칙적으로 사용되고 있었다. 12월에 제대로 된 첫 조직도를 만든 이후에도 회사에 성장에 따라 많은 변화가 있었기 때문에 매달 조직도의 수정이 필요했다. 이전에 없던 조직이 생기는 경우가 많았고 기존 조직의 역할 분리 및 통합도 자주 일어났다. 특히 데일리픽을 인수하고, 2월에 데일리픽 직원들을 흡수하면서 대대적인 인사 이동이 있었다. 개발·기획, 신사업 개발 조직의 규모가 커지고, 운영 그룹과 디자인을 담당하는 크리에이티브 조직이 신설되었다. 이후 6개월간 인력 충원이 쉼없이 이루어졌다. 7월, 인사위원회가 조직되어 티켓몬스터의 현주소를 정확히 나타낼 수 있는 조직도를 만드는 작업이 진행되었다. 사업과 직접적으로 관련이 있는 비즈니스 영역, 기능이 강조되는 플랫폼 영역, 회사 운영에 관련된 매니지먼트 영역으로 나누어 각 그룹, 센터, 실이 분류되었다.

회사의 성장에 따라 인사 업무의 역량은 채용→보상→복리후생의 순서로 집중된다. 티켓몬스터 인사기획실은 이런 점에서 앞으로도 당분간 채용에 집중할 것이다. 더 큰 성장을 앞두고 회사를 함께 키워갈 인재들을 채용하는 것이 여전히 1순위이기 때문이다.

4부

티몬이
간다

티몬의 가치, Openness

이제는 놀라움을 선사할 때다

3차 투자가 필요하다

리빙소셜과의 M&A

돈을 쫓지 말고 비전을 쫓아라

토니 셰이|Tony Hsieh | 재포스zappos CEO

티몬의 가치, Openness

2011년 6월 4일 늦은 저녁, 티켓몬스터 워크숍이 열리는 충북 제천의 청풍 리조트 강당은 이미 400명이 넘는 직원들로 가득차 있었다. 모두 들뜬 모습이 었다. 한 달 전에 있었던 1주년 파티의 여운이 아직 가시지 않은 듯했다. 전국 의 모든 직원들이 서울에 모인 1주년 기념 파티는 밤 10시에 시작되어 새벽 5 시가 넘어서야 마무리되었다. DJ가 믹싱한 하우스 음악에 맞춰 흥겨운 시간 을 보낸 그날의 기억이 다들 생생했다. 직원들은 오늘도 신나는 자리가 될 거 란 기대를 가진 채 워크숍 첫 순서인 신현성의 발표를 기다리고 있었다. 그때 신현성이 연단에 올랐다.

66 발표를 시작하기 전에 먼저 우리 스스로에게 박수를 보내고 싶습니다. 작년 에 이어 올해도 티켓몬스터는 도전의 연속이었습니다. 티켓몬스터가 대한민국 에 소셜 커머스 시장을 연 뒤 경쟁자는 하루에 하나 꼴로 늘어났고 그 속에서 우

리는 1위를 유지하기 위해 시장보다 한발 빠르게 움직였습니다. 티켓몬스터가 서비스를 시작한 지 정확히 1년 만인 지난 5월, 시장점유율 45.7퍼센트, 당월 거래액 214억 원, 전체 온라인 쇼핑 사이트 5위(G마켓, 옥션, 11번가, 인터파크, 티켓몬스터 순), 평균 일일 방문자 수 97만 명을 기록했습니다. 이러한 성적을 거두기까지 우리는 매월 평균 49퍼센트 성장하였고 1년 만에 100배 성장(거래액 기준)을 이루어냈습니다. 그러나 저에게 있어 가장 의미 있는 숫자는 '460'입니다. 1년 전 티켓몬스터를 이야기하며 밤을 새던 창업자 다섯 명은 이제 460명의 직원들과 함께하게 되었습니다. 여러분들과 함께 밤새 티켓몬스터에 대해 이야기하고, 티켓몬스터의 더 나은 미래를 꿈꾸며 설렐 수 있다는 것이 감격스럽습니다.

지난 1년은 한치 앞을 모르는 상황이었습니다. 하루가 다르게 시장이 바뀌었고, 우리가 내일 무엇을 해야 할지 가늠하기 힘든 나날이었습니다. 제 살 깎아먹기 식의 경쟁도 견뎌야 했습니다. 하지만 모든 것을 견뎌내고 매일 놀라운 성장을 할 수 있었던 이유는 두 가지입니다. 우리가 가진 '비전'과 '사람'입니다.

사람들이 '소셜 커머스를 버블'이라고 말할 때 그것은 현재의 우리 모습만을 보고 판단하는 것입니다. 우리는 비전을 향해 나아가고 있습니다. 우리는 처음부터 '오프라인의 모든 구매 활동을 온라인으로 옮긴다'는 비전을 가지고 시작했습니다. '반값' 판매만을 보고 달려드는 경쟁자들과는 지향하는 바가 다릅니다. 우리가 가진 마케팅 파워가 커질수록 전국의 중소규모 업체는 우리를 통해 더욱 효과적으로 자신의 서비스를 홍보할 수 있습니다. 그렇게 된다면 결국 우리가 세운 비전은 불가능한 꿈이 아닐 것입니다. 또한 티켓몬스터는 좋은 사람들과 좋은 팀이 모였기에 끊임없이 놀라운 성과를 보일 수 있었습니다. 마음 맞는 사람들과 함께 일하니 힘들지 않았고, 중요한 결정을 할 때마다 서로에게 힘을 실어줄 수 있었습니다.

우리는 그동안 함께 성장하는 동료이자, 가장 많은 시간을 보낸 친구였습니다.

이제 티켓몬스터는 460명이 소속된 큰 조직이 되었고, 앞으로 더 많은 사람들이 우리와 함께할 것입니다. 이렇게 많은 사람들의 마음을 하나로 모으기 위해서는 우리가 추구하는 바를 정리해야 할 때라고 생각했습니다. 우리 안에서 군이 말하지 않아도 이미 중요하다고 여겨지는 가치, 있는 그대로의 우리를 표현할 수 있는 한마디를 찾기 위해 이사진과 함께 고민했습니다. 그 결과, 네 가지의 핵심 가치와 이 가치를 하나로 묶을 수 있는 단어를 정리했습니다. 이 자리에서 여러분들과 그 가치를 함께 공유하려고 합니다.**""**

화면에는 하나의 단어가 나타났다.
'Openness : 관계, 변화, 성장, 그리고 즐거움'

"" 저는 우리 회사의 모든 가치가 'Openness'로 통합되기를 바랍니다. 직급이나 나이를 막론하고 자신의 의견을 이야기할 수 있는 회사, 새로운 변화를 받아들임에 있어 두려워하지 않는 회사, 일과 놀이가 하나가 되어 일에서 즐거움을 찾을 수 있는 회사, 그리고 회사만이 아니라 직원 모두 동반 성장할 수 있는 회사.
저는 이 모든 것을 'Openness'에 담고 싶습니다.**""**

티켓몬스터 직원 모두가 중요하다고 생각하고 있던 가치였다. 가치관을 정립하는 일은 현재의 티켓몬스터 직원들은 물론 앞으로 함께할 사람들을 하나로 묶어내기 위한 것이었다. 청담동의 작은 사무실에서 옹기종기 모여 일을 할 때는 서로의 생각을 수시로 이야기하고 한마음으로 나아갈 수 있었다. 하지만 수백 명의 직원들이 서로의 생각을 공유하기를 바라는 것은 무리였다. 이 많은 사람들이 '티켓몬스터의 가치'를 공유하는 '티모니언(티켓몬스터 사람)'이 되기 위해서는 이를 글로, 말로 정리할 필요가 있었다. 물론 명문화 작업은 시작에 불과했다. 중요한 것은 이 가치의 중요성을 직원 모두가 인정하고 자신의 업무를 통해 실천하는 것이었다. 네 개의 가치와 이를 담아낸 "Openness"는 사람들을 하나로 묶는 것은 물론이고 티켓몬스터의 지난 궤적과 앞으로의 방향을 정하는 지표가 될 것이었다.

66 말씀드린 가치를 실현하기 위해 이제부터 다양한 변화들이 시도될 것입니다. 물론 여러분이 알다시피 이미 진행되어온 일들도 있습니다. 우선 내부 업무 프로세스를 효과적으로 운영하기 위해서 세일즈포스를 준비하고 있습니다. 빠른 시일 내에 티켓몬스터 내부의 모든 업무에 세일즈포스를 적용할 예정입니다. 또한 티켓몬스터가 하고자 하는 새로운 서비스 구현을 위해 뛰어난 개발인력을 새로 충원했습니다. 앞으로 새로운 서비스 기획과 신사업 분야에서 이분들의 역할을 기대하고 있습니다. 지니킴과 함께 하는 신사업 '페르쉐'와 해외 진출도 더 적극적으로 진행해나가려고 합니다. 또한 서비스 기획자 분들이 오랜 시간 고민해온 실시간 딜 '티몬나우'도 오는 7월에 선보여 소셜 커머스 시장의 새로운 흐름을 만들어 갈 것입니다.

우리의 중요한 가치 중 하나인 '직원들의 즐거움'에 대해서도 고민하고 있습니다. 우리 스스로 즐거워야 고객들에게도 즐거움을 선사할 수 있습니다. 나날이 늘어가는 직원 수에 비해 직원들을 위한 업무 환경 개선에 대한 노력과 제도가 부족했습니다. 물론 직원들간의 친밀한 관계가 처음부터 지금까지 우리가 즐겁게 일을 할 수 있었던 가장 큰 이유이고 절대 포기할 수 없는 가치입니다. 그러나 지금까지 그 즐거움을 찾는 일을 직원 스스로에게 맡겼다면 이제는 회사가 직원들을 도우려 합니다. 쾌적한 사무공간, 경제적인 지원을 아끼지 않겠습니다. 또한 우리가 가진 즐거움을 적극적인 소통과 이벤트를 통해 고객들에게도 선사할 것입니다.

1년이 지난 지금, 그때와 비교할 수 없을 정도로 성장한 우리 스스로를 자랑스러워하듯 우리의 핵심가치를 통해 직원 모두가 변화와 성장을 이룰 수 있었으면 합니다. 즐겁게 일할 수 있는 회사가 되기를 바랍니다. 그동안 수고하셨습니다."

업무 프로세스 확립과 아스트릭스 인수는 외부로부터 변화를 받아들여 내부의 경쟁력을 강화하는 데 초점을 둔 일이었다. 신사업 '페르쉐PERCHÉ'와 해외 진출은 대한민국 소셜 커머스에 변화의 흐름을 만들어갈 도전이었다. 그리고 김종화가 주도하는 향상된 마케팅 전략, 권기현이 이끄는 실시간 딜 '티몬나우'는 해당 분야의 경험이 일천했던 내부 인원이 성장하여 조직과 프로젝트를 이끌어간 좋은 예였다. 이 모든 일들을 통해 티켓몬스터는 새로운 회사로 다시 태어나고 있었다.

내부 프로세스 확립-세일즈포스를 도입하다
—

직원 수가 400명이 넘고 쿠폰 판매 지역 수가 30곳을 넘어갈 때까지도 티켓몬스터는 업무 프로세스를 도와줄 만한 시스템 없이 개인의 역량에 의존해 모든 일이 진행되고 있었다. 문제는 이로 인한 업무 비효율이었다. 제안서 제출, 계약서 작성, 체크리스트 확인, 사진 촬영, 상품 소개, 판매 이후의 파트너 컨설팅, 고객 상담 내역까지 다양한 종류의 자료가 각기 다른 영역에서 보관되었기 때문에 통합적으로 서비스를 관리할 수 없었다. 개인의 실수로 전달 과정 중에 자료가 누락되는 경우에는 업무 프로세스 전체가 지연되기도 했다. 신현성은 하나의 데이터베이스 안에서 모든 정보가 관리되어 정보의 흐름을 단계별로 실시간 파악할 수 있기를 바랐다. 이것이 직원들의 실수를 줄이고 필요한 정보를 빨리 파악할 수 있는 방법이었다.

효율적인 업무 처리를 위해서는 전사全社적인 시스템이 도입되어야 했다. 우선 신현성은 이관우에게 세일즈포스 CRMCustomer Relationship Management : 고객관계관리 도입을 추진해달라고 요청했다. 세일즈포스 CRM은 클라우드 컴퓨팅(인터넷상의 서버에서 데이터 저장과 네트워크, 콘텐츠 사용 등의 서비스를 제공하는 혁신적인 컴퓨팅 기술)을 통해 CRM을 제공하는 세계적인 기업 세일즈포스닷컴salesforce.com의 서비스였다. 이미 스타벅스, 알리안츠, 델 컴퓨터 등 유수의 기업들이 세일즈포스 도입을 통해 효율적인 프로세스를 구축하고 있었다. 세일즈포스는 영업, 마케팅, 재무, 고객 서비스, 고객 지원 등 많은 분야에 적용 가능했다.

대부분의 회사들은 필요에 따라 한두 가지 영역에 제한적으로 적용했지만, 티켓몬스터는 가능한 모든 분야에 걸쳐 세일즈포스를 도입하기로 결정했다. 티켓몬스터 프로세스에 맞는 어플리케이션을 개발하기 위해 국내 정상급 개발자를 채용해 5월부터 개발에 들어갔고, 한 달 만인 6월에는 우선적으로 필요한 기능의 개발이 모두 완료되었다. 문제는 이 프로그램이 실제 적용 가능한가 였다. 우선 서울 직원들을 대상으로 교육을 시작했다. 제 아무리 좋은 시스템을 도입한다 해도 직원들이, 특히 책임자들이 사용하지 않으면 무용지물이었다. 새로운 시스템 도입에 실패한 회사들은 대부분 변화를 거부하는 책임자들이 원인인 경우가 많았다. 티켓몬스터는 젊은 사람들이 모인 조직이라는 점에서 시스템 도입이 한결 수월했다. 서울을 시작으로 전국의 직원들을 대상으로 한 시스템 교육이 끝난 뒤, 직원들은 너나 할 것 없이 적극적으로 시스템을 이용하기 시작했다. 가장 나중에 도입된 사진 촬영과 디자인 관련 어플리케이션도 8월부터는 전면적으로 사용되었다. 시스템 개발을 시작한 지 4개월 만에 티켓몬스터의 모든 직원이 세일즈포스 어플리케이션을 업무에 적용하게 된 것이다. 더 나은 방법이 있다면 아낌없이 투자한다는 창업자들의 마인드와 새로운 방식을 받아들이기 두려워하지 않는 직원들이 이루어낸 결과였다.

아스트릭스 인수, 개발력을 강화하다

—

티켓몬스터는 서비스 초기부터 경쟁업체들을 압도하는 공격적인 지역 확장 정책으로 시장을 선도해왔다. 강한 영업력을 바탕으로 서비스 지역을 빠르게 늘리는 것이 적절한 전략이기는 했지만 영업력을 키우는 데 집중하다보니 다른 조직들은 회사의 성장속도에 맞춰 발전하지 못하는 경우가 발생했다. 특히 개발 조직의 경우는 상황이 심각했다. 2011년 1월 말, 회원 수가 60

만 명을 넘고 데일리딜 쿠폰 서비스 지역 수가 17개를 넘어섰지만 개발자는 다섯 명뿐이었다. 개발 인력이 부족함에 따라 개발 조직은 기존의 서비스를 유지하고 보수하는 데 대부분의 업무를 할애했고 새로운 서비스 개발은 엄두조차 내지 못하는 상황이었다.

티켓몬스터는 데일리딜로 시작한 사업을 진정한 소셜 커머스로 발전시키기 위해 2011년 여러 가지 시도를 계획하고 있었다. 이를 구현하려면 현재의 개발 인력은 턱없이 부족했다. 김창욱과 신승학이 기획자와 디자이너를 충원하고 있었지만 개발 조직을 갖추는 일은 쉽지 않았다.

2011년 3월 말, 티켓몬스터는 개발자들을 한 명씩 채용하는 것이 어렵다는 판단하에 뛰어난 개발자들이 모여 있는 소프트웨어 회사를 인수하기로 마음먹었다. 실력뿐만 아니라 개발자 네트워크도 두루 갖춘 조직을 영입하는 것이 목표였다. 신현성은 실력 있다고 소문난 소프트웨어 회사들을 찾아 인수 협상을 진행했다. 개발에 문외한인 신현성이 기획 조직과 어울릴 수 있으면서도 실력 있는 개발자들을 찾아내기란 쉽지 않았다. 여러 후보를 두고 고민하고 있을 때 김창욱이 아스트릭스를 강하게 추천했다. 김창욱이 네오위즈에서 기획자로 일할 당시, 아스트릭스 창업자들이 개발을 맡아 세이클럽, 피망, 벅스뮤직을 내놓은 경험이 있고 이후 윙버스 창업 시절에도 이들의 도움을 받아 어려운 작업들을 해낸 적이 있다고 했다. 네오위즈 출신으로 구성된 다섯 명의 아스트릭스 창업자들은 독자적인 프로젝트를 준비하는 한편 난이도 높은 프로젝트를 외주로 작업하고 있는 상태였다. 이들의 실력을 눈여겨본 게임 업체들이 이미 인수를 위해 움직이고 있었다. 5월, 신현성은 김창욱의 강력한 추천과 업계의 평판을 믿고 아스트릭스 인수를 결심했다.

아스트릭스 창업자 다섯 명이 개발 조직의 핵심 인력이 된 후 실력 있는 개발자들이 대거 합류하면서 티켓몬스터 개발 조직은 금세 스물다섯 명으로 늘어났다. 이들이 해결해야 할 업무는 현재의 서비스를 효율적으로 운영하는 일이었다. 티켓몬스터에는 매일 새로운 콘텐츠가 올라오기 때문에 고객과 판매자로부터 새로운 요구사항들이 매일 접수되었고 기술적으로 빨리 대응해야 했다. 티켓몬스터가 더 많은 고객과 판매자를 상대할수록 운영 업무량이 급격히 늘어갔다. 개발자들은 곧바로 티켓몬스터 서비스를 안정화하는 작업을 시작했다.

공격적으로 개발자를 채용한 이유는 서비스 안정화 외에 또다른 측면이 있었다. 앞으로 전개될 티켓몬스터의 새로운 서비스들을 빠르게 구현해내기 위한 기술력이 필요했기 때문이었다. 지금까지 티켓몬스터는 영업력을 기반으로 한 데일리딜 위주의 사업을 진행했지만 곧 런칭할 새로운 서비스들은 기술력이 뒷받침되지 않으면 불가능한 것들이었다. 실력 있는 개발자들도 단순히 현재 운영되는 서비스를 유지·보수하기 위해 티켓몬스터에 온 것이 아니었다. 새로운 서비스를 개발하는 도전의 기회가 티켓몬스터에 있을 거라 믿고 모험을 건 것이었다.

아스트릭스 인수로 물꼬를 튼 공격적인 개발자 채용은 5개월에 걸친 노력의 결실이었다. 기획자, 디자이너, 개발자로 이어지는 일련의 서비스를 만들기 위한 퍼즐의 마지막 조각이 맞춰졌다. 이로써 이제 티켓몬스터의 상상력이 구현될 수 있는 토대가 마련되었다.

티켓몬스터에서 여성 구두를 판다고?

—

　김종화의 제안으로 시작된 회원제 명품 할인 사업이 구체화되면서 난항을 겪기 시작했다. 미국에서 이미 수익성이 검증된 사업이었기에 한국 명품 시장에 대한 철저한 조사없이 프로젝트를 시작한 것이 화근이었다. 조사를 거듭할수록 미국과 한국의 차이가 확연히 드러났고, 대규모 자금을 투입하지 않으면 수익을 내기가 어렵다는 계산이 나왔다. 또한 미국 내 명품 할인 사업의 가장 큰 성공요인은 경제 불황이었다. 경기 침체로 명품 재고가 쌓이면서 사업자들이 재고를 싸게 확보할 수 있었고, 50퍼센트 할인 또한 가능했던 것이다. 하지만 미국의 경제 상황이 나아지고 명품 재고량이 줄어들면서 '싼값에 재고를 확보한다'는 사업의 기본조건이 무너지는 상황이 되었다. 결국 티켓몬스터는 명품 할인 사업에 진출하지 않기로 결론내렸다.

　여러 해 동안 새로운 사업을 개발하는 일을 해온 김종화에게 하나의 사업을 중단하고 다른 사업 기회를 찾는 일은 익숙했다. 더군다나 지니킴을 포함한 역량 있는 인력을 갖추고 있었기 때문에 적절한 기회를 잡는다면 신사업 개발은 어렵지 않을 거라는 자신감이 있었다. 그때 미국의 슈대즐닷컴 Shoedazzle.com이 눈에 띄었다. 월정액(40달러)을 지불하면 고객의 취향에 맞는 구두를 비롯해 다양한 패션 아이템 중 하나를 한 달에 하나씩 배송받는 서비스였다. 처음 계획했던 명품 할인 사업보다도 지니킴의 전문성이 발휘될 수 있는 사업이었다. 미국의 고급백화점 노드스트롬 Nordstrom에 입점할 만큼 실력을 인정받는 구두 디자이너 지니킴이 추천하는 '개인별 맞춤 스타일' 구두 쇼핑몰은 경쟁력 있는 사업이라는 확신이 들었다.

브랜드를 페르쉐로 정한 후 본격적인 신사업 개발에 착수했다. 이 서비스를 통해 지니킴의 안목으로 고른 구두는 물론이고 패션 스타일까지 추천하는 서비스를 선보일 계획이었다. 우선 티켓몬스터 본사 내에 구두 시제품 제작을 위한 스튜디오가 마련되었다. 높은 품질과 독특한 디자인을 가진 프리미엄 구두를 매력적인 가격에 제공하겠다는 의도였다. 온라인 쇼핑몰과 함께 10월, 가로수길에 페르쉐 로드숍 오픈 계획도 수립되었다. 티켓몬스터가 패션 사업 진출뿐만 아니라 오프라인 스토어도 연다는 대담한 시도였다.

티켓몬스터, 말레이시아에 가다

다른 경쟁업체들이 한국 시장에서 과열 경쟁에 힘을 쏟고 있을 때, 티켓몬스터는 해외시장에 관심을 갖기 시작했다. 2011년 4월, 신현성은 평소 알고 지내던 코리안트위터스 강대업 대표에게 동남아시아와 미국 내 한인 시장 조사를 요청했다.

동남아시아 시장에 관한 조사를 마친 강대업은 최근 인터넷 보급률이 눈에 띄게 증가하고 있는 말레이시아의 소셜 커머스 시장을 긍정적으로 평가하면서 얼마 전 데일리딜 사업을 시작한 에브리데이닷컴을 인수 상대로 고려해볼 만하다는 의견을 전달했다. 신현성은 좋은 기회라는 생각이 들었다. 말레이시아와 같은 성장 여력이 있는 시장에서 티켓몬스터의 해외 진출 가능성을 시험해보고 싶었다. 곧이어 티켓몬스터의 해외 진출 업무를 강대업이 맡기로 결정했다. 말레이시아로 건너간 강대업은 현지 시장 상황과 에브리데이닷컴에 대한 면밀한 평가서를 본사로 전달했다. 말레이시아의 에브리데이닷컴 창업자들은 소셜 커머스 사업 이전에 쇼핑 할인 정보 제공 사이트를 운영한 경험을 갖고 있었다. 인터넷 비즈니스에 대한 감각을 갖고 있는 이들이었다. 첫 해외 진출 파트너로 함께할 만한 팀이라는 생각이 들었다. 인수 협상을 위해 한국에 온 에브리데이닷컴 창업자들을 만나고 나니 더욱 신뢰가 갔다. 4월 말 에브리데이닷컴 인수 계약을 마무리한 다음 강대업은 말레이시아에 파견되었다. 티켓몬스터 서울 본사와 긴밀한 연락을 취하면서 말레이시아의 에브리데이닷컴을 운영하기로 결정한 것이다.

인수 이후 첫 작업은 신성윤이 맡았다. 티켓몬스터 재무 시스템을 말레이시아에 구축하여 본사와 동일한 시스템을 사용할 수 있도록 했다. 에브리데이닷컴 경영진들 또한 티켓몬스터 본사를 방문해 업무 프로세스와 사진, 디자인 노하우를 배워갔다. 티켓몬스터와의 협업에 힘입어 에브리데이닷컴은 인수 4개월 만에 말레이시아 시장에서 세계 1위 소셜 커머스 업체인 그루폰과 1위를 다투고 있다. 이제 글로벌 업체와의 경쟁에서도 잘해낼 수 있다는 자신감이 생겼다.

분석적 마케팅을 도입하다

—

티켓몬스터는 2월 말부터 공중파TV 광고, 서울시내 버스 정류장 광고, 지하철 승강장 광고를 이용한 공격적인 마케팅에 나섰다. 아직 성장중인 소셜 커머스 시장에서 잠재 고객을 유치하기 위한 대규모 투자였다. 신현성은 이러한 공격적인 마케팅을 하면서도 내내 아쉬움이 남았다. 마케팅의 성과 측정이 제대로 되지 않아 자신들이 얼마나 효과적으로 광고비를 지출하고 있는지 가늠하기가 힘들었던 것이다. 효과 측정이 어렵기 때문에 마케팅 수단에 따른 성과를 데이터베이스로 활용하는 것도 불가능했다. 티켓몬스터에는 지속적으로 마케팅의 성과를 측정하여 효과적인 마케팅을 이끌어낼 수 있는 인터넷 서비스 마케팅 전문가가 필요했다. 3월, 새로운 마케팅 책임자를 채용하기 위한 면접을 진행했지만 마음에 드는 인력을 찾기란 힘들었다.

4월, 미국 출장 중에 있었던 리빙소셜과의 미팅에서 신현성은 효과적인 마케팅에 대한 힌트를 얻을 수 있었다. 미국의 온라인 상거래 업계에서는 분석적 마케팅 접근법이 널리 쓰이고 있었다. 리빙소셜 또한 회원 한 명을 유치하는데 드는 비용과 그 회원으로 인해 발생하는 매출을 비교하여 어떤 마케팅 수단이 충성고객을 유치하는 데 가장 효과적인지를 추적하고 이 정보를 마케팅에 적극 활용하고 있었다. 지금까지 마케팅 전문가와 일해본 경험이 없었던 신현성에게는 분석적 마케팅의 기본 개념이라 할 수 있는 회원당 유치비용CAC : Customer Acquisition Cost에 대한 설명부터 새로웠다. 리빙소셜의 마케팅 현황에 대한 이야기를 듣고 나서야 티켓몬스터 마케팅에 대한 그림이 그려졌다.

한국에 돌아온 신현성은 여러 개의 마케팅 채널을 일종의 투자 대상으로 접근해 '포트폴리오'를 운영할 만한 사람이 누구일지 고민했다. 밖에서 찾기 힘들다면 안에서 찾으면 될 일이었다. 새로운 것에 대한 이해가 빠르고 분석적인 성향이 강한 김종화가 적임자였다. 마케팅을 해본 경험은 없었지만 짧은 시간 내에 배울 수 있을 거라는 믿음이 있었다. 당시 신사업 기획을 마무리 지은 김종화에게 신현성은 분석적 마케팅에 대한 이야기를 전했다. 김종화는 빨리 적용해보겠다며 마케팅 업무를 맡았다.

김종화가 5월부터 맡게 된 마케팅 조직은 광고 집행만으로도 업무 포화 상태였다. 시도는 참신했지만 개별 쿠폰마다 새로 만들어야 하는 TV 광고는 직원들의 업무를 가중시켰다. 온라인 배너 광고 또한 목적이 불분명해 공간을 미리 확보해놓고 영업조직에서 광고 요청이 들어오면 쿠폰을 광고하는 방식이었다. 마케팅 조직의 독자적인 목표와 계획을 세우는 것이 시급했다.

마케팅별 정량적인 목표를 세우고 성과 측정을 시작했다. 우선 티켓몬스터 마케팅의 목표를 '신규 회원 모집'과 '신규 이메일 구독자 모집'으로 설정했다. 성과 측정은 얼마나 많은 고객을 모을 수 있는지(모객 규모), 고객 한 명을 늘리는데 비용이 얼마나 드는지 (CPA^Cost per Acquisition), 이를 통해 가입한 고객의 구매력은 얼마나 되는지, 이렇게 세 가지 측면에서 실시했다. 특정 마케팅 채널을 통해 들어온 회원의 구매력은 가입 후 1주일간 구매 성향을 기존 회원의 구매 성향과 비교해서 판단했고, 이메일 구독자의 충성도는 오픈율·클릭률로 측정했다.

마케팅 채널별 성과 측정 외에도 정기적으로 월별 가입 회원군별 1인당 매출과 마케팅 비용 회수기간^payback period 등을 추적해서 전반적인 마케팅 성과를 측정해나갔다. 무리한 비용 지출 없이 효과적인 마케팅을 지속할 수 있는 기반을 갖추게 된 티켓몬스터는 향후 소셜 커머스 마케팅에 대한 자신감을 가지게 되었다.

티몬나우, 해피아워가 진화하다

—

2011년 1월 말, 권기현은 김창욱이 조직을 맡으면서 다시 기획 조직으로 돌아왔다. 김창욱을 비롯해 풍부한 경험을 가진 기획자들이 영입된 기획 조직은 이전과 달라져 있었다. 이미 개별 서비스의 세밀한 차이를 구별하는 데 뛰어난 재능을 갖고 있던 권기현은 네이버, 네오위즈, 윙버스에서 주요 서비스를 만들었던 '특급 요리사'들의 노하우를 스펀지처럼 빨아들이기 시작했다. 머릿속에 떠오른 콘셉트를 서비스로 구체화해서 기획안으로 그려내는 작업도 이들과 함께 하니 훨씬 수월했다.

김창욱이 기획과 개발 조직을 구축하는 동안 권기현은 서비스 기획을 맡아 이끌기로 했다. 권기현은 2010년 10월 중단했던 아이디어를 노련한 기획자들과 함께 다시 발전시켜 나가기 시작했다. 데일리딜의 취약점으로 평가받던 '반복 구매'를 활성화하기 위한 서비스였다. 고객과 상점 간의 소통을 원활하게 하기 위해 미니홈피 형태의 개별 상점 페이지를 만드는 것, 고객들의 충성도를 높이기 위해 티켓몬스터 제휴 할인점에서 항상 할인받을 수 있는 멤버십 카드를 만드는 것, 또 상점의 입장에서 손님이 적은 시간대에 직접 쿠폰을 판매 해서 빈자리를 채울 수 있는 방법을 마련하는 것 등이 주요 아이디어였다. 기존 데일리딜의 문제 해결을 위해서 권기현과 기획자들은 새로운 개념의 서비스를 이리저리 그려봤지만 '이거다' 하기에는 뭔가 부족했다.

그러던 차에 미국 출장 중에 리빙소셜을 만나고 온 신현성이 권기현을 불렀다.

"기현아, 요즘 새로운 서비스 기획은 잘 돼가?"

"여러가지 안을 그려보고 있어. 예전보다는 일하는 게 훨씬 수월한데 아직 우리가 만족할 만한 건 안 나오네."

"내가 미국 출장 중에 투자 건때문에 리빙소셜 본사를 방문했다가 런칭 준비 중인 서비스의 담당자를 만나서 이야기를 들었어. 이름이 '리빙소셜 인스턴트 Livingsocial Instant'래. 말 그대로 실시간 판매와 구매가 가능한 딜이야. 우리가 지금 판매하는 데일리딜은 하루 24시간 동안 판매하고, 고객들은 그 다음 날부터 유효기간 동안 사용할 수 있잖아. 그런데 이 서비스는 상점이 원할 때 즉시 사이트에서 판매하고, 구매자는 쿠폰을 구매해서 바로 사용할 수 있대. 상점들 입장에서는 신규 고객을 유치할 수 있을 뿐만 아니라 평소에 비어 있던 자리를 채울 수도 있고, 고객들 입장에서도 한 번 사고 마는 게 아니라 올라올 때마다 계속 사서 쓸 수 있으니까 반복 구매도 가능하고. 어때?"

그동안 떠올린 콘셉트를 포장하는 방법이 바로 이거였다. 말하자면 '해피아워'의 개념을 소셜 커머스에 녹여낸 서비스였다. 손님이 적은 시간대에 기존의 메뉴를 할인 판매하는 '해피아워'를 온라인으로 옮겨오기만 하면 되는 일이었다. 이렇게 하면 상점들은 과한 할인율 부담 없이 원할 때마다 서비스를 올릴 수 있고, 고객들도 언제든지 반복해서 구매할 수 있었다. 여기에 소셜 커머스가 가진 장점을 활용해 이를 모바일 앱으로 출시한다면 자신의 위치에서 가까운 상점들 중에서 현재 할인 중인 상점들을 찾는 것도 가능했다. 권기현은 신현성과 대화를 마친 뒤 바로 기획자들을 불러모았다. 머릿속에 명확한 기획이 떠오른 지금부터는 디테일을 살려 사용자들이 쉽게 사용할 수 있는 서비스를 만들어내는 것이 중요했다.

5월부터 기획팀은 7월 출시를 목표로 본격적인 프로젝트에 돌입했다. 새로운 서비스 명은 '티몬나우'였다. 이름 그대로 지금 바로 사용할 수 있는 '티몬'이었다. 기본적으로 데일리딜과 비슷한 형태의 서비스였기 때문에 크게 어려운 점은 없었지만 기존의 데일리딜 시간 개념에 익숙해진 소비자들에게 '티몬나우'의 새로운 시간 개념을 혼동없이 전달하는 것이 관건이었다. 기존의 데일리딜에서 남은 시간은 '구매가능 시간'이었지만 '티몬나우'에서는 '사용 가능 시간'이었다. 사용 가능한 시간 내에 사용하지 않은 티몬나우 쿠폰은 다음 날 자동 환불되는 기능을 강조해 사용자들이 부담없이 구매할 수 있도록 유도하는 것도 중요했다.

사용자들에게는 이해하기 쉬운 화면과 사용법으로 새로운 서비스를 소개하는 것이 목표였지만, 상점들에게는 티몬나우 쿠폰을 직접 판매하고 등록할 수 있도록 업체 페이지를 제공하는 것이 주요 목표였다. 티몬나우 쿠폰을 한 번 판매한 상점들은 이후에도 티켓몬스터가 제공하는 업체 페이지를 활용해 원할 때는 언제든지 직접 판매할 수 있었다. 당장은 업체 페이지 내에서 티몬나우 판매 기능만 가능하지만 향후 여러 가지 기능이 더해지면 상점들은 티켓몬스터가 제공하는 다양한 서비스를 이용해볼 수 있게 될 터였다. 티몬나우는 단순히 새로 선보이는 하나의 서비스가 아니라 향후 티켓몬스터가 지역상점에게 제공할 다양한 서비스의 포문을 여는 막중한 임무를 띠었다. 그것이 티몬나우가 현실화하고자 하는 계획이었다.

'티몬나우'는 7월 12일 런칭을 목표로 준비에 착수했다. 우선 티몬나우 TF Task Force 팀이 출범했다. 서비스 기획뿐만 아니라 영업, 마케팅이 조화를 이룰 수 있어야 했다. 권기현은 서비스 기획에 집중하기 위해 티몬나우TF의

총책임을 믿을 만한 사람에게 맡기고 싶었다. 한 달 만에 티몬나우 서비스를 성공적으로 런칭하고 서비스를 안정화시킬 수 있는 사람이 필요했다.

신현성과 논의 끝에 김성겸이 적임자라고 결론을 내렸다. 김성겸은 지역 확장 초기 분당, 일산 팀이 서비스를 시작했을 때 팀장으로서 조직을 안정화시키고, 커뮤니케이션 문제가 대두되었던 B2B 조직으로 자리를 옮긴 후에는 커뮤니케이션 팀장을 맡아 내부 문제를 해결한 장본이었다. 권기현과는 막역한 사이로 둘의 호흡은 말할 것도 없었다.

6월 1일 출범한 티몬나우TF팀의 총 책임을 김성겸, 서비스 기획을 권기현, 마케팅을 임수진이 맡았다. 세 사람은 티몬나우 런칭을 준비하면서 강남, 홍대 영업 매니저를 영입했다. 서서히 영업활동을 시작하고 마케팅의 윤곽을 잡아가던 시점, 티켓몬스터에 비상이 걸렸다. 티켓몬스터보다 항상 한 박자 느렸던 경쟁업체가 티몬나우를 앞지르기 위한 작업을 하고 있다는 소식이 들렸다. 티몬나우의 첫 서비스 오픈 지역인 강남역 일대의 상점들을 대상으로 대규모 영업을 준비하고 있다는 것이었다. 그 말이 사실이라면 티몬나우는 영업에 심각한 차질을 빚게 되고 런칭 계획도 변경해야 했다. 티몬나우TF 팀과 신현성, 지역 영업을 책임지고 있는 하성원이 모였다. 경쟁자들보다 한발 더 빠르게 움직여야 한다는 데 모두가 의견을 모았다. 6월 30일 오후 10시, 티켓몬스터 본사로 150명에 달하는 서울지역의 모든 영업직원들이 모였다.

❝ 여러분, 급하게 연락드렸는데도 이렇게 모두 모여주셔서 너무 감사합니다. 오늘 모인 이유는 내일 하루 동안 강남역 일대 상점을 대상으로 티몬나우 영업을 하기 위해서입니다. 그동안 티몬나우 영업직원들의 숫자가 너무 적어 힘든 면이

있었는데, 경쟁사가 티몬나우를 앞지르기 위해 다음주 중에 대규모 영업을 준비하고 있다는 소식을 들었습니다. 잘 아시겠지만 영업의 주도권을 뺏기게 되면 티몬나우 서비스에 큰 타격을 받게 됩니다. 그러한 사태를 막고 우리가 한발 앞서기 위해 내일 하루 최선을 다해 주시기를 부탁드립니다.**"**

신현성의 이야기는 영업사원들의 경쟁심리를 자극했다. 내일 상점 측을 설득하기 위해서는 먼저 영업직원들이 티몬나우 서비스에 대해 정확히 이해해야 했다. 기존의 데일리딜과 차이점은 무엇인지, 상점 입장에서 기대효과는 무엇인지, 상점들이 직접 판매 등록을 할 때는 어떤 프로세스를 거쳐야 하는지 등 예상 질문들에 답을 하기 위한 영업 교육이 진행되었다. 새벽까지 이어진 영업 교육을 마친 다음 날 오전 9시, 150여 명의 영업직원들이 강남역에 나가 영업 활동을 시작했다. 저녁까지 이어진 대규모 영업 활동의 효과는 대단했다. 하루만에 100개가 넘는 강남역 일대의 상점들이 티몬나우 서비스를 계약했다. 티몬나우 런칭을 위한 상점 확보에 성공한 것이다.

일주일 후인 7월 12일, 티몬나우 런칭과 함께 다양한 이벤트가 시도되었다. 강남역에는 티켓몬스터 캐릭터 탈을 쓴 이들이 시민들에게 다가가 사진을 찍었고, 홍대앞 주차장 길에 주차되어 있는 모든 차에는 티켓몬스터의 주황색 천이 덮여 사람들의 주목을 끌었다. 홍대지역을 오픈하면서는 '천원의 행복'이라는 이름으로 하루 동안 강남역과 홍대 일대의 식당에서 점심메뉴를 천 원에 먹을 수 있는 이벤트를 진행했다.

이후, 티몬나우 기능이 포함된 티켓몬스터 안드로이드 앱이 출시되면서 티몬나우 판매량은 탄력을 받기 시작했다. 강남역에서 시작된 티몬나우는 런칭

한 지 두 달 만에 홍대, 신사·압구정, 잠실·신천, 명동, 신촌·이대까지 지역을 넓히면서 사용자들을 늘려갔다. 2011년 10월, 실시간 딜 시장은 여전히 초기 단계이지만 아이폰 앱 출시와 함께 또 한번의 성장 계기를 마련할 수 있을 것이다.

이제는 놀라움을 선사할 때다

2011년, 기존의 티켓몬스터 인력과 데일리픽 인력이 합쳐지면서 조직이 새롭게 정비되고, 새로운 시도들이 이루어지면서 상반기는 빠르게 지나가고 있었다. 어느덧 티켓몬스터가 서비스를 시작한 지도 1년이 되어갔다.

티켓몬스터 창업자들은 내부 구성원과 고객들의 '즐거움'에 대한 고민을 하기 시작했다. 단순히 회사가 빠르게 성장한다고 해서 직원들이 즐거운 것이 아니었고, 판매하는 쿠폰의 지역 수가 늘어나는 것만으로 고객들에게 큰 즐거움을 주는 것은 아니었다. 직원과 고객 모두에게 즐거움을 줄 수 있는 회사가 되기 위해서는 특별한 노력들이 필요했다. 그리고 지금이 그 필요를 충족시켜줄 때였다.

창업 1주년을 맞아 창업자들은 그동안 티켓몬스터에 흐르고 있던 생각을 'Openness'로 정리하고 다시 이를 네 개의 가치로 구체화했다. '동료들끼리 친구가 되자Be Friends' '계속해서 변화를 일으키자Make Changes' '함께 성장하자 Growth Together' '즐거움과 놀라움을 선사하자Surprise&Delight'였다. 네 개의 가치 중 앞의 세 가지는 티켓몬스터가 시작부터 지금까지 꾸준히 노력해오고 있는 것들이었다. 친구 같은 동료는 티켓몬스터 직원들이 회사를 좋아하는 이유 중 하나였고, 지속적인 혁신과 변화는 새로운 사업을 시도하면서 지켜나가고 있었다. 함께 성장하자는 것은 신현성이 처음부터 강조했던 것으로 조금 느리더라도 직원의 성장을 기다려주는 문화로 자리매김하고 있었다. 이제는 고객들과 직원들에게 '즐거움과 놀라움'을 선사할 때였다.

즐겁게 일하는 회사로

—

2010년 10월, 새롭게 이사한 역삼동 사무실은 꽤 오랫동안 사용할 수 있을 거라 생각했다. 50명 정도의 인원이 한 층만 사용해도 충분했으니 가능한 예상이었지만 이는 한 달 만에 보기 좋게 빗나갔다. 데일리픽이 4층으로 이사오고, 지역 확장에 따라 직원들이 빠르게 늘어나고, 지역 사무실에 흩어져 있던 디자이너들을 본사로 모아 크리에이티브 센터를 만들면서 한 달마다 한 층씩 공간을 늘려갔다. 결국 이듬해 4월, 티켓몬스터는 건물 전체를 사용하게 되었다. 그럼에도 늘어난 직원을 감당할 수가 없어 회의실을 모두 사무공간으로 이용해야 했다. 역삼동으로 이사한 지 6개월 만에 티켓몬스터는 또 한 번의 이사를 준비해야 했다.

2011년 5월, 인사와 총무를 겸한 이승민이 티켓몬스터의 새로운 보금자리를 찾아 나섰다. 직원수 400명이 넘는 티켓몬스터의 덩치에 어울리는 사무실이 필요했다. 이제까지 사무실이 일하는 공간을 제공하는 데 머물렀다면, 새로 옮길 사무실은 직원들의 근무 환경과 복지까지 고려한 사무공간으로 꾸밀 필요가 있었다. 여러 곳을 둘러본 끝에 최근 리모델링을 마친 잠실역 근처의 루터회관 건물을 티켓몬스터의 새 사무실로 결정했다.

이번에는 단기적으로 임대하는 사무공간이 아니라 티켓몬스터가 오랫동안 사용할 수 있는 공간으로 만들고 싶었다. 신승학의 주도로 크리에이티브센터 소속의 디자이너들이 새로 옮길 사무실의 인테리어를 맡았다. 사무실 곳곳에서 티켓몬스터의 개성을 느낄 수 있도록 티켓몬스터의 상징인 주황색과 캐릭터를 사용해 밝은 분위기로 사무실 전체를 꾸몄다. 또한 직원들을 위한 쾌적한 사무공간과 휴식공간을 마련하고자 했다. 모든 직원들이 저렴한 가격에 음료를 마실 수 있는 사내 카페를 만들었고, 그 수익금은 모두 사내 동아리 지원금으로 쓰일 수 있도록 했다. 간단한 운동을 할 수 있는 공간도 마련해 탁구대도 설치했다. 또한 젊은 직원들이 많은 만큼 게임을 하면서 스트레스를 해소할 수 있도록 위Wii와 플레이스테이션Playstation을 설치한 게임방도 꾸몄다. 직원들뿐만 아니라 협력사들과의 미팅이 많은 업무의 특성을 고려해 미팅 공간도 새로 마련했다. 티켓몬스터의 특색을 한껏 담아 인조잔디와 공중그네를 설치해 편안한 분위기에서 미팅을 진행할 수 있도록 했다

사무실 이사와 더불어 티켓몬스터를 '직원들이 즐겁게 일하는 회사'로 만들기 위한 노력이 이어졌다. 초기에는 동아리 같은 분위기 그 자체로 즐거웠

기 때문에 제도적인 장치가 따로 필요 없었지만 직원 수가 400명이 넘으면서 즐거운 회사 생활을 위한 여러 시스템의 도입이 필요했다.

이 중 하나가 〈티몬 매거진〉이었다. 5월에 준비호, 6월에 창간호를 발간한 〈티몬 매거진〉은 매출과는 상관없지만 직원과 고객에게 즐거움을 주기 위한 작업이었다. 티켓몬스터 서비스에서 파생된 유용한 정보는 물론이고 문화, 예술에 대한 소개까지 담긴 '컬쳐 매거진'이었다. 이 잡지를 통해 고객들에게 또 다른 재미와 가치를 선사할 뿐만 아니라 직원들도 자신들이 만들어낸 콘텐츠에 대해 더 큰 자부심을 가질 수 있을 터였다. 하성원과 함께 〈스프링타임〉을 만들었던 동료들이 티켓몬스터에 영입되어 〈티몬 매거진〉 제작을 맡았다. 이들은 고객과의 소통 채널인 블로그와 페이스북, 트위터 등 SNS도 관리하였다. 특히 블로그에서는 직원들의 가감 없는 모습들을 보여줌으로써 고객들과 친밀감을 쌓아갔다. 8월에 권기현이 첫 타자로 등장한 '솔로 특집'은 티켓몬스터 내 솔로인 직원들의 매력을 소개하며 고객들이 직접 매력지수를 평가할 수 있도록 했다. 이벤트마다 수십 개의 댓글들이 달리면서 티켓몬스터와 고객들 사이의 즐거운 커뮤니케이션이 늘어갔다.

티켓몬스터만의 문화를 제도적으로 정착시키기 위한 회사 차원의 노력은 사내 문화 담당 직원의 채용으로 이어졌다. 이전에는 관심사가 겹치는 사람들이 모여 자유롭게 진행하던 모임을 사내 동호회 제도를 만들어 활성화시켰다. 사내 카페의 수익금을 모두 동호회 지원을 위해 사용하면서 직원들은 자유롭게 동호회를 만들고 회원을 모집할 수 있었다. 창업자들도 동호회 활동에 적극적이었다. 신현성과 신성윤은 농구동호회에 참여하고, 권기현은 맛집동호회와 기타동호회 회원으로 활동하면서 적극적으로 동호회 활동을 이끌었다. 이 외에도 티켓몬스터 사내 동호회는 익스트림 스포츠, 사진, 우쿨렐레, 다이어트 동호회 등 모임의 목적에 제한을 두지 않고 인원과 활동에 대한 최소한의 규칙만 충족하면 전폭적으로 지원을 받았다.

1주년 기념, 모두를 위한 깜짝 파티

—

1주년 파티는 그 의미부터 남달랐다. 1년 만에 티켓몬스터는 대한민국에서 가장 주목받는 벤처 기업이 되었고, 다섯 명으로 시작한 회사는 직원 수가 400명을 넘어섰다. 다섯 명이 꿈꾸던 것이 현실이 된 것이다. 이를 축하하기 위해서 티켓몬스터의 '파티플래너' 정영목은 모두에게 즐거움을 선사할 그야말로 '깜짝파티'를 준비했다.

정영목이 티켓몬스터와 처음 인연을 맺게 된 것은 서비스 런칭 전이었다. 서비스 런칭을 앞두고 대학 친구인 권기현의 부탁을 받아 티켓몬스터의 팝업창을 디자인해준 것이 시작이었다. 디자인을 전공하지는 않았지만 손재주가 남달랐던 정영목에게 권기현은 간단한 작업이라며 디자인을 의뢰했다. 정영목은 대학 졸업 후 진로를 고민하고 있었고 이후로도 권기현을 만날 때마다 티켓몬스터 숙소와 사무실에 들러서 일손이 필요한 일을 도와주었다. 곁에서 일을 가끔씩 도와주면서 티켓몬스터 창업자들을 지켜본 정영목은 이런 사람들과 함께라면 무슨 일을 하든지 재밌게 할 수 있겠다 싶어 8월 정식 입사를 하게 되었다.

　정영목은 카이스트를 다니던 시절부터 주말이면 서울에 올라와 홍대입구, 강남, 이태원을 가리지 않고 클럽과 파티를 다녔다. 방학 때면 파티 프로모션 업체에서 일을 해서 이벤트와 파티 기획에는 아마추어 이상의 실력을 가지고 있었다. 정영목은 티켓몬스터 마케팅실에 소속되어 고객을 대상으로 한 이벤트를 담당했지만 티켓몬스터의 모든 파티를 기획하는 것이 업무 못지 않게 중요한 일이었다. 사내 파티를 기획하는 일은 다른 회사에서는 찾아보기 힘든 역할이지만 창업자부터 시작해 파티와 클럽을 좋아하는 직원들이 많은 티켓몬스터에서는 존재감이 막강한 역할이었다.

　'1주년 파티'를 위해서 강남역 근처 21층 건물 최상층에 자리잡은 복층 파티 공간을 예약하고, DJ를 부른 건 시작에 불과했다. 사람들에게 2주 전부터 공지를 하고 드레스코드까지 맞춰주기를 신신당부하면서 법석을 떨었다. 그리고는 파티 하루 전, 배수공사 때문에 예약한 공간의 절반밖에 사용할 수 없어 파티를 간소하게 진행할 수밖에 없다는 내용의 전체메일을 보냈다. 이 메일이 깜짝파티를 위한 떡밥이라는 것을 아는 사람은 정영목과 총무를 겸하고 있던 이승민밖에 없었다.

　이메일을 확인한 신현성은 공간을 못쓰게 되었으면 지금이라도 다른 장소를 찾아보라고 했지만 정영목은 400명이 들어갈 만한 파티 장소들은 이미 예약이 어렵다며 어쩔 수 없다고 했다. 신현성은 이렇게 중요한 파티를 장소 예약을 못해서 망칠 수가 있냐며 정영목을 나무랐지만 정영목은 깜짝파티를 위한 것임을 끝까지 말하지 않았다. 옆에서 이 광경을 지켜보고 있던 이승민은 대표인 신현성에게조차 말하지 않는 정영목을 보고 이상한 사람이라고 생각할 정도였다.

5월 12일, 부산, 광주 등 지역 사무실에서 퇴근 후 본사로 오는 직원들을 위해 1주년 파티는 밤 10시에 시작되었다. 복층 중 2층은 두꺼운 커튼으로 가려진 채 1층에서 티켓몬스터 답지 않은 조용한 파티가 시작되었다. 직원들이 준비한 1주년 기념 영상을 보고, 창업자들이 앞에 나와 그동안의 감회를 말하고 있는 동안 커튼에 가려진 2층에서는 종업원들이 바쁘게 데킬라와 보드카를 꺼내놓고, DJ는 부스에 들어가 음악을 틀 준비를 하고 있었다. 한 시간이 지나도록 지루한 파티가 이어지자 신현성이 정영목에게 다가가 말했다.

"영목아, 이번 파티는 정말 별로인 것 같아. 전혀 우리 파티같지가 않아. 1주년 파티가 제일 재밌어야 하는데……"

그때까지도 시치미를 떼고 있던 정영목은 때가 되었다는 듯 어딘가를 향해 손짓을 했다. 1층에 설치된 커다란 빔프로젝터를 통해서 갑자기 뜬금없는 영상이 나오기 시작했다.

"10. 9. 8. 7…… 3. 2. 1. 0."

직원들이 영문을 모르고 두리번거릴 때 2층을 가리고 있던 두꺼운 커튼이 걷히면서 DJ가 티켓몬스터 TV 광고 음악을 믹싱한 신나는 하우스 음악을 틀기 시작했다. 모여 있던 사람들은 지루했던 한 시간이 결국 정영목이 꾸민 깜짝파티였음을 깨달았다. 모두들 신나서 소리를 지르며 2층으로 올라갔고, 어두웠던 신현성의 표정은 환하게 밝아졌다. 시끄러운 일렉트로닉 음악을 듣자 티켓몬스터 직원들은 그제서야 파티에 온 것 같다며 모두들 신나게 춤을 추었다. 그렇게 12가 다 되어 제대로 시작된 파티의 2막은 새벽 5시가 넘어서야 마무리 되었다. 1주년 깜짝파티는 직원들 사이에서도 두고두고 회자될 정도로 '즐겁고 놀라운' 파티로 기억되었다.

고객들을 위한 블랙데이 이벤트

—

고객들에게 즐거움과 놀라움을 선사하는 이벤트를 맡은 정영목은 재치넘치는 아이디어로 고객들의 호응을 불러일으켰다. 티켓몬스터는 매출을 위한 이벤트가 아닌 고객들을 즐겁게 해줄 수 있는 이벤트 기획을 원했고 정영목은 마음껏 아이디어를 낼 수 있었다. 3월 14일 화이트데이를 맞아 정영목은 발칙한 콘셉트의 이벤트를 준비했다. 티켓몬스터의 최연소 인턴인 19살 마틴을 일일 데이트 상품으로 내걸어 700~800명이 넘는 누나들의 뜨거운 호응을 이끌어낸 것이다. 정영목은 화이트데이 이벤트로 자신이 기획한 이벤트 중 가장 많은 참여자를 끌어모으면서 다음에는 더 큰 '대박 이벤트'를 만들어 내겠다는 꿈을 꿨다.

한 달 뒤 4월 14일, 블랙데이 이벤트는 정영목이 기획, 주연, 당일 진행까지

도맡은 '원맨쇼'였다(화보 11페이지 참조). 고객들과 직접 만나는 오프라인 이벤트로 진행하는 것이 좋겠다는 마케팅실의 의견을 참고해 블랙데이에 티켓몬스터 본사를 방문한 고객들에게 짜장면을 대접하는 행사로 준비했다. 이벤트 시작과 함께, 4,000명이 넘는 고객들이 이벤트 참여를 신청했다. 블랙데이 이벤트가 화제가 되면서 정영목이 티켓몬스터 연관 검색어에 오르는 해프닝도 있었다.

블랙데이 당일 날 티켓몬스터 본사에는 500명이 넘는 고객들이 방문해 정영목이 직접 주문하고 서빙하는 짜장면을 먹을 수 있었다. 이벤트를 진행한 8시간 동안 다양한 고객들이 티켓몬스터 본사를 방문해 짜장면을 먹고 갔다. 경쟁사 직원도 있었다. 티켓몬스터가 어떤 회사인지 궁금해 방문한 여행업체 대표는 짜장면을 먹으면서 티켓몬스터와 계약을 하기도 했다.

매출이나 수익과 관계없이 고객들에게 즐거움을 선사하는 이벤트는 '즐거움과 놀라움을 선사하자Surprise & Delight'는 티켓몬스터의 가치와 닿아 있었다. 티켓몬스터는 이러한 이벤트를 통해 고객들과 격의 없이 소통하면서 매출보다 더 값진, 티켓몬스터를 아끼고 좋아해주는 고객들을 얻을 수 있었다.

3차 투자가 필요하다

2011년 상반기는 티켓몬스터 내부의 폭풍 같은 변화가 이어진 시기였다. 데일리픽과 티켓몬스터 직원들이 힘을 합치면서 새로운 조직도가 만들어졌고, 신사업 기획, 해외 시장 진출, 세일즈포스 도입을 통해 업무 프로세스가 정립되었다. 또한 능력과 경험을 갖춘 수많은 인재들을 영입하여 인적 구성의 완성도를 꾀했다. 이 모든 것은 회사의 체질을 바꾸기 위한 일이었다. 2010년의 티켓몬스터가 사람들을 놀라게 한 '무서운 아이들'이었다면, 2011년의 티켓몬스터는 '성장 이상을 꿈꾸는 회사'였다. 티켓몬스터 창업자들에게는 외부에서 말하는 '소셜 커머스 거품론'은 안중에도 없었다. 대다수는 데일리딜 서비스가 소셜 커머스 사업의 전부라고 생각했지만 티켓몬스터는 그 이상의 새로운 사업을 이미 구상하고 준비하고 있었다. 데일리딜은 소셜 커머스의 시작일 뿐이었다.

티켓몬스터는 창업 초기부터 지역상점을 위한 마케팅 플랫폼을 제공하겠다는 포부를 가졌다. 그 시작은 신규 고객 유치에 효과적인 데일리딜 서비스였고 서울 한 개 지역에서 서비스를 시작한 지 1년 3개월 만에 전국 56개 지역으로 서비스를 확대하게 되었다. 상점의 가진 큰 고민은 손님이 적은 시간대에 자리를 채우는 것이었고 이를 해결하기 위해 '티몬나우'를 선보였다. 상점 입장에서는 빈자리를 채우고 고객 입장에서는 현재 자신의 위치와 가까운 지역상점 중 할인하는 곳을 찾을 수 있는 '티몬나우'는 서로에게 원-윈인 마케팅 방법이었다.

온라인 상거래에서는 당연하게 실행하고 있는 마케팅들이 오프라인 상점에서는 시도조차 되지 않는 것들도 많았다. 예를 들어, 구매내역을 통해 개인의 취향과 구매 패턴을 파악해서 고객이 좋아할 만한 서비스를 추천하는 것은 그리 어려운 일이 아니다. 이미 온라인 쇼핑몰에 로그인하면 관련 상품 추천을 어렵지 않게 찾아볼 수 있다. 그러나 오프라인 상에서는 단골 식당에서도 자주 주문했던 메뉴를 기반으로 새로운 메뉴를 추천해주지 않는다. 티켓몬스터는 오프라인 상점들과 긴밀한 관계를 가지면서도 효과적인 온라인 마케팅 수단을 가지고 있어 온라인 마케팅 기법을 오프라인 상점에 적용할 수 있었다. 티켓몬스터가 가진 이점과 새로운 시도를 통해 티켓몬스터의 지역상점 마케팅은 더욱 다양해질 수 있었다. 세분화된 고객들을 대상으로 타깃형 마케팅이 이루어진다면 오프라인 상점들의 마케팅 수준이 한 단계 올라갈 수 있으리라는 생각이었다.

티켓몬스터의 궁극적으로 목표는 지역상점의 마케팅에 그치지 않는다. 지역상점을 위한 서비스 플랫폼을 제공하겠다는 야심찬 비전을 가지고 있다. 요리나 미용, 의류 디자인에 재능이 있는 사람들이 자신의 상점을 차리기 위해 필요한 것은 마케팅뿐만이 아니다. 예약, 결제, 고객관리 서비스 등 다양한 분야의 도움이 필요하고 이를 개인이 해결하기에는 한계가 있다. 티켓몬스터는 이미 1년 3개월간의 비즈니스를 통해 대한민국의 10,000개가 넘는 지역 상점들과 밀접한 관계를 맺고 있으며, 100만 일일 방문자와 700만 페이지뷰(2011년 9월 기준)를 가진 막강한 웹미디어가 되었다. 티켓몬스터 고유의 경쟁력을 이용한다면 상점들이 원하는 다양한 서비스를 제공하는 플랫폼을 구축하는 것이 머지 않아 가능할 것이다. 또한 이미 에브리데이닷컴 인수를 통해 말레이시아 시장에 성공적으로 진출한 티켓몬스터는 동남아시아를 시작으로 한 해외시장 진출을 적극적으로 고려하고 있었다. 풍부한 글로벌 네트워크와 경험을 가진 투자자가 있다면 티켓몬스터의 이러한 전략에 도움이 될 터였다.

티켓몬스터 창업자들은 이러한 장기적인 비전과 전략을 가지고 사업을 진행하고자 하는 의지가 있었다. 그러나 한국의 데일리딜 시장이 과열되면서 업체들 간의 경쟁이 치열해지고 매출은 성장하지만 사업의 수익성은 점점 낮아지는 상황이 이어졌다. 경쟁 속에 살아남기 위해 단기적인 성과에 급급하다보니 장기적인 관점을 놓치기가 쉬웠다. 대규모 광고전쟁을 통해서 지출되는 광고비용도 상당했다. 이러한 시장 상황에 휘둘리지 않고 티켓몬스터만의 길로 나아가기 위해서는 장기적인 성격의 대규모 투자가 반드시 필요했다. 단기적인 성과에 일희일비하지 않고 티켓몬스터의 비전에 공감하고 함께 갈 수 있는 투자자를 찾아야 했다.

대규모 투자의 필요성

—

2010년 5월, 거래액 1억 8천만 원으로 서비스를 시작한 티켓몬스터는 2011년 1월, 100억 원이 넘는 월거래액을 달성했다. 8개월 만에 50배 이상의 성장을 이루어낸 것이다. 그러나 기쁨도 잠시, 한 달이 지난 2011년 2월 거래액은 1월 대비 20퍼센트 이상 감소한 78억 원이었다. 2월 거래액을 확인한 신현성과 창업자들은 고민에 빠졌다. 티켓몬스터 창업 이래 처음으로 전달 대비 거래액이 감소한 것이다. 티켓몬스터, 더 나아가 온라인 쿠폰 서비스 시장의 정체기가 온 것은 아닌지 걱정이 되었다. 때마침 언론에서는 한국의 데일리딜 시장이 과열되었다며 앞다투어 흠집내기 시작했다.

걱정하고 의심한다고 해서 해결될 일은 아무것도 없었다. 창업자들은 이 시장이 진화하면 무한한 가능성이 있을 거라 굳게 믿고 있었다. 3월 한 달 동안 창업자들은 티켓몬스터와 데일리딜 시장의 가능성을 우리가 증명해보자며 직원들을 격려했다. 더 공격적으로 사업을 전개했다. TV 광고를 비롯해 서울 시내버스 정류장과 지하철 승강장 광고를 통해 티켓몬스터 서비스를 적극적으로 홍보하고, 새로운 고객들을 유인하기 위해 매력적인 쿠폰을 판매했다. 그 결과 3월 거래액은 2월 대비 금액으로는 50억 원 이상, 비율로는 60퍼센트 이상 늘어난 130억 원에 이르렀다. 대단한 성과였다. 직원들은 회사는 물론 시장의 성장 가능성을 스스로 증명해낸 것이 자랑스러웠다. 신현성 또한 이전에 갖고 있던 소셜 커머스 시장에 대한 믿음이 한층 굳건해졌다. 회사와 스스로에 대한 자신감도 더욱 강해졌다. 경쟁에서 살아남는 것에 그치지 않고 창업자들과 함께 꿈꿔온 더 많은 일을 해내고 싶었다. 2차 투자금은 이미 데일리픽 인수, 대규모 마케팅, 아스트릭스 인수, 해외 진출로 이미 상당부분을 지출한 상태였다. 지금 당장의 성과에 일희일비하지 않고 티켓몬스터의 비전에 공감하고 함께 갈 수 있는 투자자를 찾아야 할 시기가 온 것이다.

3차 투자자, 최종 후보를 추려내다

—

신현성은 3차 투자 유치를 시작했다. 예상 규모는 300억 원 이상이었다. 현재 진행하고 있는 서비스 영역에서 더 강한 경쟁력을 갖추기 위해서, 그동안 구상해온 신사업들을 동시에 진행하기 위해서 필요한 규모였다. 티켓몬스터의 급성장에 기인한 자신감도 대규모 투자 유치를 꿈꿀 수 있는 요인이었다.

3월 말, 재무를 맡고 있는 신성윤을 제외한 다른 창업자들에게는 알리지 않은 채 신현성은 혼자 투자자들과의 미팅을 시작했다. 투자자들이 회사에 매력을 느끼는 이유는 명쾌하다. '가시적인 성과를 지속할 수 있는가' 여부이다. 아무리 투자자들을 현란한 말솜씨로 설득한다 해도 회사가 앞으로 나아가는 모습을 보여주지 못하면 투자는 이미 물 건너간 것이었다. 신현성은 창업자들이 모두 투자 유치에 대해 고민하느라 업무에 집중하지 못하는 상황을 만들고 싶지 않았다. 그러한 상황은 궁극적으로 티켓몬스터에게 득이 되지 않을 것이 분명했다. 이것이 신현성 혼자 투자 유치에 나선 이유였다.

3~4곳의 투자자를 상대로 IR^{Investor Relations:투자자를 상대로 한 기업설명활동}을 시작하자

더 많은 투자자들이 티켓몬스터에 연락해왔다. 혼자 힘으로 투자 유치를 진행하는 것이 어려울 정도였다. 신현성은 티켓몬스터의 VC 중 한 곳인 IVP에 연락해 주간사를 추천해줄 것을 부탁했다. IVP는 탄탄한 네트워크를 기반으로 세계적으로 명성이 높은 영국계 금융사 바클레이즈^{Barclays}와의 만남을 주선했다. 바클레이즈는 2008년 리먼브러더스^{Lehman Brothers}의 투자 은행 부문을 인수하면서 투자 은행 업무 전반에 걸쳐 더욱 강력한 경쟁력을 갖춘 회사였다. 바클레이즈가 티켓몬스터의 투자 주간사로 나서면서 투자 유치 활동은 전 세계의 투자자를 대상으로 확대되었고, 투자 유치 규모 또한 상향 조정되었다. 바클레이즈는 수십 개의 투자자들에게 티켓몬스터 투자자료를 전달했다. 그 중에는 투자펀드나 규모가 큰 VC들을 비롯해 세계적인 온라인 서비스 업체들도 포함되었다. 신현성은 티켓몬스터에 적극적으로 관심을 보인 후보들과 컨퍼런스 콜^{Conference call : 전화로 하는 기업 설명}을 통해 자세한 이야기를 나누었다.

투자자들의 관심은 대단했다. 2010년 기준 900조 원 규모의 전 세계 전자상거래 시장에서 전체 3퍼센트인 25조 원에 이르는 한국 시장은 충분히 매력적이었다. 채 1년이 안 되는 동안 이뤄낸 티켓몬스터의 폭발적인 성장 또한 충분히 그들의 눈길을 끌 만했다. 특히 2008년, 이베이^{eBay}가 옥션^{Auction}에 이어 지마켓^{Gmarket}을 인수하면서 글로벌 펀드와 온라인 서비스 기업들의 시선은 한국에 집중되어 있었고, 그때 이미 한국 시장의 투자 가치는 충분히 확인된 셈이었다. 이런 상황에서 티켓몬스터의 투자 유치는 이들에게 놓칠 수 없는 기회였다.

신현성은 컨퍼런스 콜을 통해 투자자들과 자신의 생각을 맞춰본 다음 직접 만날 후보 일곱 곳을 정하여 4월, 미국 출장길에 올랐다. 일주일 동안 다섯 곳의 글로벌 펀드와 두 곳의 온라인 서비스 기업을 만나는 일정이었다. 글로벌 펀드 미팅 후 신현성은 티켓몬스터의 향후 사업에 도움을 줄 수 있는 능력과 네트워크가 뛰어난 펀드 한 곳을 최종 후보로 추려냈다. 이제는 그루폰과 리빙소셜을 만날 차례였다.

글로벌 온라인 쿠폰 서비스 1위 업체인 그루폰과는 이미 작년 한 차례 인수 협상을 벌인 적이 있었다. 6개월이 지난 지금 그루폰이 티켓몬스터를 어떻게 평가할지 기대를 품은 채 신현성은 시카고의 그루폰 본사로 향했다. 때마침 점심시간, 그루폰 본사의 건물 로비에는 수백 명의 그루폰 직원들이 걸어나오고 있었다. 많은 사람들 사이에 그루폰의 CEO인 앤드루 메이슨Andrew Mason의 얼굴이 보였다. 지쳐 보이는 표정의 그는 혼자였다. 어떤 직원도 그에게 인사를 건네거나 말을 걸지 않았다. 혼자 레스토랑에 들어간 그가 점심을 주문했다. 뒷모습이 측은하게 느껴졌다. 신현성은 오후에 이어진 그루폰 임원진과의 미팅을 마치고 그루폰 사무실을 나서면서 미팅 전에 봤던 앤드루 메이슨의 얼굴을 다시 떠올렸다.

VC들은 투자 대상인 회사를 직접 방문하기도 한다. 매출과 수익으로 평가되는 회사의 가치가 아니라, 회사의 분위기와 직원들의 표정으로부터 알 수 있는 무형의 가치들을 직접 확인하기 위해서였다. 신현성은 그 말이 무슨 뜻인지를 알 것 같았다.

'그루폰은 대단한 회사지만 닮고 싶은 회사는 아니야. 앤드루 메이슨은 뛰어난 사람이지만 내가 닮고 싶은 CEO는 아닌 것 같아.'

신현성은 미국 출장의 마지막 일정인 리빙소셜과의 미팅을 위해 리빙소셜 본사가 위치한 워싱턴 DC로 향했다.

리빙소셜과의 첫 만남

—

2011년 3월 초, 리빙소셜이 서울을 방문하면서 티켓몬스터와 리빙소셜의 첫 만남이 이루어졌다. 당시 리빙소셜은 급성장하고 있는 한국의 소셜 커머스 시장에 대한 관심과 더불어 한국 진출의 기회를 모색하기 위한 차원으로 선두권에 있는 업체들과 미팅을 원했다. 리빙소셜은 특히 업계 1위인 티켓몬스터에 대해 자세히 알고 싶어했다. 리빙소셜이 신현성에게 미팅을 제안했지만, 2월의 부진을 씻고 3월에 기록적인 성장을 달성하기 위해 온 신경을 쏟고 있던 신현성은 리빙소셜에 관심을 쏟을 여력이 없었다. 경쟁사들이 리빙소셜과의 미팅을 위해 공들여 자사소개 프리젠테이션을 준비하고 회사 투어를 준비한 것과 달리 신현성은 단독 미팅을 한 시간가량 가졌을 뿐이었다. 미팅에서도 깊이 있는 대화를 나누지는 않았다. 신현성은 3월이 티켓몬스터 성장에 중요한 시기라는 이야기를 하면서 티켓몬스터와 한국의 소셜 커머스 시장의 성장가능성에 대해 긍정적인 메시지를 전달했다. 리빙소셜로서는 아쉬움이 남는 미팅이었다. 한국업체를 대상으로 투자 기회를 물색하고 있었고 티켓몬스터가 유력한 후보였지만 신현성이 신뢰할 만한 사람이라는 느낌 외에 티켓몬스터에 대해 알 수 있는 정보는 부족했다. 리빙소셜은 다음을 기약하며 미국으로 돌아갔다.

리빙소셜의 CEO인 팀 오쇼네시 Tim O'shaughnessy를 비롯한 창업 멤버 네 사람은 모두 레볼루션헬스 Revolution Health의 동료로서 인연을 맺었다. 레볼루션헬스는 미국 최대의 온라인미디어 기업 AOL America Online의 공동창업자인 스티브 케이스 Steve Case가 세운 헬스케어 회사였다. 동료로서 서로 잘 맞는 사이임을 확인한 이들은 2007년 회사를 나와 헝그리머신Hungry Machine을 창업했다. 헝그리머신은 창업 초기 투표 기능을 가진 픽유어파이브Pick your five라는 페이스북용 애플리케이션을 제작하여 페이지뷰 기준 1위 앱 업체가 되었다. 이후 2009년 바이유어프렌드어드링크BuyYourFriendADrink를 인수함으로써 데일리딜 서비스 '리빙소셜'을 시작했다.

리빙소셜을 시작한 이후로 스티브 케이스를 비롯한 여러 VC로부터 투자를 받았고, 아마존으로부터 대규모 투자 유치에 성공했다. 이후 레츠보너스Let's Bonus, 점프온잇Jump On It, 고나빗Go Nabit, 엔소고Ensogo 인수를 통해 유럽, 남미, 중동, 동남아시아에 진출했고 인포에더InfoEther, 어반이스케이프Urban Escape 인수를 통해 수준급 개발 인력과 여행 상품 판매 인력을 흡수했다. 공격적 인수를 통해 서비스 지역을 확장하고 경쟁력을 키워나간 것이다.

리빙소셜의 창업과 발전 과정은 티켓몬스터와 닮은 구석이 있었다. 비슷한 나이 대의 죽이 잘 맞는 네 명의 젊은이가 모여 회사를 만들었고 창업 초기에는 돈이 모자라 작은 숙소에 모여서 일을 시작했다. 이후 인수를 통해 회사의 사업 경쟁력을 키우고 변화의 계기를 마련했다. 회사의 문화가 리빙소셜의 성공을 견인했다고 팀 오쇼네시는 자주 말해왔다. 리빙소셜은 채용 면접 시 지원자의 능력 못지않게 리빙소셜의 문화와 맞는 사람인지를 중요하게 여긴다. 특히, 직원들에게도 창업가 정신을 강조하면서 자신의 분야에서 끊임없는 혁신을 장려하고 이러한 분위기에 융화될 수 있는 지원자만이 면접을 통과할 수 있다. 이 덕분에 리빙소셜 직원(비영업직)의 퇴직률은 1퍼센트 수준을 기록하고 있다.

한 달여가 지난 4월, 바클레이즈를 통해 티켓몬스터가 투자 유치 활동을 벌이고 있다는 이야기를 듣고 투자 자료를 전달 받은 리빙소셜은 적극적으로 투자에 참여하겠다는 의사를 밝혔다. 컨퍼런스 콜을 통해 다시 만난 신현성의 자세도 많이 달라져 있었다. 대규모의 투자 유치를 위해 적극적으로 미팅에 임했고 리빙소셜이 왜 티켓몬스터에 투자하고 싶은지에 대해서도 자세한 답을 원했다. 리빙소셜이 티켓몬스터에 투자하려는 이유는 그동안 티켓몬스터가 이뤄낸 외형적 성장뿐만 아니라 신현성과 창업자들이 가진 소셜 커머스 시장에 대한 시각이 리빙소셜과 잘 맞기 때문이었다. 리빙소셜은 세계 최초의 서비스를 시도하면서 업계의 트렌드를 이끌어가고 있었다. 실시간 쿠폰 판매 서비스인 인스턴트Livingsocial Instant, 리빙소셜 자체 구성의 테마 여행 상품인 어드벤처Adventures, 가족 단위 고객들이 즐길 수 있는 서비스 패밀리즈Families등의 시도를 통해 고객들에게 새로운 가치를 제공하고자 노력하고 있었다.

리빙소셜과 티켓몬스터는 같은 꿈을 꾸고 있었다. 앞으로 자신들이 펼쳐나갈 신사업으로 인해 소셜 커머스 시장이 변할 것이며, 그 변화는 현재 사람들이 기대하는 것 이상일 것이라고 확신하고 있었다. 리빙소셜은 티켓몬스터보다 한발 앞서 그 생각을 구체적으로 실행하고 있었다.

서로가 비슷한 생각을 가지고 있음을 확인한 신현성과 리빙소셜은 더 큰 호감을 가지게 되었다. 신현성이 점점 리빙소셜을 중요한 투자자 후보로 생각하고 있을 때쯤, 리빙소셜이 새로운 제안을 했다. 단순한 지분 투자가 아닌 더 밀접한 파트너십을 갖자는 말이었다. M&A를 염두에 둔 발언이었다. 처음 신현성은 이 제안을 심각하게 받아들이지 않았다. 리빙소셜이 자신들과 비슷한 생각을 가진 좋은 투자자 후보임에는 틀림없지만, 이들 외에도 티켓몬스터에 투자 의사를 밝힌 후보들이 많았다. 다만, 신현성은 리빙소셜에게 만약 M&A를 원한다면 현금을 통한 매각은 원치 않는다는 입장을 전했다. 티켓몬스터가 실현하고자 하는 장기적인 비전을 위해서는 경영권 보장이 필수적이었다. 또한 리빙소셜과의 파트너십으로 시너지 효과를 낼 수 있는 형태여야 했다. 리빙소셜 또한 이러한 신현성의 의견에 동의했다. 자신들도 함께 시장을 이끌어갈 파트너를 원한다고 했다. 결국 투자가 아닌 M&A를 선택할 경우, 아마존과 재포스가 했던 '주식교환을 통한 M&A' 방식이어야 했다. 신현성은 리빙소셜에 대해 더 많이 알아봐야겠다는 생각을 가지고 미국 출장길에 올랐다.

리빙소셜에 반해버린 신현성

워싱턴DC 공항에 도착한 신현성은 곧바로 택시를 잡아 타고 리빙소셜 본사로 갔다. 그들이 어떻게 일하는지를 직접 눈으로 보고싶다는 생각뿐이었다. 리빙소셜은 정신없는 듯 자유로운 분위기가 티켓몬스터와 많이 닮아 있었다. 신현성을 반갑게 맞이한 리빙소셜 임원은 제일 먼저 회사 구석구석을 소개시켜줬다.

'일찍 실패하라Fail Fast'가 붙어 있는 방이 눈에 들어왔다. 그 안에는 수없이 실패한 사내 벤처의 결과물들이 전시되어 있었다. 직원들을 위한 음식을 넣어놓은 냉장고에는 출시를 앞두고 있는 서비스에 대해 아이디어를 적어달라는 메모지가 곳곳에 붙어 있었다. 가는 곳마다 리빙소셜의 가치관이 적힌 팻말이 놓여 있었다. '놀라움과 즐거움을 추구하자' '큰 변화를 일으키자' '현재에 만족하지 말자'. 팻말이 중요한 것이 아니었다. 회사의 가치관을 이해하고 실행하기 위해 노력하는 직원들로 인해 회사 어느 곳을 가든 역동적인 분위기가 물씬 풍겼다. 회의실마다 직원들이 자유로운 분위기 속에서 토론을 즐기고 있었고, CEO인 팀 오셔네시를 포함한 창업자들도 그들과 함께 있었다. 회사 투어는 시작에 불과했다.

회사 투어를 마치고 회의실에 들어선 신현성을 상대로 리빙소셜의 마케팅, 운영, 개발, 영업, 서비스 기획 책임자들이 발표를 시작했다. 각 조직의 역할과 현재 상황에 대한 것이었다. 신현성은 평소 티켓몬스터의 마케팅을 한 단계 끌어올리고 싶은 욕심을 가지고 있었다. 그때까지 진행하고 있던 대규모 마케팅이 티켓몬스터의 인지도를 높이는 데 도움이 된 것은 분명했지만 그 효과에 대해서는 여전히 측정이 불가능했기 때문이었다. 비용이 많이 드는 TV 광고나 대규모 광고가 아닌 지속적인 마케팅 방안을 고민하던 신현성 앞에서 리빙소셜 마케팅 책임자가 발표를 시작했다. 신현성은 평소에 가지고 있던 질문들을 모두 퍼부었다. 온라인 마케팅에 대해 그 어느 곳에서도 답을 얻어낼 수 없었던 신현성에게 리빙소셜 마케팅 책임자는 자신들의 마케팅 성과 측정 노하우를 기꺼이 공유해주었다. 이야기를 듣는 내내 신현성은 고개를 끄덕일 수밖에 없었다.

서비스 기획 책임자의 발표를 들으면서도 신현성은 고개를 끄덕이고 있었다. 티켓몬스터는 작년 10월부터 새로운 서비스 기획에 대해 고민해왔다. 핵심은 상점측이 원할 때마다 직접 쿠폰을 판매할 수 있는 플랫폼을 만드는 것이었다. 이러한 개념을 어떻게 구현해낼 것인지에 대해 권기현과 기획자들이 오랫동안 고민했지만 이렇다 할 답을 내리지 못하고 있었다. 신현성을 앞에 둔 서비스 기획 책임자가 런칭을 앞둔 '리빙소셜 인스턴트'에 대한 설명을 시작했다. 정확히 티켓몬스터가 원하는 기능들이 구현되어 있는 '실시간 딜 쿠폰 판매 서비스'였다. 반복구매율이 높지 않다고 비판받는 데일리딜 서비스를 보완해줄 수 있는 서비스였다. 신현성은 한국에 돌아가서 권기현에게 그 내용을 자세히 전해주기 위해 서비스를 구현하는 데 있어 힘들었던 점들을 물어봤다. 신현성은 리빙소셜에게 온라인 마케팅 노하우와 실시간 딜 서비스에 대한 힌트를 얻었다. 그리고 기꺼이 자신들의 노하우와 경험을 공유하는 리빙소셜의 열린 자세에 감동을 받았다.

각 조직의 책임자들과 미팅을 마친 후 창업자들과의 미팅이 이어졌다. 신현성은 이들이 자신의 '멘토'처럼 여겨졌다. 티켓몬스터는 한국 소셜 커머스 시장의 1위 업체였고, 리빙소셜은 글로벌 소셜 커머스 시장의 2위 업체였다. 상황만으로 봐서는 리빙소셜이 그루폰을 쫓아가기 위해 마음이 더 급할 수 있었다. 그러나 리빙소셜 창업자들에게서는 그 어떤 불안함이나 초조함을 찾아볼 수 없었다. 이들이 믿는 바는 너무도 간단명료했다. '혁신을 통해 고객이 원하는 바를 계속 찾다보면 결국 고객에게 진정한 가치를 줄 수 있다. 그러한 회사가 성공한다'는 것이었다. 그 믿음에 기반한 여유가 신현성은 부럽고 닮고 싶었다. 현재 리빙소셜이 글로벌 소셜 커머스 시장의 2위라는 것은 그들에게 중요치 않았다. 직원이 즐겁게 일하고, 고객이 더 만족하는 회사를 만들 수 있다면 결과는 따라줄 것이었다. 리빙소셜은 그 길을 걸어가고 있었다.

한국행 비행기를 타러 공항으로 향하는 길에 신현성은 스마트폰으로 밀린 이메일을 확인했다. 평소 자신에게 유익한 기사 링크를 자주 보내주던 직원으로부터 새로운 이메일이 도착해 있었다. 이메일에 담긴 링크의 제목은 "그루폰은 상점에게 해가 되고 리빙소셜은 도움이 되는 이유Why Groupon sucks for Merchants and Livingsocial doesn't"였다. 제목에 끌려 글을 읽기 시작했다.

글을 쓴 로밀 파텔Romil Patel은 여러 개의 레스토랑을 소유한 VC였다. 평소 데일리딜 서비스의 효과에 대해 의문을 가진 그에게 마침 그루폰과 리빙소셜이 비슷한 시기에 영업을 해왔고 비교를 해보고 싶은 마음에 두 곳과 모두 딜을 진행했다. 전화통화로 대화를 나눈 그루폰의 영업직원은 영업 실적을 올리는 데 혈안이 되어 가능한 한 빨리 딜을 진행하기를 원했다. 계약 이후 상점이 딜을 진행하는 데 있어서도 사후 관리가 철저하지 않았다. 그에 반해 리빙소셜 영업직원은 직접 레스토랑을 찾아와 자신들의 서비스를 설명했다. 미국에서 영업직원이 직접 찾아가 영업하는 것은 드문 경우였다. 대화를 나눈 후에 딜을 진행하기로 계약했지만, 이후 과정에서 로밀은 지금은 레스토랑이 성수기이니 딜의 효과를 극대화하기 위해 비수기에 진행하자는 통보를 받았다. 그는 리빙소셜이 딜을 에둘러 거절한 것이라 생각했지만, 정확히 리빙소셜이 말한 시기에 영업직원이 다시 찾아와 딜을 진행하자고 했다. 쿠폰을 판매한 후에도 리빙소셜은 로밀과 긴밀하게 연락하면서 문제 발생을 최소화하기 위해 노력했다.

로밀은 이와 같은 자신의 경험을 개인의 블로그에 올렸고 CNN Money에도 소개가 되었다. 물론 한 번의 경험을 일반화하기에는 무리가 있었지만 두 회사를 상징적으로 비교한 글이었기에 독자들의 뜨거운 관심을 받았다. 결국이 글이 화제가 되면서 그루폰 CEO인 앤드루 메이슨이 그에게 직접 연락해 사과했다.

공항으로 가는 동안 이 글을 읽은 신현성은 리빙소셜이 가진 사업에 대한 진정성이 비단 창업자들뿐만이 아니라 영업사원들에게까지도 공유되고 있음을 다시 한 번 확인할 수 있었다. 회사의 가치관과 문화를 명문화하기는 쉽지만 이를 직원 전체가 공유하기는 어렵다는 것을 알고 있는 신현성은 일종의 부러움마저 느꼈다. 그리고 리빙소셜이 자신들의 멘토로서, 동반자가 되기에 적합한 상대라고 생각했다.

회사로 돌아오자마자 신현성은 김종화에게 마케팅 책임자 역할을 제안했다. 얼마 전 신사업 기획을 마무리한 데다가 마케팅 관련 경험이라고는 없었던 김종화는 신현성의 제안에 당황했다. 그러나 신현성이 리빙소셜로부터 들은 온라인 마케팅의 분석적 접근 방법에 대한 설명을 듣고 나니 빨리 적응할 수 있겠다는 자신감이 생겼다. 김종화를 책임자로 한 마케팅 팀은 5월부터 새로운 방식의 마케팅 전략을 세워나갔다.

또한 권기현에게는 리빙소셜 인스턴트에 대한 이야기를 들려줬다. 신현성의 이야기를 들은 권기현도 이제야 감을 잡았다는 듯 맞장구를 쳤다. '티몬 나우' 서비스의 기획에도 속도가 붙었다. 목표를 향한 구체적인 방안을 갖게 된 두 조직이 성장하리라는 것에는 의심의 여지가 없었다.

리빙소셜과의 M&A

투자·M&A 결정을 위한 1차 미팅

한국에 돌아와 정신없는 시간을 보내던 5월, 리빙소셜로부터 M&A 제안서가 도착했다. 이미 투자자는 리빙소셜과는 글로벌 펀드 한 곳으로 모아진 상태였다. 두 안을 놓고 신현성의 고민이 시작되었다. 투자를 받아 독자적인 사업을 해나갈 것인가, 리빙소셜과의 M&A를 통해 더 강한 회사로 거듭나는 것인가, 쉽게 선택할 수 없었다.

리빙소셜과 신현성이 협의한 M&A 조건은 모두를 놀라게 할 만했다. 리빙소셜과 처음 M&A를 논의할 때부터 신현성과 리빙소셜은 '주식교환을 통한 M&A'로 이견은 없었다. 이는 양측이 가진 장기적인 비전과 서로에 대한 깊은 신뢰가 없으면 불가능한 방법이었다. 실리콘밸리에서 대개의 벤처 기업

M&A는 현금 매각으로 이루어진다. 피인수된 회사의 창업자들은 거액의 현금을 벌어들이고, 거래가 완료된 지 얼마 안 되어 회사를 나간다. 이후에는 인수한 회사의 경영진들이 새로운 경영진으로 안착하며 서비스의 성격은 바뀐다. 그러나 리빙소셜과 티켓몬스터의 M&A 조건은 이 모든 것에 해당하지 않았다. 리빙소셜은 티켓몬스터의 경영진을 바꿀 생각이 없었고, 티켓몬스터 창업자들도 회사를 팔고 나갈 생각이 전혀 없었다. 티켓몬스터와 리빙소셜은 진일보한 소셜 커머스 시장을 재패하기 위한 파트너가 필요했다. 그 목적을 위한 최적의 방법은 바로 '주식 교환을 통한 M&A'였다.

실리콘밸리에서도 흔치 않은 주식 교환 M&A의 대표적인 사례는 아마존Amazon.com과 재포스Zappos.com의 M&A이다. 1994년 온라인 서점으로 시작된 아마존은 혁신을 거듭해 전자책 단말기 킨들Kindle로 전 세계 출판산업의 지형을 바꿔놓았고, 아마존웹서비스Amazon Web Service로 전 세계 클라우드 컴퓨팅 서비스를 이끌어가고 있다. 재포스는 고객은 물론 직원들이 행복한 기업문화를 일구어낸 세계 최대의 온라인 신발 상점이다. 두 기업 모두 장기적인 관점을 가지고 혁신을 거듭하고 있었고, 서로의 문화를 존중했다. 재포스의 독립적인 경영권과 장기적인 사업 전략을 유지하기 위한 M&A 방법은 주식 교환뿐이었다.

2009년 7월 아마존과 재포스의 M&A 공식 발표는 전 세계 기업인들의 이목을 집중시켰다. 모두들 장기적인 사업 전략과 혁신을 거듭하는 두 기업다운 방식이라는 점에서 박수를 보냈다. 리빙소셜과 티켓몬스터는 M&A를 할 경우 이러한 방식을 선택하기로 합의했다.

혼자 고민하기를 3주째, 신현성은 도저히 심적인 부담감을 이겨낼 수 없었다. 6월 8일 저녁, 신현성은 티켓몬스터 창업자들과 데일리픽 창업자들, 그리고 하성원을 숙소로 불러들였다. 모두 거실 가운데 있는 테이블에 둘러앉자 신현성이 입을 떼었다.

"다들 이렇게 숙소로 불러 모은 건 중요한 결정을 내리기 위해서예요. 지난 두 달 동안 3차 투자를 위해서 여러 투자자들과 이야기를 했어요. 실제로 직접 보고 미팅을 하기도 했구요. 그 결과 두 개의 안으로 추려졌는데, 도저히 선택을 하기가 힘드네요.

첫 번째는 펀드 투자를 받는 거예요. 원래 우리가 생각해온 방향이죠. 관심을 보인 투자자들이 많았기 때문에 좋은 조건에 투자 제안을 끌어낼 수 있었어요. 제가 다른 펀드들의 제안을 모두 거절하고 남긴 이 펀드는 인터넷 서비스와 미디어에만 전문적으로 투자를 하는 곳이예요. 미국 언론사를 소유하고 있는 곳으로 평판도 매우 좋구요. 우리가 필요한 규모의 투자를 받을 수 있어요.

두 번째는 리빙소셜에서 제안한 M&A이에요. 처음에는 리빙소셜도 투자를 제안했었는데 저와 이야기를 나누면서 우리 사업의 성장성, 비전을 마음에 들어해 더 강력한 파트너십을 원했고 결국 주식 교환을 통한 M&A로 방향을 바꿨어요. 저 또한 리빙소셜 본사에 가보니 우리와 닮은 점이 많고 배울 점도 많다는 걸 느꼈고요. 단순히 돈 벌고 끝내자는 회사가 아니라 장기적인 관점에서 사업을 하려는 사람들이라는 느낌이 강하게 들었어요. M&A를 한다고 해도 우리의 경영권은 철저히 보장해준다고 했고, 물론 제가 그렇게 요구할 거구요. 지금 두 곳으로부터 받은 투자제안서와 M&A 제안서를 가지고 있어요."

자리에 모인 사람들은 그동안 신현성이 여러 투자자들을 만나러 다니면서 M&A 제안을 받았다는 이야기까지는 들은 상태였다. 그러나 두 달 전만 해도 M&A에 강한 거부감을 가지고 있던 신현성이 리빙소셜과의 논의를 이렇게까지 발전시켰을 줄은 몰랐다. 리빙소셜이 가진 무언가가 신현성의 마음을 바꿔놓은 것이 분명했다.

"여기 모인 사람들의 선택이 중요해요. 우리에게 들어온 투자와 M&A, 둘 다 좋은 제안인 건 분명해요. 저는 어떤 선택을 해도 티켓몬스터가 성장하는 데 도움이 될 거라 믿어요. 저는 여기 모인 사람들의 의견을 따를게요."

신현성의 말이 끝나자 정적이 흘렀다. 정적을 깬 건 권기현이었다.

"투자를 받는 게 나을 것 같아요. 다들 알다시피 아직 우리 사업은 성장할 가능성이 많아요. 우리가 1년 3개월 동안 영업을 하고 계약을 맺었던 상점 수는 7,000개를 넘었어요. 올해가 가기 전에 10,000개를 넘기겠죠. 우리가 갖고 있는 상점과 그들의 서비스에 대한 정보는 엄청난 양의 데이터베이스에요. 또한 영업조직이 그들과 맺고 있는 긴밀한 관계는 아무나 이루어낼 수 있는 게 아니에요. 우리가 쌓아온 자산을 활용하면 앞으로 시도할 수 있는 새로운 서비스는 무궁무진해요. 현재 주력사업인 데일리딜은 미래에는 그저 우리가 제공하는 하나의 서비스에 불과할 거예요. 아직 우리가 보여줄 것의 10분의 1도 안 보여준 거예요."

옆에 있던 김창욱이 거들었다.

"우리가 앞으로 만들어낼 새로운 서비스는 둘째치고라도, 지금 진행 중인 데일리 딜만 해도 확장 가능성이 많이 남아 있어요. 전국에 우리가 서비스하고 있는 지역 수가 40개고 그 중 서울 지역만 12개로 나뉘어 있어요. 이 지역 수를 올해 말까지 계속 확장할 겁니다. 데일리딜만 해도 아직 성숙기가 아니에요. 강한 영업력을 바탕으로 한다면 앞으로의 가능성은 충분히 높아요."

두 사람은 티켓몬스터 사업의 성장 가능성을 굳게 믿었다. 지금까지 티켓 몬스터가 1등을 지켜온 데일리딜 시장이 아직도 커나갈 여력이 있다는 것, 여 기에 티켓몬스터가 쌓아온 영업력과 보강된 서비스 기획, 기술력을 합치면 새로운 사업들을 전개해나갈 수 있다는 것이 이들의 주장이었다. M&A가 아 닌 투자 유치 쪽으로 기울고 있던 분위기에서 김종화가 이야기를 시작했다.

"두 사람의 이야기가 맞아요. 그런데 지금 이 시장에 긍정적인 면만 있는 것은 아 니에요. 경쟁이 너무 치열한 탓에 누가 살아남을지는 아무도 장담할 수 없죠. 더 군다나 경쟁자인 쿠팡, 그루폰, 위메프도 대규모 투자를 받아서 공격적으로 사업 을 전개하고 있어요. 우리가 이들보다 계속해서 앞서 가려면 지속적인 투자를 받 으면서 사업을 더 키워나가야 하는데 만약 어느 순간에 투자 유치가 힘들어진다 면? 그리고 우리 힘으로 극복할 수 없는 상황이 된다면?
소셜 커머스는 장기간의 대규모 투자가 필요한 사업이에요. 그런 점에서 장기적 으로 투자해줄 파트너가 있다는 건 중요해요. 게다가 리빙소셜은 현재 그루폰 보 다도 빠른 성장세를 보이고 있어요. 리빙소셜이 갖고 있는 혁신에 대한 열의, 고 급회된 브랜드 관리 세분화된 타깃층을 통해 소비자와 상점의 만족도를 높인 것 이 이유라고 생각해요. 이는 티켓몬스터가 추구하는 것과 정확히 일치하지요. 때문에 M&A를 통해서 시너지를 낼 수 있고 우리 성장을 앞당길 수 있다면, 나는 M&A가 더 나은 선택일 수 있다고 생각해요.

그리고 신현성 대표가 말한 대로라면, 리빙소셜은 우리를 단지 덩치를 키우기 위한 인수대상으로만 바라보는 것 같지는 않아요. 리빙소셜이 정말 강력한 파트너십을 원하는 거라면 M&A 이후에도 우리는 우리 식대로 사업을 해나갈 수 있을 거라 생각해요. 장기적인 관점에서 사업을 진행한다고 하니 우리와 비전이 잘 맞을 것 같기도 하고요."

김종화의 말도 일리는 있었다. 한국 소셜 커머스 시장의 미래가 밝기만 한 것은 아니었다. 시장이 과열되어 이미 수백 개의 업체가 난립하고 있었고 그 중 강력한 경쟁자인 그루폰, 위메프, 쿠팡은 대규모 투자를 받아 공격적으로 사업을 진행하고 있었다. 이 뜨거운 열기가 식을 경우엔 더 큰 일이 벌어질 것이 뻔했다. 이미 김종화는 윙버스를 통해 그러한 아픔을 겪은 적이 있었다. 윙버스는 여행 정보 소개 서비스로 네티즌들의 사랑을 받았을 뿐만 아니라 초기부터 투자 제안이 들어오기 시작했다. 하지만 2008년 여름, 세계 경제 위기가 몰아닥치면서 투자 열기가 식는 바람에 윙버스의 기업가치는 크게 떨어지고 말았다. 윙버스로서는 어찌할 방법이 없었다. 시장의 큰 흐름 속에 한 기업의 운명이 정해질 때도 있는 법이었다. 인수제안은 티켓몬스터에게 찾아온 좋은 기회였다. 더군다나 상대는 리빙소셜이었다. 인수를 생각지도 않던 신현성이 리빙소셜 방문 후 생각을 바꿀 정도라면 티켓몬스터와 분명히 잘 맞을 거라는 믿음이 생겼다.

투자를 찬성하는 권기현과 M&A를 찬성하는 김종화를 주축으로 한 토론은 밤늦은 시각까지 이어졌다. 다른 사람들도 투자와 M&A에 대한 의견을 제시했지만, 두 제안 모두 티켓몬스터에게 좋은 조건이었기 때문에 둘 중 하나를 선택한다는 것은 매우 힘든 일이었다. 새벽까지 결론이 나지 않자, 신현성이 말을 꺼냈다.

> "오늘은 여기까지 하죠. 일단 현재 상황에 대한 정확한 정보를 모두 공유했고, 투자와 M&A 모두 티켓몬스터의 미래에 도움이 될 것이라는 데 동의하신 것 같아요. 일단 법적 효력은 없으니 투자제안서와 M&A제안서에 모두 사인을 하도록 할게요. 양측과 더 자세한 조건을 협상해나가면서 이야기를 더 나눠보죠."

신현성은 한국 시장 상황의 위험요소를 제거하고 뜻이 맞는 파트너와 함께 할 수 있다는 측면에서 M&A가 티켓몬스터를 위해 더 나은 방법일 수도 있지만 감정적으로는 망설여지는 것이 사실이었다. 티켓몬스터 창업을 준비하면서 다섯 명이 함께 숙소에서 먹고 자고 일하던 다섯 달, 런칭 전에 아무도 믿어주지 않았던 서비스가 입소문이 나기 시작하던 런칭 3일째 되던 날, 회사가 너무 빨리 성장했던 탓에 겪었던 힘든 일들을 생각하면 회사는 곧 그들 자신이었다. 또 데일리픽을 인수하면서 부족했던 부분들을 보강했고, 균형 있는 회사의 모습을 갖추게 되었다. 한 곳에 모으기 힘든 재능을 갖춘 사람들이 티켓몬스터의 성공을 위해 모였고 앞으로도 이들과 함께 티켓몬스터 혼자 힘으로 사업을 해나가고 싶었다. 아무리 경영권이 보장되는 M&A라 해도 리빙소셜과 한 회사가 되는 것은 커다란 변화였다.

리빙소셜의 한국 방문

—

티켓몬스터가 사인을 한 M&A 제안서를 리빙소셜에 보낸 후, 리빙소셜의 CEO인 팀 오쇼네시와 아시아 총괄 담당자, 신사업 개발 담당자가 6월 21일 티켓몬스터를 방문했다. 이들의 M&A 방식은 그루폰과 매우 달랐다. 그루폰이 인수를 제안했을 당시 유일한 관심은 티켓몬스터의 매출이었다. 경영진에 어떤 사람들이 있는지는 관심조차 없었다. 그러나 리빙소셜 경영진은 각 조직을 맡고 있는 사람들에 대한 관심이 가장 컸다. 신현성이 가장 많이 받은 질문도 사람에 대한 것이었다. 이들은 티켓몬스터를 '사는 대상'이 아닌 '함께 일할' 파트너로 생각하고 있었다.

리빙소셜 경영진을 상대로 영업, 기획, 운영 조직의 역할과 해외 진출에 대한 프레젠테이션이 이어졌다. 리빙소셜은 특히 해외 진출에 대해 관심을 보였다. 신현성을 통해 익히 들었던 바지만, 경쟁이 치열한 한국 시장에서 1위를 하면서도 말레이시아 시장에 발빠르게 진출해 선전하고 있는 모습이 이들에게는 인상적이었다. 활발한 해외시장 개척을 준비하고 있는 리빙소셜 입장에서는 향후 아시아 시장 진출에 있어 티켓몬스터가 좋은 파트너가 될 수 있었다.

발표 후 이어진 회사 투어에서 팀 오쇼네시를 비롯한 리빙소셜 경영진은 감탄사를 연발했다. 리빙소셜 경영진은 리빙소셜은 운영하고 있지 않은 배송 상품 카테고리인 티몬스토어를 보면서 티켓몬스터의 카테고리 기획력을 높이 샀고, 이미 기획안과 개발을 마치고 오픈을 준비하고 있는 실시간 쿠폰 서비스 '티몬나우'와 '페르쉐'를 위한 구두 스튜디오를 둘러보면서 티켓몬스터의 새로운 서비스 개척에 대한 열정을 확인했다. 수익성과 무관하지만 고객들과 직원 만족을 위해 진행하고 있는 〈티몬 매거진〉의 가치 또한 높이 샀다. 리빙소셜은 지난번 한국 방문에서 확인하지 못했던 티켓몬스터의 저력과 성장 가능성을 두 눈으로 확인할 수 있었다.

리빙소셜 경영진이 티켓몬스터에 호감을 가지게 된 것 못지않게 티켓몬스터 창업자들 또한 리빙소셜 경영진에게 강하게 끌렸다. 신현성이 리빙소셜 본사 미팅에서 느꼈듯이 다른 이들도 리빙소셜 경영진에게서 여유를 느꼈다. 지금 당장 치열한 경쟁에서 1위를 하는 것은 중요한 일이 아니었다. 데일리딜 서비스로 시작된 소셜 커머스 시장에 더 큰 가능성이 열렸을 때를 바라보고 사업을 해나가고 있었다. 치열한 경쟁에 지쳐 있던 티켓몬스터 창업자들은 이들의 여유로움이 부러웠다. 리빙소셜이 생각하는 장기적인 사업 전략이라는 것도 티켓몬스터가 생각하는 것과 많이 닮아 있었다. 분명 한발 앞서서 실행해나가고 있었지만 대부분의 것들은 티켓몬스터도 실행할 계획을 세우고 준비하고 있는 단계였다.

투자를 강력히 주장했던 권기현마저도 생각이 복잡해졌다. 이들과 함께 한다면 서로에게 잘 맞는 파트너가 될 수 있고 티켓몬스터의 멘토로서 배울 점이 많다는 것은 자명한 사실이었다. 하지만 혼자 힘으로 못 해낼 이유도 없다. 이들처럼 멋지게 해낼 수 있다는 것을 증명해 보이고 싶은 욕심도 생겼다.

투자·M&A결정을 위한 2차 미팅

—

M&A와 투자에 대한 첫 번째 미팅을 마친 후 2주 동안 신현성은 권기현과 많은 이야기를 나누었다. 창업 이후 지금까지 권기현은 다른 사람들이 감정에 휘둘릴 때에도 객관적이고 이성적인 기준으로 정확한 판단을 했던 사람이었다. 리빙소셜 방문 후에 복잡해졌던 생각을 정리한 후, 권기현이 신현성에게 말했다. 권기현은 이미 티켓몬스터가 투자를 받아 독립적으로 사업을 전개하는 쪽으로 마음을 굳힌 상태였다.

"리빙소셜 CEO와 경영진을 만나면서 부럽더라. 그들이 가진 여유나 장기적인 전략, 그것을 실행해나가고 있는 것들도. 리빙소셜이라면 M&A해도 괜찮지 않을까 생각도 해봤어. 그런데 우리라고 리빙소셜처럼 못할 이유가 있을까? 그들이 우리보다 한발 앞서 있긴 하지만 우리도 올바른 방향으로 나아가고 있다고 믿어. 우리가 티켓몬스터 시작할 때 기억나지? 정말 아무도 우리를 안 믿어줬잖아. 그 사람들이 지금 우리가 이만큼 성장할 줄 꿈이나 꿨겠어? 사람들은 데일리딜이 티켓몬스터의 끝인 줄 알고 '소셜 커머스 거품'이라고 하잖아. 아직 우리가 보여줄 게 많이 남아 있어. 당장 다음 달에 '티몬나우' 런칭하고, 연말까지 새로운 서비스들을 선보이면 2012년의 티켓몬스터는 지금과는 또 다른 모습일 거야. 데일리픽 인수 후에 경험 많은 사람들도 합류해서 앞으로는 실수도 적을 거고. 우리끼리 한번 해보자."

권기현의 말을 들은 신현성은 고민에 빠졌다. 리빙소셜 경영진의 서울 방문을 통해 그들이 티켓몬스터를 마음에 들어하고 M&A를 강하게 원한다는 것을 다시 한 번 확인했다. 티켓몬스터의 경영진 또한 리빙소셜의 CEO를 비롯한 경영진과 그들의 가치관에 끌리는 것이 눈에 보였다. 그러나 동시에 창업자들의 마음 한켠에는 '우리도 할 수 있다'는 마음이 자리잡고 있었다. 리빙소셜이 대단하긴 하지만 티켓몬스터도 대규모 투자를 받아 혼자서 충분히 해낼 수 있다는 생각이 들었다. 사업가로서의 자존심이었다. 신현성과 권기현은 몇 차례 더 논의 끝에 M&A를 거부하기로 마음먹었다. 두 사람은 다시 한 번 숙소에 사람들을 불러 모았다. 이때는 신현성이 사람들을 강하게 이끌었다.

"티켓몬스터를 시작할 때가 기억나요. 그땐 정말 아무것도 없이 시작했는데, 1년 만에 이렇게 회사가 성장했어요. 그동안 좋은 사람들이 많이 들어왔기 때문에 이만큼 성장할 수 있었다고 믿어요. 좋은 사람들과 함께한 회사에서 일할 수 있는 건 흔치 않은 기회예요. 우리가 생각하고 있는 재미있는 사업들도 많잖아요. 우리끼리 세상을 한번 놀라게 해보죠."

투자와 M&A 사이에서 갈피를 못잡고 있던 사람들은 신현성의 강한 어조에 끌렸다. 사실 티켓몬스터 창업자들은 리빙소셜이 훌륭한 회사라는 것은 신현성에게서 전해들었지만 그래도 자신들이 일궈온 회사를 M&A한다는 것에 심리적인 거부감이 있었다. 데일리픽 창업자 중 김종화가 M&A를 가장 강력히 주장했지만 신현성과 권기현의 확신에 찬 모습을 보고는 결정에 따르기로 했다. 이번 M&A가 절호의 기회이기는 하지만 티켓몬스터 혼자서도 잘해낼 수 있다는 믿음이 있었다.

결국 투자를 받아 독자적으로 회사를 운영하는 쪽으로 결정이 내려졌다.

다음 날 신현성은 VC들에게 전화하기로 결심했다. IVP와 스톤브릿지캐피탈, 두 VC들은 신현성을 비롯한 티켓몬스터 창업자들의 고민을 세 달 가까이 지켜보면서 이들의 판단에 도움이 될 만한 자료와 조언을 제공해주었다. IVP는 글로벌 시장에서 일어났던 M&A 관련 자료를 전달하면서 리빙소셜이 티켓몬스터를 M&A한다면 어떤 조건으로 해야 할지, M&A 이후 어떤 문제들이 발생할지에 대해 조언했다. 그 안에는 리빙소셜이 티켓몬스터를 인수한 후 기업공개하는 경우에 대한 예측까지 들어 있었다. 스톤브릿지캐피탈은 투자를 받을 경우 한국에서 기업 공개하는 시나리오에 대해서 조언을 주었다. 여러 해 동안 한국 온라인 서비스 회사에 투자를 하면서 그들의 성공과 실패를 함께 했던 경험을 바탕으로 한 소중한 조언이었다. 자신들과 한 배를 탄 VC에게 티켓몬스터의 입장을 알려야 했다.

우선 IVP의 알렉스를 설득하고, 스톤브릿지캐피탈 박지웅 심사역에게 전화를 걸 계획이었다. 알렉스가 전화를 받자마자 신현성은 사뭇 감동적인 일련의 설득을 시작했다.

"저희 티켓몬스터 창업자들은 한국에서 새로운 시장을 열었습니다. 처음 시작할 때는 아무도 믿어주지 않았지만 지난 1년 3개월간 우리는 소셜 커머스 시장의 가능성을 증명해냈습니다. 시장은 아직도 성장기입니다. 그동안 공격적인 M&A를 통해 재능과 경험을 갖춘 사람들이 이제 티켓몬스터와 함께 하고 있습니다. 이들과 함께하는 한 티켓몬스터는 더 큰 성공을 이루어 낼 것입니다. 경쟁이 치열한 한국 소셜 커머스 시장에서 티켓몬스터는 1위를 놓치지 않고 잘해낼 자신이 있습니다."

신현성의 말이 끝나자 수화기 건너편에서 알렉스의 침착한 목소리가 들려 왔다.

"리빙소셜과 함께하면 한국 소셜 커머스 시장의 성장 가능성이 줄어드나요?"

"……"

"아니면 티켓몬스터 창업자들이나 능력 있는 사람들이 빠져나가나요?"

"……"

"리빙소셜과 함께하면 치열한 경쟁에서 뒤질 가능성이 늘어나나요? 더 적어지는 건 아닌가요?"

"……"

질문을 받은 신현성은 한마디도 답하지 못했다. 알렉스의 말을 반박할 수 없었다.

"알렉스, 다시 한 번 생각해보고 전화할게요."

신현성은 급히 전화를 끊고 생각에 잠겼다. 리빙소셜이 제안한 경영권을 보장하는 형태의 M&A는 티켓몬스터의 성장 가능성을 그대로 살리면서 든든한 파트너를 둘 수 있는 방안이었다. 결과적으로 리빙소셜의 노하우를 받아들여 한국 시장에서 경쟁 우위를 차지할 수 있고, 안정적인 자금을 마련해 시장 상황에 따른 위기가 왔을 때 함께 위기를 극복하고 세계시장으로 나아갈 수 있는 발판을 마련할 수 있었다. 신현성은 얼굴이 화끈거렸다. 자신이 일군 회사를 다른 회사에 M&A할 수 없다는 감정적 판단을 VC 앞에서 대단한 논리인 양 포장한 셈이었다. 생각을 정리한 후 신현성은 박지웅 심사역이 아닌 권기현에게 전화를 걸었다.

"기현아, 방금 알렉스랑 전화했어. 일단 만나서 이야기하자."

신현성은 권기현을 만나 정리한 생각을 말했다.

"우리가 만든 회사라는 감정이 앞서서 제대로 된 결정을 내리지 못한 것 아닐까? 너도 그랬잖아. 리빙소셜이 부럽고 우리도 그렇게 하고 싶고 머지않아 할 수 있을 거라고. 그렇게 같은 꿈을 꾼다면 같이 하는 게 최선이 아닐까? 너도 만나봐서 알잖아. 리빙소셜과 M&A를 한다고 해도 티켓몬스터가 달라지는 건 없어. 든든한 파트너, 배울 수 있는 멘토가 생긴 것뿐이야. 우리가 꿈꿔온 새로운 시도들은 맘껏 할 수 있어. 그리고 한국이 아닌 세계 시장으로 나가겠다는 우리의 꿈에 한발 더 다가갈 수 있을 거야. 그러면 우리한테 좋은 거 아닐까?"

"……"

권기현은 대답이 없었다. 누구보다 논리적이라고 생각했던 자신이 이번에는 감정에 치우친 판단을 했다는 사실을 인정해야 했다. 리빙소셜이 자신들과 잘 맞는 파트너임을 지난 번의 미팅을 통해 확인했지만 M&A라는 것이 마음에 걸려 한식구가 되는 것을 꺼렸다. 그러나 신현성의 말처럼 같은 꿈을 꾸는 두 회사가 힘을 합치는 것은 티켓몬스터에게 득이 되는 방향이었다. 티켓몬스터 혼자서도 잘 해낼 수 있지만 리빙소셜과 한가족이 된다면 더욱 빠르게, 단기적인 성과에 집착하지 않고 비전을 보며 나아갈 수 있었다.

둘은 다시 한 번 사람들을 모아 마지막으로 이야기를 나누기로 했다. 그날 저녁, 회의실에 신현성을 비롯한 일곱 명의 경영진이 모였다.

투자·M&A 결정을 위한 3차 미팅
—

"오늘이 M&A에 대한 마지막 회의가 될 거예요. 일단 지난번에 기현이와 제가 투자를 받아 독자적으로 회사를 운영하자고 설득했던 것은 잘못된 생각이었어요. 오늘은 여러분에게 리빙소셜과의 M&A를 적극적으로 설득해보려고 해요."

신현성의 첫마디를 듣고는 모두들 어리둥절했다. 얼마 전까지만 해도 우리끼리 회사를 키워보자던 신현성이 아닌가. 이번에는 다들 권기현을 쳐다봤다. 권기현은 이미 신현성의 결정에 동의하는 듯 담담한 표정이었다. 무슨 일이 일어났던 걸까 모두들 궁금했다. 신현성이 말을 이어나갔다.

"그때는 투자를 받는 것이 티켓몬스터를 위한 최선의 결정이라고 생각했어요. 하지만 '창업자들과 직원들이 함께 키워낸 회사'라는 생각을 잠시 접고 VC와 이야기를 하니 객관적으로 현재 상황을 바라보게 되더라구요. 리빙소셜이 제안한 M&A는 티켓몬스터의 미래 계획에 아무런 부정적인 영향도 미치지 않아요. 알다시피 주식 교환을 통한 M&A와 함께 독립된 경영권을 보장하기 때문이죠. 달라지는 건 티켓몬스터의 주주가 리빙소셜로 바뀐다는 것 뿐이예요. 우리는 믿을 만한 파트너를 얻은 셈이죠. 이는 앞으로 발생할 수 있는 위험요소를 줄일 수 있어요. 이게 바로 우리가 바랐던 최선이라는 생각이 들어요."

티켓몬스터 경영진은 신현성의 말을 듣고 자신들의 생각을 되짚었다. 자신들이 내렸던 결정이 회사를 위한 최선의 결정이었는지 다시 생각했다. 창업자로서 '우리끼리 해보자'라는 호기를 부린 것은 아닌지, 리빙소셜만큼 해낼 수 있다는 괜한 경쟁심에 불타올랐던 것은 아닌지 다시 생각했다. 티켓몬스터와 리빙소셜이 진행 중인 M&A는 회사를 매각하는 방향이 아니었다. 둘의 주식 교환을 통해 한 식구가 되자는 의미였다. 리빙소셜은 M&A로 티켓몬스터의 경영권을 침해하지 않을 것임을 분명히 했다. 서로의 배울 점을 존중해 '믿을 만한 파트너십'을 형성하자고 제안한 것이다. 이처럼 티켓몬스터의 미래에 도움이 될 M&A를 걷어찬다는 것은 바보 같은 판단이었다. 더군다나 이 결정은 티켓몬스터 700명 식구들의 미래를 결정지을 터였다. 그 어떤 때보다 이성적으로 접근했어야 할 결정을 감정에 휘둘릴 뻔했다.

이는 이전에도 수많은 창업자들이 저지른 실수였다. 내 자식처럼 키운 회사를 다른 회사에 '팔아버린다'는 생각은 창업자들이 올바른 결정을 내리는 데 방해가 되었다. 다른 회사와의 M&A를 '창업자 개인의 욕심'으로 치부하는 한국 사회의 분위기 또한 한몫했다. 그러나 적합한 시기와 합리적인 조건의 M&A는 회사, 직원, 창업자 모두를 위한 최선이 될 수 있었다.

객관적으로 볼 때 리빙소셜과의 M&A는 티켓몬스터의 미래에 득이 되는 결정이었다. 두 회사의 비전과 소셜 커머스 시장을 바라보는 관점이 비슷했기 때문에 M&A 이후에도 티켓몬스터의 사업 방향은 유지 가능했다. 티켓몬스터의 경영권 또한 보장되었다. 지금까지 한국 시장에서 인상적인 성장을 이뤄낸 티켓몬스터의 실력과 가능성을 인정한 결과였다. 결국 리빙소셜과 티켓몬스터의 주식 교환을 통한 M&A는 긴밀한 파트너십을 맺어 서로에게 도움이 되자는 의미였다. 티켓몬스터 입장에서는 당시 자신들보다 기업가치가 10배이상 높은 회사와의 M&A를 통해 한국의 경제 상황 또는 자금 조달 상황에 노출된 위험을 최소화할 수 있었다.

몇 번의 대화가 오간 후 미팅이 끝날 때쯤 자리에 모인 사람들은 모두 M&A로 의견을 모았다. 각자의 마음 속에는 티켓몬스터가 꿈꾸는 미래가 더 빨리 다가올 수 있을 거라는 희망과 자신감이 생겼다.

본격적인 M&A 협상
—

리빙소셜 방문 후 티켓몬스터의 미래를 위한 협상이 시작되었다. 리빙소셜 측 협상 대표자는 미국 최대 인터넷 미디어 기업인 AOL^{American Online}의 M&A 팀에서 활동하다 영입된 협상 베테랑들이었다. AOL은 지난 20년간 50개가 넘는 크고 작은 회사를 M&A한 노하우를 가진 회사였다. 이에 반해 신현성의 경험은 일천하기 그지 없었다. 인수 제안을 거절했던 그루폰의 경험과 최근에 인수한 데일리픽과 아스트릭스, 말레이시아 소셜 커머스 업체 에브리데이 닷컴에 대한 인수 경험이 전부였다. 그동안 상대했던 이들과는 경험과 연륜의 차이가 엄청났다. 신현성은 매번 협상 테이블에 혼자 앉았다. 혼자하기에 버거웠지만, 경험이 적은 창업자들이 협상에 투입된다면 그들이 겪을 심리적인 동요가 일상 업무에까지 영향을 줄 거라 생각했기 때문이었다.

M&A에서 피인수 대상에게 가장 중요한 것은 소위 말하는 밀당, 즉 밀고 당기기였다. 아쉬운 것 없는 양 도도하게 굴다가도, 너무 멀어졌다 싶으면 다시 적극적으로 협상을 진척시키는 기술이 필요했다. 협상 초반 리빙소셜이 제시한 조건마다 신현성이 문제제기를 하며 까다롭게 굴자, 리빙소셜은 협상에서 손을 떼겠다고 했다. 신현성이 아차 싶어 다시 협상에 나서자마자 유리한 고지에 선 리빙소셜은 강하게 자신들의 조건대로 밀어붙였다. 이번에는 너무 불리해졌다 싶은 신현성이 협상을 중단했다. 리빙소셜로부터 오는 이메일에 답장도 하지 않고 전화도 받지 않았다. 그렇게 며칠을 보낸 후 합리적인 안을 제시하면 다시 협상 테이블에 앉겠다고 리빙소셜에 통보했다. 리빙소셜은 신현성을 다시 불러 앉힐 만한 조건을 제시했고 이후 협상은 순조롭게 진행되었다.

협상이 90퍼센트 가량 진행되고 마무리만 남았다고 생각했을 때, 리빙소셜 측이 신현성에게 한 가지 제안을 했다. 티켓몬스터 경영진 모두 리빙소셜 본사를 방문해달라는 것이었다. 아직 협상은 마무리되지 않았지만 인수 후 사업 방향에 대한 이야기와 더불어 리빙소셜이 어떠한 회사인지 다른 사람들도 직접 보는 게 좋지 않겠냐는 제안이었다. 신현성 또한 다른 사람들도 직접 보고 리빙소셜의 분위기를 느끼면 M&A 이후 서로의 생각을 이해하는 데 큰 도움이 될 것이라 생각했다. 신현성과 리빙소셜 측 담당자는 한 테이블에서 직접 마주한 후 협상을 마무리 짓기로 결정했다.

7월 25일, 신현성을 비롯해 권기현(창업자, 서비스 기획 책임자), 김종화(마케팅 책임자), 이승용(재무회계 총 책임자), 신성윤(창업자, 재무 전략 책임자), 김동윤(전략영업그룹장)이 워싱턴DC행 비행기를 탔다. 공항에 도착한 여섯 명은 리빙소셜 본사 근처의 호텔로 향했다.

다음 날부터 티켓몬스터 각 조직의 담당자들과 리빙소셜 담당자는 미팅을 통해 서로의 사업 진행 상황을 설명하고 앞으로의 교류를 논의했다. 같은 시각, 신현성은 인수 협상 담당자들과 막바지 합의를 끌어내기 위해 마지막 힘을 쥐어짜고 있었다. 신현성은 이미 많이 지친 상태였다. 투자 유치 목적으로 시작된 미팅이 M&A 쪽으로 방향이 바뀐 지 4개월째, 긴 여정 동안 신현성은 회사의 미래를 위해 한순간도 방심할 수 없었다. 협상 테이블에서 사소하게 놓쳐버린 한마디가 티켓몬스터의 앞날에 큰 영향을 미칠 수도 있었다. 또한 지친 기색을 비치는 쪽은 상대방의 뜻을 따르겠다고 말하는 꼴이니 내색할 수도 없는 노릇이었다. 신현성은 최선을 다해 협상을 마무리하려고 했지만 리빙소셜 측은 남아 있는 협상안들을 가지고 다시 까다롭게 굴기 시작했다. 마무리 단계이니 만큼 책임자 간 미팅 일정에 맞춰 끝내려고 했지만 협상은 나아갈 기미가 보이지 않았다. 결국 4일이 지나 함께 온 이들을 먼저 한국으로 보낸 신현성은 혼자 워싱턴 DC에 남았다. 같이 한국에 돌아가 쉬고 싶은 마음이 굴뚝 같았지만 티켓몬스터의 미래가 달렸다는 생각을 하면 정신이 번쩍 들었다.

다른 사람들이 돌아간 다음 날, 신현성은 한국으로 돌아간다는 이메일을 리빙소셜 측 협상 파트너에게 보내고 미팅 장소에 나타나지 않았다. 협상을 중단하겠다는 강한 의사표현이었다. 사실 신현성은 그 이메일을 보내고 뉴욕에 가 있었다. 뉴욕에 머문 지 이틀이 지난 후 리빙소셜 측으로부터 이메일이 왔다. 신현성이 원하는 수준의 조건으로 협상을 마무리하자는 내용이었다. 마지막에 강하게 밀고 나간 것이 결국 통했다. 곧바로 리빙소셜 본사로 찾아간 신현성에게 리빙소셜은 만족할 만한 조건을 내걸었고, 정식 계약서에 사인을 했다. 이제 리빙소셜과 티켓몬스터는 하나의 회사가 된 것이다.

M&A 계약 이후

—

계약서에 사인을 마치자마자 신현성은 곧바로 공항으로 향했다. 공항으로 가는 차 안에서 신현성은 하성원, 임수진, 정영목에게 전화를 걸었다.

> "성원 씨, 8월 2일 아침 10시까지 전국의 모든 직원들을 잠실 롯데호텔 컨퍼런스 룸에 모일 수 있도록 지역 팀장들에게 전해주세요."
> "수진아, 언론 보도자료는 직원들에게 먼저 발표한 후에 내보낼 수 있도록 준비해줘."
> "영목아, 직원들을 위한 파티를 하고 싶어. 준비 좀 해줘."

신현성은 비행기를 타자마자 깊은 잠에 빠져들었다. 긴 협상기간 동안 온몸을 감싸고 있던 긴장감이 눈녹 듯 사라졌다. 이제 직원들에게 모든 것을 솔직하게 말하고 축하할 일만 남아 있었다.

8월 1일, 인천 공항에 도착한 신현성은 잠실의 티켓몬스터 사무실로 달려 갔다. 가장 먼저 각 조직의 책임자들을 한자리에 모았다. 이 자리에서 신현성은 M&A를 성공적으로 마무리했음을 알림과 동시에 구체적인 조건 또한 공개했다. 그룹장 및 실장들은 각 조직의 직원들이 궁금해할 만한 질문들을 신현성에게 던졌다. 두 시간여의 미팅을 마친 후 신현성은 임수진을 비롯한 홍보실 직원들과 함께 밤을 새며 직원들을 대상으로 발표할 자료와 언론 보도자료를 준비했다. 시간이 모자랐지만 어쩔 수 없었다. 신현성은 반드시 직원들과의 약속을 지키고 싶었다.

신현성이 M&A 결과를 직원들에게 가장 먼저 알리겠다고 결심한 계기가 있었다. 한 달 전, 모 경제신문에 티켓몬스터에 대한 기사가 실렸다. 티켓몬스터가 리빙소셜에 매각된다는 내용이었다. 당시 신현성은 리빙소셜 측과 인수 협상을 진행하고 있던 단계로 확정된 상태는 아니었다. 더군다나 이는 신현성을 비롯한 여덟 사람만 알고 있는 상황이었다. 어디서 정보가 유출되었는지 짐작할 수가 없었다.

기사는 전체적으로 신현성과 티켓몬스터를 비난하는 어조였다. 리빙소셜과의 인수 협상 결과 현금 매각이 확실하다는 추측성 기사는 신현성을 1년 3개월 만에 회사를 키워 벼락부자가 된 젊은이로 묘사하고 있었다. 티켓몬스터 또한 외형만 크고 내실은 없다는 식으로 평가했다. 당시까지 아무런 진행 상황도 모르던 직원들이 이 기사 하나로 술렁이기 시작했다. 신현성을 비롯한 티켓몬스터 창업자들을 회사를 돈 받고 파는 이들로 몰아갔다. 이른바 '먹튀'논란이었다.

문제는 기사의 사실 여부를 떠나 회사의 분위기였다. 하루 만에 직원들의 표정이 달라졌고 분위기가 침체되었다. 신현성은 처음 기사를 접했을 때 당황했던 마음을 진정시킨 후, 직원들에게 이메일을 썼다.

'티켓몬스터의 미래를 준비하기 위한 대규모 투자 유치 건으로 여러 투자자와 만남을 가지던 중 티켓몬스터에 강한 매력을 느끼고 인수를 제안한 회사가 있었습니다. 현재 여러 가지 가능성을 두고 협상을 진행중에 있습니다. 아직 확정된 것은 없으며 어떤 방향이든 창업자들은 회사에 최선이 되는 방향으로 결정할 것입니다. 결정되면 직원들에게 가장 먼저 알리겠습니다.'

이메일을 받은 직원들은 신현성에게 답장을 보내기 시작했다. 평소 회사에서 '대표'라고 불리우기보다는 '댄'이라고 불리던 신현성이었다. 직원들은 '신현성 대표'를 회사를 거침없이 이끌어가는 능력 있는 CEO로서 신뢰할 뿐만 아니라 창업 초기부터 모든 직원들과 친구처럼 지내는 '댄'의 인간적인 면을 좋아했다. 신현성에게 날아온 수백 통의 답장에는 그에 대한 믿음과 애정이 담겨 있었다. 어떠한 결정을 내리든 티켓몬스터를 위한 최선의 결정을 내릴 것이라 믿어 의심치 않고, 그의 뜻을 지지한다는 것이었다. 신현성은 수백 명의 직원들이 자신을 믿어준다는 생각에 힘겨운 협상 과정을 헤쳐나갈 힘을 다시 한 번 얻었다.

신현성을 비롯한 창업자들에게 가장 중요한 것은 리빙소셜과의 M&A를 통한 이익보다는 직원들이 동요하지 않고 이 상황을 정확하게 인식하는 일이었다. 그러기 위해서는 무엇보다 먼저 전 직원들에게 대표가 직접 정확한 사실을 이야기해야 했다. 리빙소셜과의 M&A가 최종 결정된 이상 직원들과 약속을 지킬 차례였다. 이 결정을 어떻게 내리게 되었는지 직원들에게 숨김없이 이야기할 때가 된 것이다. 신현성은 자신의 심경은 물론 협상 과정을 솔직하게 담은 발표자료를 밤을 새며 만들었다. 임수진과 홍보실 직원들은 보도자료와 기자들로부터 쏟아질 질문들에 대한 답을 준비하며 8월 2일 아침을 맞이하고 있었다.

아침 10시, 사무실에서 밤을 샌 신현성은 직원들이 모여 있는 잠실 롯데호텔 컨퍼런스룸에 도착했다. 컨퍼런스룸에는 이미 전국에서 모인 700명의 직원들이 빽빽하게 자리를 채우고 있었다. 연단에 오른 신현성은 발표를 시작했다.

> **66** 어젯밤 저는 미국 출장에서 돌아왔습니다. 이번 출장에서는 티켓몬스터의 미래에 대한 중요한 결정을 내렸습니다. 티켓몬스터와 리빙소셜은 한 식구가 되었습니다. **99**

직원들의 놀라는 표정이 신현성의 눈에 들어왔다. 신현성은 확신에 찬 목소리로 말을 이어갔다.

> **66** 지난 번 이메일로 직원 여러분께 약속드렸습니다. 어떠한 결정을 내리든 티켓몬스터에 도움이 되는 최선의 방향으로 결정하겠다는 약속이었습니다. 저와 티켓몬스터 경영진은 리빙소셜과 한 가족이 되는 것이 최선의 결정이라는 데 한 치의 의심도 없습니다. 그 이유를 말씀드리고 여러분이 궁금해하시는 모든 질문들에 답변드리겠습니다. **99**

현재 시점에서 투자가 필요했던 이유와 왜 리빙소셜과 투자가 아닌 M&A 방식으로 결론났는지에 대한 설명이 이어졌다. 장기적인 자금 확보, 티켓몬스터 문화와의 조화, 티켓몬스터의 독립적인 경영권 보장, 더 나아가 글로벌 시장으로 나아가기 위한 비전 공유를 모두 만족하는 리빙소셜과의 합병은 티켓몬스터의 미래에 도움이 되는 선택이었다는 내용이었다. 신현성은 직원들이 궁금해할 만한 합병 조건에 대해서도 설명했다.

"티켓몬스터와 리빙소셜의 합병 조건은 '주식 교환을 통한 M&A'로 결정했습니다. 이는 티켓몬스터의 경영에 대한, 그리고 비전에 대한 신뢰에 기반한 것입니다."

"경영진은 교체가 되나요?"

"아니요, 경영진 교체 없습니다."

"구조조정이 있나요?"

"아니오. 전혀 없습니다."

"티켓몬스터의 이름이 리빙소셜로 바뀌나요?"

"아니요, 우리는 앞으로도 쭉 티켓몬스터입니다."

"연봉이 삭감되나요?"

"아니요, 절대 삭감되지 않습니다. 현재의 제도보다 더 나은 리빙소셜의 보너스 체계를 도입할 계획입니다."

"리빙소셜은 미국회사인데 앞으로 영어를 못하면 불리한가요?"

"그렇지 않습니다. 그러나 리빙소셜과의 여러 교류를 통해 영어 실력을 향상시킬 수 있는 기회들은 열려 있습니다."

신현성을 향해 다양하고 직접적인 질문들이 쏟아졌다. 대부분의 질문은 '경영진 먹튀'와 '구조조정'에서 오는 불안감에 기인한 것이었다. 신현성은 직원들의 모든 질문에 자신있게 대답할 수 있었다. 직원들에게 유리한 쪽으로 합병 조건을 성사시켰고, 주식 교환을 통한 M&A였기 때문에 '경영진 먹튀'는 말도 안되며 리빙소셜과 티켓몬스터는 한 가족이 되었다는 사실을 명확히 말해줄 수 있었다.

"여러분, 오늘 저녁 바로 이곳에서 우리 모두를 위한 파티가 있을 예정입니다. 그 전까지 본사로 돌아가 각 그룹장, 실장들과 추가 질의응답 시간을 가진 후 다시 모이겠습니다."

모든 직원들은 본사 사무실로 돌아가 각 조직별로 모여 추가 질의응답 시간을 이어갔다. 직원들은 이 시간을 통해 자신의 업무는 물론 팀과 관련된 모든 궁금증을 해결할 수 있었다.

그룹장과 실장들이 직원들의 질문에 답하는 동안 신현성은 본사로 찾아온 기자들을 상대하기에 정신이 없었다. 이제서야 리빙소셜과 티켓몬스터의 M&A에 대해 명확하고 제대로 된 답변을 해줄 수 있었다. 가장 처음으로 인터뷰를 진행한 곳은 미국언론사인 〈All things Digital〉이었다. 〈All things Digital〉은 〈월스트리트저널〉 계열의 영향력있는 IT전문 인터넷미디어였다. 소셜 커머스 역사상 가장 큰 규모인 리빙소셜과 티켓몬스터와의 M&A에 관심을 가진 〈All things Digital〉의 창업자가 마침 한국에 있었고, 티켓몬스터의 공식발표를 듣고 한걸음에 티켓몬스터의 본사로 찾아온 것이다. 오후 시간은 언론을 상대하는 동안 빠르게 지나갔다.

그날 저녁, 직원들은 자축 파티를 위해 아침에 발표를 진행한 롯데호텔 컨퍼런스룸에 다시 모였다. 모든 비용은 투자자인 IVP와 스톤브릿지캐피탈이 부담하기로 했다. 이번 인수는 누가 뭐래도 티켓몬스터의 미래에 도움이 되는 것이었다. 다시 한자리에 모인 직원들은 모두 들뜬 표정이었다. 직원들 모두 이번 M&A가 티켓몬스터에 큰 도움이 될 뿐만 아니라 자신에게도 기회가 될 수 있다는 믿음을 가지게 된 것이다. 리빙소셜과의 합병은 티켓몬스터의 미래를 희망적으로 바꿀 터였다. 이제 티켓몬스터답게 파티를 즐길 일만 남아 있었다.

티몬, 세상을 바꾸다

M&A를 발표한 다음 날인 8월 3일, 리빙소셜 경영진 세 명이 티켓몬스터 본사를 방문했다. 리빙소셜 측은 신현성이 비행기를 타기 전, 자신들이 직접 한국으로 와서 티켓몬스터 직원들에게 이번 M&A에 대해 이야기하고 질의응답 시간을 갖고 싶다는 의사를 밝혔다. 신현성도 리빙소셜 측의 배려에 고마움을 표했고, 자신이 직원들에게 발표한 다음날 시간을 마련하기로 했다. 리빙소셜 측은 이날 티켓몬스터 방문을 위해 많은 준비를 했다. 리빙소셜 직원들이 티켓몬스터 직원 700명을 위해 손편지를 직접 작성했고, 리빙소셜 로고가 그려진 머그컵, 티셔츠, 마우스패드를 직원 수대로 맞춰 한국으로 보냈다. 리빙소셜 직원들의 마음이 담긴 선물을 받은 티켓몬스터 직원들은 다시 한 번 감동받았다.

리빙소셜 경영진의 태도는 그 자체로 이번 M&A의 의미를 보여주는 것이었다. 아시아 총괄 책임자, 신사업개발 책임자, 인사 총책임자가 티켓몬스터 본사를 방문해 직원들 앞에서 리빙소셜의 사업과 문화를 소개하고 질의응답 시간을 가졌다. 신현성과 함께 국내언론 인터뷰를 진행하기도 했다.

한 기자는 인터뷰 내내 이번 M&A의 핵심과 벗어나는 질문을 계속했다. 티켓몬스터 경영진 교체는 언제 이루어지나, 리빙소셜에서는 몇 명을 파견할 예정인가를 묻는 질문이었다. 리빙소셜 경영진은 '이번 M&A는 비슷한 가치관과 문화를 가지고 있는 두 회사가 장기적으로 시장을 바라보는 관점을 공유하는 차원에서 이루어진 것이다. 무엇보다 티켓몬스터가 갖고 있는 훌륭한 인재들, 좋은 팀이 탐났다. 그러므로 경영진 교체 같은 것은 꿈에도 생각한 적 없다'고 대답했다. 마지막으로 왜 인수를 했느냐라는 질문에 'We love Dan(우리는 신현성이 마음에 든다)'이라는 한마디로 압축했다.

리빙소셜의 식구가 되자마자 티켓몬스터의 경영진은 8월 중순 프랑스에서 열린 리빙소셜 워크숍에 초청되었다. 각 나라에서 모인 리빙소셜 식구들이 서로의 노하우와 나라별 시장의 특성, 경쟁사 상황을 공유하고 앞으로의 사업 방향을 논의하는 자리였다. 영업, 마케팅, 운영 별로 분야를 나누어 발표하기도 했다. 워크숍에 참가한 김성겸은 리빙소셜 경영진과 많은 이야기를 나눈 후 커다란 자극을 받았다. 자신과 동갑내기이지만 신현성의 빠른 판단력을 높이 샀는데, 리빙소셜 경영진 중에는 신현성과 비슷한 사람들이 많았다. 이들은 하나같이 상황 판단이 빨랐고 사안의 핵심을 짚어 이야기할 줄 알았다.

놀란 것은 티켓몬스터 직원들만이 아니었다. 리빙소셜 경영진들도 티켓몬스터의 면면에 놀라움을 감추지 못했다. 티켓몬스터의 매출 규모를 비롯해, 그동안의 여러 참신한 시도들을 높이 샀다. 통상적으로 이메일을 통한 회원 가입 유치에 주력하는 외국의 상황과 달리, 하나의 쿠폰을 TV 광고로 제작하여 당일만 내보낸다든지 하는 실험적인 마케팅은 티켓몬스터가 세계 최초로 시도한 것이었다. 혁신을 중요시하는 리빙소셜 경영진들은 티켓몬스터의 지난 행보에 대해 알게 된 후 더욱 그 가치와 역량을 인정하는 분위기였다.

8월 말에는 리빙소셜 본사의 경영진 열한 명이 대거 티켓몬스터를 방문해 3일간 워크숍을 주최했다. 이름하여 '캠프소셜'이었다. 리빙소셜의 경영진을 비롯한 주요 담당자들이 티켓몬스터의 분야별 책임자들을 대상으로 리빙소셜의 노하우를 전수해주는 행사였다. 한 식구가 된 두 회사의 경영진은 앞으로도 활발한 교류를 약속하며 '캠프소셜'을 마무리했다.

2010년 1월 15일, 신현성, 신성윤, 이지호, 김동현, 권기현. 다섯 명의 젊은이들의 만남으로 시작된 티켓몬스터의 이야기는 여전히 현재 진행형이다. 앞길이 보장된 안정된 회사를 그만두고 미국에서 날아온 대책 없는 세 명의 젊은이와 KAIST 기숙사에서 남들과는 다른 꿈을 꾸고 있던 두 명의 젊은이가 만나 서로를 알아본 것은 행운이었다. 서로가 자라온 환경과 경험은 달랐지만 그들에게 보장된 미래보다는 자신들이 원하는 꿈을 찾아 '스스로를 위해' 일을 하고 싶다는 생각으로 하나가 되었다.

처음, 세상은 그들에게 관심을 두지 않았다. 세상물정 모르는 순진한 청춘들의 부질없는 헛고생이라며 손사래를 치기도 했다. 우리나라에서 창업을 한다는 것이 얼마나 위험하고 어려운지를 모르냐며 진심으로 걱정해주는 이들도 있었다. 하지만 숙소에서 함께 밤을 새고, 햄버거로 배를 채우면서도 그들은 행복한 꿈을 키워갔다. 무엇보다 스스로에 대한 확신이 있었고, 하고 싶은 일을 해보겠다는 도전정신이 있었고, 서로에 대한 신뢰와 격려가 있었다. 또한 한번 결정하면 될 때까지 포기하지 않는 추진력이 있었다. 그 과정 속에서

티몬, 세상을 바꾸다

느낀 희열은 그들의 입에서 '행복하다'는 말이 절로 나오게 했다.

긍정의 힘이었을까? 어려운 상황 속에서도 포기하지 않는 그들에게 소중한 인연들이 하나 둘, 생겼다. 척박하다던 우리나라의 창업환경 속에서도 그들의 꿈을 알아보고 손을 내밀어주는 투자자를 만났다. 전국 각지에서 이들과 비슷한 꿈을 가지고 있던 젊은이들이 하나 둘 모여들기 시작했다. 스스로 사무실 문을 두드리며 들어온 이들이 있었고, 찾아가서 설득하고 끌어들인 이들도 있었다. 출신, 학벌, 배경, 경력 등은 중요하지 않았다. 새로운 일을 하고 싶다는 도전정신, 즐거운 일을 하고 싶다는 열망, 자신이 잘할 수 있는 일을 하고 싶다는 자신감으로 뭉친 젊은이들이었다. 이들은 스스로 자신의 쓰임새를 증명하며 회사를 강하게 만들었다. 티켓몬스터는 더 이상 다섯 명만의 작은 회사가 아니었다.

시작은 좋았다. 초기의 폭발적인 반응에 고무되어 대담한 서비스를 선보일 수 있었고, 무서운 속도로 확장해나갔다. 자본금의 20퍼센트에 해당하는 거금을 환불해주는 특단의 조치를 취하기도 했다. 이 같은 결정으로 회사가 쓰러질 수도 있었지만 소비자들은 티켓몬스터의 결정에 감동했고, 신생업체인 티켓몬스터는 소비자에게 신뢰를 주는 회사가 되었다. 젊은이 수십 명이 빼곡하게 들어찬 사무실은 때로는 신나는 음악이 흘러나오는 클럽으로, 때로는 술 마시며 솔직한 이야기를 나누는 공간으로 바뀌었다. 이들에게 일은 놀이이자 생활이었다.

세상 무서운 줄 모르는 젊은이들이 모였지만 생각보다 세상은 녹록지 않았다. 미숙함으로 저지른 실수로 시련을 겪기도 했고, 거대 자본을 가진 경쟁업체들이 시장에 뛰어들면서 위기가 찾아오기도 했다. 커지는 시장의 속도만큼 경쟁도 격화되었다. 경쟁에서 이기기 위해서는 시장을 선점해야 했다. 서비스를 차별화해야 했다. 대형 광고를 집행해야 했고, 영업망을 구축해야 했다. 돈이 들었고, 인재가 필요했다. 그렇다고 무작정 양적 성장만 추구할 수도 없었다. 커지는 시장만큼 서비스의 품질을 유지해야 했다. 소비자와 상점 모두가 만족하도록 서비스를 관리해야 했다. 사업이 커질수록 한계를 느꼈다. 젊음과 확신이 있었고, 패기와 용기가 있었지만 이것을 극복해나갈 전문성과 강력한 조직이 필요했다.

티켓몬스터는 위기에 강했다. 경쟁사들의 성장을 바라보며 무엇이 약점인지를 파악했다. 노련한 영업 전문가, 마케팅 전문가, 디자인 전문가, 조직 관리자가 필요했다. 그리고 당시 무섭게 성장하던 경쟁업체 데일리픽을 주목했다. 비록 후발업체이지만 그곳에는 티켓몬스터가 필요로 하는 전문성과 경험이 있었다. 티켓몬스터는 젊기에 유연했고, 결정에 있어 주저함이 없었고, 신속하게 행동했다. 일반적으로 업계 경쟁자들 간의 합병은 쉽지 않은 일이다. 하지만 티켓몬스터는 달랐다. 티켓몬스터는 2차투자금 90억 원을 데일리픽을 인수하는 데 사용했다. 그리고 조직 구성을 새로이 하여 창업자들이 자신들의 기득권을 과감히 포기했다. 파격적인 인사 조치였다. 그렇게 티켓몬스터는 강해졌다.

이 모든 경험과 위기를 자양분 삼아 티켓몬스터 구성원들은 1년 6개월 만에 놀라운 성장을 거듭했다. 약육강식의 밀림과 같다는 우리나라 창업환경에서 짧은 기간 안에 거대 인터넷 기업도 하지 못한 인수합병을 성사시키며 성장 모멘텀은 마련했고, 소셜 커머스 업계 1위가 되었다. 이는 대한민국 벤처 업계에 커다란 충격이었다.

물론 운도 좋았다. 하지만 운도 쌓이면 실력이라고 하지 않던가? 티켓몬스터는 소셜 커머스 시장에서 운이 좋은 무서운 아이들이 아닌 모두가 선망하는 강자가 되었다. 강자가 된 티켓몬스터는 거기서 멈추지 않았다. 자신들의 가치를 글로벌 기업인 리빙소셜과의 M&A로 증명해내면서 글로벌 시장 진출 확대를 위한 포석을 마련했다.

소셜 커머스 산업에 대한 논란은 국내외로 뜨겁다. 그러나 전 세계적으로 가장 뜨거운 데일리딜 서비스는 소셜커머스의 첫 단추와 같다. 지역상점들과의 긴밀한 관계를 바탕으로 온라인 상거래 서비스의 노하우를 오프라인으로 가져간다면 수 년 뒤 우리의 소비, 구매행위는 지금과는 많이 달라져 있을 것이다. 이제 태어난 지 1년 6개월이 지난 티켓몬스터는 이러한 가능성을 보여주는 회사가 될 것이다. 또한 이미 에브리데이닷컴 인수를 통해 말레이시아 시장에서 선전하고 있는 티켓몬스터가 강력한 글로벌 네트워크를 가진 리빙소셜과 함께한다면 더욱 적극적으로 아시아 시장에 진출할 수 있을 것이다.

현재 '소셜 커머스 업계 1위'라고 하더라도 직원들과 고객이 만족하지 않는다면 회사는 성장할 수 없다는 것을 티켓몬스터는 잘 알고 있다. 직원들에게는 성장과 즐거움을, 고객들에게는 진정한 가치를 전달하겠다는 비전을 티켓몬스터와 리빙소셜은 공유하고 있다. 생각이 통하는 두 회사가 한 식구가 된 만큼 다음 단계를 향한 티켓몬스터의 발걸음은 더욱 빨라졌다. 기대하시라. 티몬이 간다.

티몬, 그리고 생생한 추억들

보고 싶었어 티몬

티켓몬스터의 진짜 모습이 궁금하셨나요? 지금 공개합니다!

폭 발 적 인 반 응 을
예 상 하 지 못 한 점
죄 송 합 니 다.

- 티 켓 몬 스 터 일 동 -
www.twitter.com/tmonkr

서울의
모든것
50% 할인

서울의 모든 것을 반값에 드리겠다는
야심찬 포부로 시작한 티켓몬스터!
그들의 진솔하면서도 똘끼 넘치는
이야기가 지금 시작됩니다!

770명

1년 6개월 만의 성장, 티켓몬스터 직원 수

27분

훼미리마트 반값 티켓
10만 장이 매진되는 데 걸린 시간

27.5세

열정으로 똘똘 뭉친 티몬 직원들의 평균 나이

200개

1일 판매되는 딜 개수

반값

TMON

1,024평

티몬의 새로운 보금자리, 다섯 층의 총 사무실 면적

재미있는
그 리 고
의미 있는

말 그대로 폭풍 성장.
티켓몬스터는 창업자 5인방에 의해 태어나
불과 1년 반 만에 직원 수 770여 명이 된 괴물 벤처다.
재미있고 의미 있는 변화를 위해 깨알같이 열정을 다하는 티몬 이야기.

be FRIENDS

우리, 티켓몬스터에 모여 친구가 되다

!

나의 피부 비결...
내 얼굴보다 조금 작은 마스크 팩.

웃지마, 넌 내 아래약ㅋㅋ

1·6·8·12 청담동 사무실
2·3   역삼동 사무실
4   블랙데이 이벤트
5   리빙소셜과 첫 만남
7   잠실 사무실
9   첫 기자 간담회
10   두 번째 워크숍
11   우쿨렐레 동호회
13   촬영 중인 티모니언

make
CHANGES

창조적인 변화를 추구하다

1

2

1	티몬 지하철 광고 런칭
2	티몬 첫 기자 간담회
3·4·5	티몬나우 런칭 기념 길거리 홍보

3

4

SURPRISE & DELIGHT

놀라움과 즐거움, 티몬 LIFE를 가득 채우다!

1·2·7   100일 기념 파티
3·8   회원 100만 명 돌파 파티
4·5·6   티몬 1주년 파티
9·10   블랙데이 짜장면 이벤트

THANK YOU :D

Black Day
Event

grow
TOGETHER
꿈과 열정을 먹고 함께 성장하다

눈 앞에 두고도 믿을 수 없군

dailypick livingso

TMON

신현성 대표님 힘 받으세
으랏차차

1 데일리픽 + 티몬
2 데일리픽 인수 관련 공식 기자회견 모습
3 리빙소셜 합병 관련 사내공식발표회
4 리빙소셜 합병 파티

우리는 끈끈한 동료애로 뭉쳐 함께하고 있습니다!

스마트폰

없을 때는 모르지만,
알고 난 후부터는 손을 뗄 수 없다

-박선희-

심야영화

몸은 피곤하지만,
끝까지 보고 싶으니까

-김회동-

계란

어떻게 조리하느냐에 따라
전혀 다른 요리가 탄생한다

-이현정-

오징어

먹을수록 맛있는 오징어
알면 알수록 매력적인 티몬!

-유경은-

스펀지

다양한 사람을 하나로
흡수해버리니까

-홍경아-

가습기

삶의 목마름을
채워주는 곳이기에

-임민택-

놀이터

사람도 분위기도 좋아
업무까지 즐거운 놀이로 느껴진다

-정옥화-

스마트폰어플

즐거움이 매일
업그레이드 되니까

-최종석-

양파

까도 까도 생기는
놀라움과 즐거움

-송슬기-

텔레비전

함께 울고 웃을 수 있는
장이 되어준다

-김유경-

회사를 운영하는 데 있어 가장 중요한 것은 '유연함'입니다. 핵심 가치관의 연장선상에서 어떠한 변화나 결정도 받아들일 수 있는 것, 그것이 기업의 핵심입니다. 티켓몬스터는 우리의 핵심가치를 해치지 않는 한 모든 것을 받아들이고자 끊임없이 노력하고 있습니다!

권기현

사람들은 벤처는 아이디어라고 얘기합니다. 하지만 아이디어는 20퍼센트도 되지 않습니다. 좋은 팀이 80퍼센트이죠. 티켓몬스터는 좋은 팀이 모였습니다. 그리고 이제는 더욱 단단한 팀으로 발전하고 있습니다.

신현성

티켓몬스터를 만든
네 男자의 이야기

티켓몬스터는 가족입니다. 가장 친밀하기 때문에 강점과 가장 아픈 구석을 잘 알고 있고 결정적인 순간에 서로의 단점을 끌어안아 보듬어주죠. 회사의 규모는 커졌지만, 창업자들이 그리고 직원들이 이러한 생각을 공유하는 한 이 가치가 지속될 거라고 생각합니다.

신성윤

티켓몬스터는 저에게 초등학교 같은 곳입니다 아이들이 초등학교를 통해서 학습에 필요한 자질과 기본적인 인간관계를 배우듯, 저 또한 이 모든 것을 티켓몬스터에서 배우고 있습니다. 조직 내에서 누구나 발전하고 성장할 수 있다는 것, 그것을 기다려주고 끌어준다는 것이 우리의 강점입니다.

김동현

늘 처음 가졌던 그 마음가짐으로